www.tredition.de

Die Erstellung des Manuskripts wurde teilweise im Projekt „SFI@SFU– Entwicklung eines nationalen Instituts für umfassende Sicherheits- forschung an der Sigmund Freud PrivatUniversität Wien" vom Bundes- ministerium für Verkehr, Innovation und Technologie (bmvit) im Rahmen des österreichischen Sicherheitsforschungsprogramms KIRAS gefördert.

Die Inhalte des Werkes geben ausschließlich die Forschungsergebnisse und Meinungen der Verfasserin, des Verfassers und der Mitwirkenden wieder.

Prof. Dr. (habil.) Alexander Siedschlag ist Chair of Homeland Security sowie Professor of Homeland Security, Public Health Sci- ences and International Affairs an der Pennsylvania State University (Penn State), U.S.A. Zuvor war er Professor für Sicherheitsforschung und Vorstand des Instituts für Sicherheitsforschung an der Sigmund Freud PrivatUniversität Wien sowie Direktor des CEUSS | Center for European Security Studies.

Prof. Dipl.-Ing. Dr. Rosemarie Stangl ist Professorin und Leiterin des Instituts für Ingenieurbiologie und Landschaftsbau an der Uni- versität für Bodenkultur Wien (BOKU). Zuvor war sie wissenschaft- liche Assistentin am Institut für Sicherheitsforschung an der Sig- mund Freud PrivatUniversität Wien.

Alexander Siedschlag und Rosemarie Stangl

unter Mitwirkung von Florian Fritz, Andrea Jerković, Manuela Jerković, Susanne Kindl, Christoph Selner, Diana Silvestru und Julia Stollenwerk

Katastrophenmanagement

Eine wissenschaftliche Einführung

© 2020 Alexander Siedschlag und Rosemarie Stangl
Weitere Mitwirkende: Florian Fritz, Andrea Jerković, Manuela Jerković, Susanne Kindl, Christoph Selner, Diana Silvestru und Julia Stollenwerk

Verlag & Druck: tredition GmbH, Halenreie 40-44, 22359 Hamburg

ISBN
Paperback   978-3-347-17930-1
Hardcover   978-3-347-17931-8

Bibliografische Information der Deutschen Nationalbibliothek:

Die Deutsche Nationalbibliothek verzeichnet diese Publikation in der Deutschen Nationalbibliografie; detaillierte bibliografische Daten sind im Internet über http://dnb.d-nb.de abrufbar.

Inhaltsverzeichnis

Vorbemerkung zu COVID-19 11

1 Einleitung 15

2 Entwicklungsschritte und Charakteristika
 ausgewählter relevanter Felder der Katastrophen-
 forschung 23
2.1 Sozio-technischer Blickwinkel 23
2.2 Ausgewählte Grundlagenliteratur 27
2.3 Ausgewählte Internetquellen 31
2.3.1 Forschungsbezogene Quellen zu *disaster risk reduction*,
 Bevölkerungsschutz und Katastrophenmanagement 31
2.3.2 Websites internationaler Akteure und Netzwerke im
 Katastrophenmanagement mit forschungsrelevanten
 Quellen 32
2.4 Katastrophenforschung und Sicherheitsforschung 33
2.5 Umfassender Ansatz als Bezugsrahmen für das
 Katastrophenmanagement 40
2.6 Übertragbarkeit und Anwendungsnutzen allgemeinen
 Wissenstands der Forschung 46

3 Grundlegende Terminologien und Schulen 53
3.1 Vorbemerkung 53
3.2 Formalbegriffe 67
3.3 Analytische Begriffe 71

4 Exemplarische Analysemethoden 81
4.1 Klassische Segmentmodelle 81
4.1.1 Sieben-Phasen-Modell nach Chapman (1962) 81
4.1.2 *Impact*-Zonen-Modell nach Tiryakian (1959) 97
4.1.3 Szenariotrichter 101
4.2 Krisenanalyse nach der Betriebswirtschaftslehre 106
4.3 Psychologie der Katastrophe 109

4.4	Krisenentscheidungen, Früherkennung und Frühwarnung	115
5	**Verfahren und Vernetzung des Katastrophenmanagements im EU-Vergleich**	**127**
5.1	Rahmenbedingungen	127
5.2	Politisch-strategische Kontexte	132
5.3	Staatliche Katastrophenmanagementsysteme	134
5.3.1	Deutschland	134
5.3.2	Tschechische Republik	137
5.3.3	Ungarn	137
5.3.4	Polen	139
5.3.5	Frankreich	140
5.3.6	Großbritannien (vor dem „Brexit")	142
5.3.7	Schweden	144
5.3.8	Österreich	146
5.4	Diskussion und Schlussfolgerungen	148
6	**Mitigationsmanagement – Kritik und *lessons learned* am Beispiel *hazard mitigation* in den USA**	**153**
6.1	Integriertes Katastrophenmanagement unter Berücksichtigung von Mitigationsinstrumenten	153
6.2	Amerikanische Risikovorsorge auf Grundlage des *all-hazards approach*	154
6.3	Katastrophenschutz: Rechtliche Grundlagen und Regierungsprogramme (nach Schwab/Bower/Eschelbach 2007)	155
6.4	Mitigationsinstrumente	158
7	**Zivil-militärisches Zusammenwirken im Katastrophenmanagement**	**163**
7.1	Allgemeines und EU-Kontext	163
7.2	Abgrenzungsmerkmale ziviler und militärischer Charakteristika des Krisen- und Katastophenmanagements	171
7.3	Beispiel *Civil-Military Co-operation* (CIMIC)	173

7.4   Beispiel *Civil-Military Co-ordination* (CMCoord) 176
7.5   Fazit 177

**8   Bevölkerungsverhalten und bevölkerungs-
          zentrierte Kommunikation** 181
8.1   Panikmythos 181
8.2   Kommunikation mit der Bevölkerung 184
8.3   Komponenten eines umfassenden Kommunikations-
          ansatzes im Überblick 193
8.4   Zur Rolle der neuen Medien 195
8.5   Ersthelfer/-innen- und Freiwilligenkultur 200

9   Schutz kritischer Infrastrukturen 203
9.1   Risiken für kritische Infrastrukturen 203
9.2   Europäische kritische Infrastrukturen 206
9.3   OECD-Länderstudie 210
9.4   Basisschutzkonzept und Nationale Strategie zum Schutz
          Kritischer Infrastrukturen (KRITIS) in Deutschland 212
9.5   Definition österreichischer kritischer Infrastrukturen
          nach dem *Austrian Programme for Critical Infrastructure
          Protection* (APCIP) Masterplan 214
9.6   Sektoren kritischer Infrastrukturen 215
9.7   Gesellschaftspolitische Auswirkungen eines Ausfalls
          kritischer Infrastrukturen 218
9.8   Indikatoren zur subjektiven Schutzbedürfnisbewertung
          kritischer Infrastrukturen 230

10   Resilienz 235

11   Ausblick 243

Literaturverzeichnis 247

Abbildungen

Abbildung 1: Risikodefinition nach dem Modell der *disaster risk reduction* 20

Abbildung 2: Vertrauen der Bevölkerung in verschiedene Quellen von Informationen über Katastrophen 50

Abbildung 3: Drei-Zonen-Modell nach Tiryakian (1959) 98

Abbildung 4: Szenario-Trichter-Modell 103

Abbildung 5: Vier Dimensionen von Resilienz nach Bruneau u.a. (2003) 240

Tabellen

Tabelle 1: Beiträge sozialwissenschaftlicher Sicherheitsforschung zum Themenbereich Koordination und Vernetzung im Krisen- und Katastrophenmanagement 37

Tabelle 2: Terminologiebeispiele aus der internationalen Praxis 58

Tabelle 3: „Katastrophe" und „*disaster*" 75

Tabelle 4: Sieben-Phasen-Modell nach Chapman (1962) 82

Tabelle 5: Übersicht und Besonderheiten ausgewählter nationaler Katastrophenmanagementsysteme 151

Tabelle 6: Zivile und militärische Problemperzeption des Zusammenwirkens 167

Tabelle 7: Prototypische zivile und militärische Wirkungsmerkmale und Koordinationsfelder 171

Tabelle 8:   Vier Grundmodelle von *civil-military coordination* (CIMIC) 173

Tabelle 9:   Sektorenausweisung kritischer Infrastruktur im europäischen Kontext und in den USA 216

Tabelle 10:   Art der Betroffenheit der Bevölkerung bei Ausfall oder Störung kritischer Infrastrukturen ... 229

Tabelle 11:   Indikatoren zur subjektiven Schutzbedürfnisbewertung kritischer Infrastruktur 232

Vorbemerkung zu COVID-19

Einem der Axiome der Katastrophenforschung entsprechend, entstehen neue Katastrophen nicht aus dem Nichts, sondern basieren auf bestehenden Trends und Verwundbarkeiten (z.B. Sorokin 1942; Clausen/Dombrowsky 1983), auch im Fall von Pandemien (Hough 2015; Hough/McInnes 2013). Insofern sind Katastrophen auch nie beispiellos, zumal sie auch oft in Zukunftsforschung und Szenarienstudien antizipiert wurden. Das Katastrophenmanagement in der COVID-19-Pandemie (Kötter 2020; OECD 2020; Wardman/Lofstedt 2020) stellt keine Ausnahme dar, nachdem ihrem Auftreten und ihrer Wirkung entsprechende Szenarien und Annahmen seit Jahren existieren, auch in Form von Planungsbedarf für das Katastrophenmanagement (Siedschlag 2020). Im *„Lock Step"*-Szenario zum Beispiel tötet ein neuartiger Influenzavirus weltweit acht Millionen Menschen (COVID-19 sind bisher – Ende 2020 – 1,6 Millionen Menschen zum Opfer gefallen)[1] und eine überbordende Reaktion der Behörden in einigen Ländern, die Grundfreiheiten und demokratische Werte bedroht, führt zu Massenprotesten in der Bevölkerung (The Rockefeller Foundation/GBN Global Business Network 2010: 18-25). Weitere ähnliche Beispiele sind U.S. Department of Homeland Security (2007) oder Federal Emergency Management Agency (2011: 4).

Schon vor dem Auftreten des neuartigen Coronavirus SARS-CoV-2 und infolge vorausgegangener Pandemien wie etwa der Pandemie SARS (*severe acute respiratory syndrome*) 2003-2004 oder der als „Schweinegrippe" bekannt gewordenen Pandemie H1N1 2009/10 (2009-2010) hatte die Forschung das Feld der Gesundheitspolitik als sein „Schlüsselelement für die Entwicklung von Resilienz" identifiziert (Tiernan u.a. 2018). Auch in Lehrbüchern finden Szenarien einer „katastrophischen Pandemie" seit langem Verwendung (z.B.

---

[1] Die aktuellen Zahlen der WHO finden sich unter https://covid19.who.int.

Elbe 2010; Hugh/McInnes 2013; Kiltz 2014). Die Sicherheitskulturforschung hat auf die Notwendigkeit hingewiesen, gesellschaftliche Resilienz nicht mittels *law-and-order*-Katastrophenmanagement zu erzwingen (siehe dazu auch die Kritik am deutschen COVID-19-Katastrophenmanagement bei Wiedemann/Dorl 2020), sondern als gesamtgesellschaftliche Gestaltungsaufgabe zu begreifen und stets im Abgleich mit den Werten der Freiheit und der Demokratie zu verfolgen (Siedschlag/Jerković 2018).

Die Notfallverordnungs-Krisenpolitik ebenso wie das Katastrophenmanagement um COVID-19 machen deutlich, wie relevant Konzepte und Ergebnisse der umfassenden Sicherheitsforschung sind, die in diesem Band in Bezug auf wissenschaftliche Grundlagen des Katastrophenmanagements einführend und in Verknüpfung mit der Praxis behandelt werden. Dies betrifft zum Beispiel unter anderem den Katastrophen-Managementzyklus ebenso wie bevölkerungszentrierte Kommunikation (dazu bereits World Health Organization 2005) und die Notwendigkeit des ständigen Abwägens zwischen Grundprinzipien wie Sicherheit und Freiheit. So wird deutlich, dass auch und gerade Katastrophenmanagement im 21. Jahrhundert nicht von den allgemeinen Erwartungen an *new public management* mit umfassender Verantwortlichkeit der politischen Führung für alle betroffenen Bevölkerungsgruppen und involvierten legitimen Interessensgruppen ausgenommen ist und daher die Bereitschaft zur Reform im fortschreitenden Katastrophenmanagement-Prozess selbst aufbringen muss (Sylves 2015: 35; speziell in Bezug auf COVID-19: Ruiu 2020). Worauf es ankommt, ist, wie wir aus der amerikanischen Forschung zum Heimatschutz (*homeland security*) lernen können, *adaptives Katastrophenmanagement* (Reddick 2010). Dazu hat der beiliegende Band wertvolle Beiträge zu leisten. Insbesondere gilt:

„Risiko ist systemisch geworden. Es kann nicht in Kategorien unterteilt werden, die dann Gesundheitsbehörden, Katastrophenschutzorganisationen oder Frühwarnzentren zugewiesen werden. Wenn Regierungen fortfahren, in dieser Weise zu arbeiten, wird das größere Bild ungesehen bleiben, während die Katastrophe ihren Lauf nimmt, und die Lösungen werden nicht zielentsprechend sein." (Mizutori 2020, eigene Übersetzung)

Wie Pitirim A. Sorokin in *Man and Society and Calamity* (1942) geschlussfolgert hat, führen breite Katastrophen zu einem generellen Anstieg der Kontrolle der Gesellschaft durch die Regierung und einer entsprechenden Notwendigkeit, verfassungsmäßige Rechte und Freiheiten zu berücksichtigen sowie in der öffentlichen Verwaltung der Katastrophe den Grundsätzen eines demokratischen Institutionalismus zu folgen (Sorokin 1942; siehe auch Baker/Chapman 1962). Das schließt zum Beispiel ein, im Rahmen eines von quantitativen Indikatoren geleiteten Katastrophenmanagements auch „immaterielle Verluste" (*intangible losses*) zu berücksichtigen, wie in Bezug auf sozialen und psychischen Schmerz, kulturelle Verluste, Zusammenhalt und Moral der Gemeinschaft u.a. – und erstmals vom *United Nations Development Programme* (UNDP) im Jahr 1994 zusammengefasst (Bullock/Haddow/Coppola 2008: 511; zur Kritik an selektiver oder reduktionistischer Indikatorennutzung im COVID-19-Katastrophenmanagement siehe Wiedemann/Dorl 2020). Eine weitere aus COVID-19 zu ziehende Lehre betrifft die Grenzen eines umfassenden (*all-hazards*) Ansatzes des Katastrophenmanagements, sofern dieser darauf ausgelegt ist, Fähigkeiten zu entwickeln, die sich über ein breites Spektrum von Gefahrenklassen und Bedrohungsszenarien einsetzen lassen, aber die Planung sich nicht genügend mit der Einschätzung (sektor-)spezifischer Risiken befasst (dazu bereits Lakoff 2006).

1 Einleitung

Dieses Buch führt aus wissenschaftlicher, aber anwendungsorientierter Perspektive in knapper, überblicksorientierter Form in das Katastrophenmanagement ein. Ein Schwerpunkt liegt auf Konzepten und Erkenntnissen der Katastrophenforschung. Insbesondere werden auch Kernergebnisse klassischer Werke und Studien erschlossen. Eine *Katastrophe* ist vor allem auch charakterisiert durch die Herausforderung der Gleichzeitigkeit, als ein Gesamtsystem aus Ereignissen, Wahrnehmungen, emotionalen Reaktionen, Verhaltensreaktionen, Kommunikation, Information usw. Das Katastrophenmanagement bedarf in diesem Sinne eines synchronen Gesamteinsatzes der Fähigkeiten – anstatt einer sukzessiven Abfolge von Instrumenten, die auf einzelne „Phasen" zugeschnitten sind. Dazu gehört auch die Fähigkeit, einen umfassenden, fachübergreifenden Blickwinkel einzunehmen. In diesem Sinn will der Band nicht nur für die Wissenschaft, sondern auch für wissenschaftlich interessierte Praktiker/-innen von Nutzen sein, die ihre Arbeit und Verantwortung in einem übergreifenden heuristischen Kontext verstandorten möchten.

Die Vorgehensweise dieses Werks ist multiperspektivisch und synoptisch: berücksichtigt werden Zugänge aus unterschiedlichen wissenschaftlichen Disziplinen (z.B. Sicherheitsforschung, Katastrophenforschung, Betriebswirtschaftslehre u.a.). Es wird Wert darauf gelegt, den sogenannten Katastrophenmanagementzyklus von Prävention und Resilienz über Katastrophenbewältigung bis hin zu Kontinuitätsmanagement und Wiederaufbau in Betracht zu ziehen: Dies schließt zum Beispiel Krisenentscheidungen, Risikokommunikation und Schutzmaßnahmen wie Evakuierung ein.

Die Terminologie im Bereich „Katastrophe" ist sowohl im Forschungs- als auch im Anwendungssektor mitunter verschwommen, und ihr ist ein eigenes Kapitel gewidmet (*Kapitel 3*). Es soll aber bereits einleitend umrissen werden, welcher terminologischen Grundorientierung dieser Band im Wesentlichen folgt, nämlich dem Rahmen des österreichischen *„Staatlichen Krisen- und Katastrophenschutzmanagements"* (SKKM) und der Strategie *„SKKM 2020"* (siehe Bundesministerium für Inneres 2009). Dieses Konzept erscheint insbesondere auch deshalb besonders als Ausgangs- und Bezugspunkt geeignet, weil es eine enge Verzahnung wissenschaftlicher und praxeologischer Erkenntnisse und Zielsetzungen anstrebt. Der Begriffsrahmen des SKKM ist insbesondere auch hilfreich, um „Krise" und „Katastrophe" terminologisch voneinander abzugrenzen und deutlich zu machen, inwieweit sich Katastrophenforschung schon vom Begriff her von der Analyse von Krisenprozessen bzw. Krisenmanagement (z.b. Hutzschenreuter/Griess-Nega 2006; Krystek/Moldenhauer 2007), aber auch von der Risikoforschung (z.b. Slovic 2000) unterscheidet – wiewohl natürlich wichtige Querbezüge bestehen, auf die in diesem Buch auch eingegangen wird:

- *Krisen* im Sinne des SKKM sind Herausforderungen an Koordination auf nationaler Ebene und das Management der Aufteilung von Zuständigkeiten zwischen Bund und Ländern nach den Grundsätzen der primären Selbsthilfe und der Subsidiarität, sowohl in Bezug auf Bevölkerungsschutz als auch in Bezug auf internationale Katastrophenhilfe. Die Bevölkerung soll durch die Förderung des Selbstschutzgedankens und laufende Informations- sowie Aufklärungsarbeit in das Krisenmanagement integral einbezogen werden.

- *Katastrophen* im Sinne des SKKM sind länger andauernde und/oder (Anlass-)Fälle (Großschadensereignisse in der Bandbreite von *„all hazards"* in einer „komplexen Risikolandschaft"), die eine enge Koordination aller zuständigen Bundes- und Landesbehörden sowie der Einsatzorganisationen im Sinne eines Netzwerks erforderlich machen. Dabei werden alle Phasen des idealtypischen Verlaufsmodells berücksichtigt: Prävention (*prevention/mitigation*), Vorsorge (*preparedness*), Hilfeleistung (*response*) und Folgenbewältigung (*rehabilitation/recovery*). Ein Schwerpunkt des

SKKM liegt auf Früherkennung und Einschätzung von Schadenspotenzialen und Schutzbedarf.

Im Rahmen der *SKKM Strategie 2020* (Bundesministerium für Inneres 2009) sind diese Konzepte jedoch nicht fest gesatzt, sondern sollen sich auf der Grundlage von technischer Innovation, organisationsübergreifendem Dialog und Ausbildung sowie Berücksichtigung von Entwicklungen auf der Ebene der Europäischen Union weiterentwickeln. Insbesondere soll Entscheidungsträgern/-innen im SKKM der Zugang zu relevanten aktuellen Forschungsergebnissen ermöglicht werden.

Der Schwerpunkt der Katastrophenforschung und des angewandten Katastrophenmanagements der Gegenwart liegt nicht darin, zu untersuchen, wie man eine Situation am besten überstehen kann, sondern darin, sich bestmöglich auf Situationen und Katastrophenszenarien *vorzubereiten*. Darauf deuten auch die eben genannten Referenzdefinitionen bereits hin. Dieses prospektive Element des vorausschauenden Analysierens, sich auf absehbare, vielleicht unwahrscheinlich klingende, aber im Bereich des Möglichen liegende Katastrophenfälle bestmöglich vorzubereiten, das auch planerisch durchzuspielen, steht im Zentrum der Katastrophenvorsorge unserer Zeit. Wie durch COVID-19 demonstriert, besteht hier weiterhin Verbesserungsbedarf. In der „Weltrisikogesellschaft" (Beck 2007) kann theoretisch immer öfter überall immer mehr passieren. Das Spektrum von Sicherheitsgefährdungen für unsere Gesellschaften und ihre Infrastrukturen ist breit und gekennzeichnet durch viel „unbestimmte Unbestimmtheit" (siehe bereits Reinhold 1816: 170): Wir wissen gar nicht, wovon wir nicht wissen, dass es alles passieren könnte. Wir möchten die Unbestimmtheit gerne verneinen, was uns aber nicht gelingt, da wir gar nicht genau wissen, was wir verneinen müssen – die „unbestimmte Vorstellung der Unbestimmtheit" gleicht daher einem „dialektischen Blendwerk" (ebd.).

Zwar kann immer öfter immer mehr passieren, aber es ist auch immer mehr vermeidbar, wenn man Entwicklungen, soweit wie möglich, wissenschaftlich abzusehen versucht. Diese Vorgehensweise ist anders als in den 1920er-Jahren, als die Katastrophenforschung in den USA sich massiv entwickelt hat. Erfahrungsbewältigung (z.b. Aufarbeitung der Erfahrungen des Ersten Weltkriegs und der Weltwirtschaftskrise) brachten damals eine gewisse auch analytische Vorstellung und wissenschaftliche Haltung des Fatalismus mit sich, die – verbunden mit der folgenden Erfahrung des Zweiten Weltkriegs – auch noch in Sorokins (1942) monumentalem Werk *Man and Society in Calamity* spürbar war. In diesen Zusammenhang wird auch schon eine traditionelle typische Vorgehensweise der empirischen Katastrophenforschung erkennbar: die Inventarisierung von Massenverhaltensstilen.

Im Zweiten Weltkrieg führten die USA die *strategic bombing surveys* durch, sozialpsychologische Studien darüber, wie strategische Bombardierung in deutschen Großstädten auf den sozialen Zusammenhalt in der Bevölkerung wirkt, ob die Bombardements in der Lage sind, soziale Systeme zu zersetzen und wie widerstandsfähig Bevölkerungen gegen die Vernichtung ihrer Lebensinfrastruktur sind (Dombrowsky 2010). In seinem Werk versuchte Sorokin (1942) etwa zeitgleich, den bis dahin erzielten Stand des Wissens über menschliche Reaktionsmuster auf Katastrophen unterschiedlichster Art zusammenzufassen – von Kriegen und Hungersnöten über Überschwemmungen bis hin zu Seuchen. In solchen Zusammenhängen entstand eine heute wieder wichtiger werdende Strömung der Katastrophenforschung, die sich auf die Faktoren Verletzlichkeit (*Vulnerabilität*) und Widerstandsfähigkeit (*Resilienz*) gegen die von Katastrophen ausgelösten Wirrungen und Brüche konzentriert: Ausgehend von der Erwartung, dass man (jedenfalls bestimmte) Katastrophen nicht verhindern kann, möchte man die Fähigkeit optimieren, sich den Wirkungen dessen zu entziehen, was man als fatale, nicht zu verändernde, nicht zu beeinflussende Ereignisse betrachtet.

Später wurden die Ergebnisse derartiger Forschung in den USA unter anderem zu dem Zweck genutzt, Prognosen darüber zu erstellen, wie ein thermonuklearer Angriff auf eine oder mehrere ihrer Großstädte in Bezug auf das Massenverhalten der Bevölkerung aussehen würde (z.B. Tyriakian 1959). Das – vielleicht kann man sagen – Sophistische an dieser Art von Katastrophenforschung ist, dass sie sich natürlich immer nur anlassbezogen entwickeln kann: Sie hängt davon ab, dass Katastrophen tatsächlich in ausreichendem Maße vorfallen (oder verursacht werden), anhand derer man das Bevölkerungsverhalten und die Hypothesen, die man theoretisch hergeleitet hat, testen kann. Die Tatsache, dass Katastrophenforschung weithin auf Fallstudien angewiesen ist, erklärt auch einen großen methodologischen Kritikpunkt an diesem Forschungszweig, nämlich, dass es bis heute noch keine umfassende Theorie „der Katastrophe" gibt. Das liegt schlicht und einfach daran, dass es keinen umfassenden Fall gibt. Man ist darauf angewiesen, Auswirkungen von Katastrophen zu beobachten und wissenschaftlich zu interpretieren, um sich für einen nächsten vergleichbaren Fall besser vorzubereiten. Das ist natürlich keine gute Grundlage, um eine allgemeine realistische Theorie der Katastrophe zu entwickeln.

Die erste große Forschungsfrage auf dem Weg zu einer Theorie der Katastrophe und ihres Managements ist: Wie wirken sich Katastrophen eigentlich auf *Menschen* (nicht nur auf kritische Infrastrukturen, technische Systeme usw.) aus und wie reagieren *Menschen* darauf? Das war schon der Ausgangspunkt der *disaster research* im Gegensatz – trotz wiederum bestehender wichtiger Querbezüge – zum eher technokratisch orientierten und auf Folgeneindämmung konzentrierten *emergency management* (z.B. Haddow/Bullock/Coppola 2008; Lindell/Prater/Perry 2006; McEntire 2007). Wichtig ist festzuhalten, dass der Analyserahmen der Katastrophenforschung nicht beim Management der Katastrophe beginnt, sondern bei der Untersuchung, wie Katastrophen auf Menschen, auf soziale Gemeinschaften wirken, um dadurch Wege aufzuzeigen, wie man sich von vornherein besser wappnen oder negativen Wirkungen entziehen kann.

Von daher kommen wichtige Teile der Katastrophenforschung auch zu einer anderen Risikodefinition als der üblichen, aus der Versicherungsmathematik entlehnten, d.h. dem Produkt aus (rechnerischem) Schadensausmaß und (rechnerischer) Eintrittswahrscheinlichkeit: nämlich zum Katastrophenpotenzial als der Schnittmenge aus Gefährdung (*hazard*), Exponiertheit (*exposure*) und Verletzlichkeit (*vulnerability*). Diese Definition wurde vor allem im Rahmen der *International Strategy for Disaster Risk Reduction* (ISDR) der Vereinten Nationen, jetzt *United Nations Office for Disaster Risk Reduction* (UNDRR), verwendet und verbreitet (https://www.undrr.org/terminology). *Abbildung 1* illustriert den Zusammenhang:

Abbildung 1:   Risikodefinition nach dem Modell der *disaster risk reduction*.

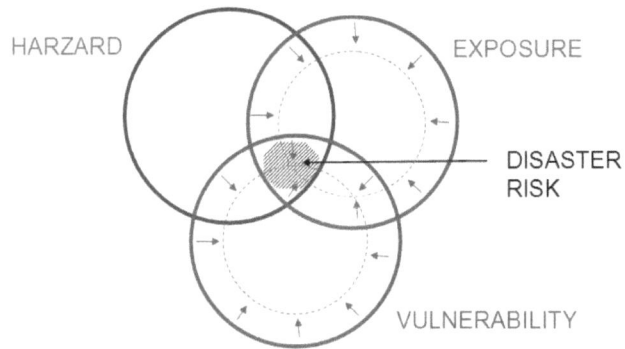

Der Ansatz der Risikoreduzierung führt bereits zum speziellen Aspekt des *Katastrophenmanagements*. Die Antwort auf die Frage, ob und inwieweit man Katastrophen „managen" kann, hängt davon ab, was man sich unter einer Katastrophe vorstellt. Wenn man sich auf die Position stellt, dass Katastrophen passieren, kann man nur versuchen, die negativen Wirkungen so weit wie möglich zu reduzieren. Das hat dann mit Management nicht allzu viel zu tun. Sieht man in einer Katastrophe jedoch im Prinzip nicht ein schlagartiges disruptives Ereignis, sondern nimmt an, dass eine Katastrophe sich aus einem Gesamtsystemzusammenhang ergibt, dann muss man auch unterschiedliche gesellschaftliche Vorstellungen und Wahrnehmungsmuster dessen, was denn eigentlich „katastrophal" ist, oder was ein System an den Rand des Zusammenbruchs bringen kann, betrachten. In unterschiedlichen Kulturkreisen gibt es ganz unterschiedliche Vorstellungen darüber, was die kritische Masse eines Ereignisses ist, um dieses als katastrophal zu bezeichnen (Gibbs/Montagnino 2007). Die unterschiedlichen Arten, eine Katastrophe zu betrachten, haben Folgen für die Vorstellungen davon, wie man mit solchen Katastrophen im Sinne von Management am besten umgehen kann. Dementsprechend gilt die Fähigkeit zur *Problemstrukturierung* als erste Voraussetzung auch für Katastrophenmanagement nicht nur in der Analyse, sondern ebenso im Anlassfall (Comfort 1988).

Nach einem Blick in für aus dem Blickwinkel des Katastrophenmanagements einschlägige Meilensteine der Katastrophenforschung mit Vorstellung ausgewählter einschlägiger Literatur und Quellen wird auf das Verhältnis von Sicherheitsforschung und Katastrophenforschung eingegangen, da Katastrophenmanagement beide wissenschaftlichen Perspektiven (Katastrophenforschung und Sicherheitsforschung) betrifft (*Kapitel 2*). Im gesamten Band wird Wert darauf gelegt, mit einschlägiger Fach- und Fallstudienliteratur vertraut zu machen.

Anschließend wird der diesem Band zugrunde liegende umfassende Ansatz (*comprehensive approach*) erläutert und auf die der Übertragbarkeit internationalen Wissensstands der Katastrophenforschung auf Fragen des Katastrophenmanagements im nationalen Kontext eingegangen (*Kapitel 2.5 und 2.6*).

Darauf aufbauend werden grundlegende Terminologien und Forschungsstränge (Schulen) dargestellt (*Kapitel 3*), gefolgt von einem Einblick in exemplarische Analysemethoden (*Kapitel 4*) aus unterschiedlichen Fachkontexten: Katastrophenforschung, Wirtschaftswissenschaft, Psychologie und Politikwissenschaft (Krisenentscheidungen).

Daran schließt sich ein Vergleich von Verfahren und Vernetzung des Katastrophenmanagements in ausgewählten EU-Mitgliedstaaten an (*Kapitel 5*). Dem folgt vor dem Hintergrund von Risiko-/Gefahren-/Schadensminderung (*mitigation*) ein Blick in die Programme, Strategien und der Erfahrungen der USA an (*Kapitel 6*).

Zivil-militärisches Zusammenwirken im Katastrophenmanagement, das durch COVID-19 und zum Beispiel die Frage der Impfstoffverteilung unter Abstützung auf Militärlogistik neue Aktualität erlangt hat, wird in einem eigenen Kapitel behandelt (*Kapitel 7*).

Ein weiteres Kapitel ist dem Bevölkerungsverhalten und der bevölkerungszentrierten Kommunikation im Katastrophenmanagement gewidmet (*Kapitel 8*). Dabei wird insbesondere auch auf den „Panikmythos", die Rolle der neuen Medien und die Freiwilligenkultur eingegangen.

Ebenso ist ein eigenes Kapitel dem Schutz kritischer Infrastrukturen gewidmet (*Kapitel 9*). Internationale und nationale Schutzkonzepte werden knapp dargestellt, eben wie zugrunde liegende Unterscheidungen von Definitionen unterschiedlicher Sektoren kritischer Infrastruktur und einschlägige Risikodefinitionen. Anschließend werden gesellschaftspolitische Auswirkungen des Ausfalls kritischer Infrastrukturen behandelt und Indikatoren zur subjektiven Schutzbedürfnisbewertung kritischer Infrastruktur aus Sicht der Bevölkerung erläutert.

Daraufhin wird auf das immer wichtiger werdende Resilienz-Konzept eingegangen, das risiko- und sozialwissenschaftliche Perspektiven miteinander verbindet (*Kapitel 10*).

In einer Schlussbetrachtung (*Kapitel 11*) wird ein Gesamtfazit gezogen, und es werden praxisrelevante Themen festgehalten, die in der künftigen Forschung besonders angegangen werden sollten.

2 Entwicklungsschritte und Charakteristika ausgewählter relevanter Felder der Katastrophenforschung

2.1 Sozio-technischer Blickwinkel

Der Beginn der Krisen- und Katastrophenforschung als *disaster*-Forschung in den USA lässt sich auf die 1920er-Jahre datieren. Die nachweisbaren fachlichen Ursprünge reichen jedoch noch weiter zurück: Interdisziplinäre Forschung zu Katastrophen aus – wie wir heute sagen würden – gesamtsystemischer Perspektive begann in den USA nach dem Bürgerkrieg (1861-1865), vor dem Hintergrund ungekannter Herausforderungen sozialer (Re-)Integration und infolge der dadurch motivierten Gründung der *National Academy of Sciences* (Chapman 1962). Das Fach war anfangs durch eine fatalistische Grundeinstellung aufgrund der Erfahrungen des Ersten Weltkriegs und der Weltwirtschaftskrise geprägt. Die methodische Vorgehensweise war zunächst durch die anlassbezogene Anwendung allgemeiner sozialwissenschaftlicher Konzepte gekennzeichnet, wie in der paradigmatischen Studie von Prince (1920) über die Folgen der Explosion eines französischen Munitionsschiffs, die sich infolge einer Kollision am 6. Dezember 1917 im kanadischen Hafen Halifax ereignet hat. Bei der Explosion kamen ca. 2 000 Menschen ums Leben, 9 000 wurden verletzt. Bis zu den Atombombenzündungen im Jahr 1945 war dies die weltweit größte künstliche Explosion. Sie hatte eine Sprengkraft von ca. 3 Tonnen TNT (im Vergleich zur Sprengkraft von 13 Tonnen TNT der Hiroshima-Atombombe).

Das Erkenntnisinteresse der damaligen Katastrophenforschung richtete sich in erster Linie darauf, wie man sich den Wirkungen von Krisen und Katastrophen *entziehen* kann, wie nicht entkommbare Krisen auf Menschen wirken und wie sie typischerweise darauf reagieren. Das legte den Grundstein für einen wichtigen Strang, der sich durch die nachfolgende Fachentwicklung hindurchzieht: die

Evakuierungsforschung, vor allem auch in Form der Frage: Wie wirken Katastrophenereignisse auf Menschen und wie reagieren die Menschen darauf? Damit war auch der Schritt zum Anwendungsfeld des Katastrophenmanagements getan, wenn auch noch nicht aus einem umfassenden Ansatz heraus, sondern konzentriert auf ein bestimmtes Segment des Krisenmanagementzyklus.

Die typische Methode der Katastrophenforschung bestand dementsprechend (bis über den Zweiten Weltkrieg hinaus) in der Inventarisierung von Massenverhaltensstilen (z.b. Sorokin 1942 und die Katastrophensoziologie des Bombenkriegs – oder Emotionspsychologie der Zivilverteidigung in Form der *Strategic Bombing Surveys*, z.B. Janis 1951). Kennzeichnend war wiederum die Suche nach allgemeinen Gesetzen (z.B. Phasenabläufen) menschlichen Katastrophenverhaltens. Auf diese Zeit geht auch die Herausbildung des empirisch nicht haltbaren „Panikmythos" in der Katastrophenforschung zurück (siehe dazu *Kapitel 8.1*). Die *disaster*-Forschung als wesentlicher Ausgangspunkt der Katastrophenforschung besteht auch heute noch (z.B. Perry/Quarantelli 2005). Sie geht fallstudienorientiert vor und richtet sich auf spezifische betroffene Gemeinschaften (*communities*). Ihr Erkenntnisinteresse ist es nach wie vor, Katastrophenreaktionen in der Bevölkerung zu inventarisieren.

In seiner dialektisch-kritischen Beurteilung der „bürgerlichen" amerikanischen Katastrophenforschung brachte (Jäger 1977: 142-145 u. 164), wenngleich ideologisch überzogen, doch einige interessante Kritikpunkte an dieser klassischen Strömung der Katastrophenforschung zum Ausdruck. Dazu gehörte der von der Reproduktionsproblematik isolierte idyllische Katastrophenbegriff (die Großgemeinschaft hält zusammen; das Gesellschaftssystem ist nichtantagonistisch und philanthropisch), der „quietistische" Bias (Katastrophenbewältigung als Restituierung des Status quo ante) und der „Soziozentrismus", d.h. Postulierung eines normativen, gegebenenfalls wieder herzustellenden Charakters der bestehenden Gesellschaft. Schließlich monierte Jäger noch die Arbeit mit dem abstrakten Begriff der Masse, um die historisch-materialistische Dimension von Katastrophenverhalten zu verschleiern. Die methodologisch vorherrschende Verhaltensanalyse machte Jäger (1977: 40 u. 75) als Versuch aus, die Trennung von Individuum und Gesellschaft zu intellektualisieren, um die gesellschaftsbezogenen Voraussetzungen und Folgen von Katastrophenverhalten zu verheimlichen und die Katastrophe repressiv zu instrumentalisieren, um systemkonformes Verhalten zu erzeugen, das die „Durchsetzung partikularer Gruppeninteressen" und daher die Lösung nur „partikularer Überlebensprobleme" fördert. Die bedingungslose Priorisierung der artikulierten oder teils auch nur modellierten Schutzbedürfnisse des Gesundheitssektors im COVID-19-Katastrophenmanagement (z.B. Siedschlag 2020) lässt einige damalige Einwände von Jäger (1977) in einem interessanten neuen Licht erscheinen.

Katastrophenmanagement ist aus dieser kritischen Sicht ein Aneignungsakt der herrschenden Klasse, und die Technisierung und Naturalisierung von Katastrophen dienen dazu, die konkret-historischen Bedingungen der gesellschaftlichen Katastrophenreaktion nicht thematisieren zu müssen (Jäger 1977: 46). Bedenkenswert erscheint weiterhin Jägers (1977: 58) Feststellung, dass hinter „Naturkatastrophen" stets „Kulturkatastrophen" stehen; denn was Natur ist, hängt von kulturellen Differenzierungen und gesellschaftlicher (politisch-kultureller) Anpassungsstärke ab.

Im Laufe der 1950er-Jahre kam es zu einer Abkehr von der Suche nach der *grand theory* und einem Wechsel des Forschungsschwerpunkts hin zu Kommunikation und Warnung. Dabei können zwei Grundrichtungen unterschieden werden:

- *Erstens,* auch im Gesamtzusammenhang der *behavioural revolution,* eine Wendung von der makrosoziologischen zur verhaltensorientierten Forschung. Eine Rolle spielte dabei auch die Fortführung des Ansatzes des *Strategic Bombing Survey,* der während des Zweiten Weltkriegs die Resilienz der Bevölkerung des Dritten Reichs in bombardierten Städten zu erfassen suchte und nun, angesichts der wachsenden nuklearstrategischen Bedrohung des eigenen Lands, von den USA auf sich selbst bezogen wurde. Ein nomothetisches (auf das Entdecken allgemeiner Gesetzmäßigkeiten gerichtetes) Erkenntnisinteresse bestand aber weiterhin, was vor allem in der Forschungsmethode der Inventarisierung von Massenverhaltensstilen seinen Ausdruck fand.

• *Zweitens* ein Fokus auf – zumeist verhaltensorientierte – Feldstudien (*field studies in disaster behavior*) und Interviews im Zusammenhang mit Naturkatastrophen (z.b. Perry/Quarantelli 2005; Hoffman/Oliver-Smith 2001; Rieken 2010). Das Erkenntnisinteresse ist hierbei nach wie vor die makroskopische Inventarisierung von Katastrophenreaktionen in Bevölkerungsgruppen.

Demgegenüber hat der Mainstream der Katastrophenforschung (und auch der Katastrophenmanagement-Politik, z.b. Commission of the European Communities 2009a) seinen Schwerpunkt weiter auf die Phase *vor* dem Ereigniseintritt verlagert (Stichworte Frühwarnung und Prävention). Der konzeptionelle Hintergrund dazu ist die sogenannte unbestimmte Unbestimmtheit von Risiken im 21. Jahrhundert: Theoretisch kann immer öfter immer mehr passieren, deshalb ist aber theoretisch auch mehr vermeidbar (Aguirre 2004; Bazerman/Watkins 2004; Smith/Elliott 2006).

Dessen ungeachtet lassen sich wesentliche methodologische Probleme der Katastrophenforschung immer noch nach Cisin und Clark (1962) benennen:

• Praxisrelevante Katastrophenforschung muss auch anlassbezogen stattfinden. Ein Forschungsdesign zu planen, erfordert jedoch Zeit, und diese ist in Katastrophen eine knappe Ressource.

• Ohne viel Kenntnis der Gesamtsituation muss die fallstudienorientierte Forschung rasch eine leitende Fragestellung entwickeln.

• Wahl des theoretischen Hintergrunds im Spannungsfeld zwischen einem einheitlichen Katastrophenmodell (z.B. auf Grundlage des Krisenmanagementkreislaufs) vs. disruptorenorientierte Forschung. Ein einheitliches Modell richtet sich an allgemeinen sozialorganisatorischen Folgen von Katastrophen aus (u.a. rascher Wechsel der Verhaltensmodi, emergente Normen, massive externe Abhängigkeiten in der Phase des *consequence management* und des Wiederaufbaus). Ein Disruptorenmodell konzentriert sich auf einzelne typische Anlassfälle oder auf Missionen des Katastrophenmanagements (z.b. Schutz kritischer Infrastruktur, Wiederherstellung von Ordnung usw.).

- Deskriptive Studien der sozialorganisatorischen *baseline* vor Katastrophenfällen wären wichtig, um die disruptiven Effekte der Katastrophe besser eingrenzen zu können.

- Fehlalarmstudien zeigen die Notwendigkeit katastrophenbezogener Kommunikationsforschung (Glaubwürdigkeit der Information, Informationsbewertung, Informationsvermittlung, Informationsweitergabe usw.), die weiter fachspezifisch vorangetrieben werden sollte.

2.2   Ausgewählte Grundlagenliteratur

Im Folgenden wird auf empfehlenswerte international maßgebliche Grundlagenliteratur hingewiesen, welche die Lektüre dieses Bands gut ergänzen kann.

Besonders hervorzuheben ist das von Rodríguez, Quarantelli und Dynes (2006) herausgegebene *Handbook of Disaster Research*. Das Handbuch behandelt u.a. definitorische und methodologische Fragen, Ansätze aus der Krisenforschung, soziodemographische Vulnerabilitätsfaktoren, Genderaspekte, Kommunikation, Warnung und Evakuierung sowie Terrorismus und *homeland security*. Kritisch thematisiert werden u.a. die Vermarktung von Angst und die praktische Aufgreifbarkeit von Ergebnissen der Katastrophenforschung für das Katastrophenmanagement.

Der von McEntire (2007) herausgegebene Sammelband *Disciplines, Disasters and Emergency Management* ist, wie der Titel schon verrät, aus dem Blickpunkt der multidisziplinären Fachrichtung *emer-*

gency management geschrieben. In einer ganzen Breite von Disziplinen wie Psychologie, Kommunikationswissenschaft, Politikwissenschaft, Wirtschaftswissenschaft u.a. werden unterschiedliche Konzepte dargestellt und es wird versucht, einen Gesamttrend vor allem für eine angewandte Forschung abzuleiten. Die *Introduction to Emergency Management* von Lindell, Prater und Perry (2006) bietet unter anderem eine gute Übersicht und Diskussion einschlägiger Begriffe bzw. Begriffsdefinitionen mit Beispielen.

Drabek (2010) liefert mit *The Human Side of Disaster* eine leicht lesbare Darstellung des soziologischen und psychologischen Forschungsstands, insbesondere in Bezug auf sozial bedingte Unterschiede in den Reaktionen der Bevölkerung auf Katastrophen. Perry und Quarantelli (2005) bieten mit dem Sammelband *What is a Disaster?* eine breite Perspektive des Forschungsstands zur Konzept- und Methodendiskussion. Eine interdisziplinäre Methodendiskussion bietet der Sammelband von Stallings (2002) *Methods of Disaster Research,* der u.a. Umfrageforschung, wirtschaftswissenschaftliche Zugänge, international vergleichende Analysen und medizinwissenschaftliche Zugänge erschließt.

Plate und Merz (2001) bieten eine gute Einführung in das Themengebiet Naturkatastrophen und Katastrophenvorbeugung und die Reduzierung von Schadenspotenzialen im Zusammenhang mit Naturereignissen aufgrund von Erkenntnissen, die in der von der UNO ausgerufenen internationalen Dekade zur Reduzierung von Naturkatastrophen (*International Decade of Natural Disaster Reduction*) erzielt wurden.

Das Buch von Schwab, Bower und Eschelbach (2007) über *Hazard Mitigation and Preparedness, Building Resilient Communities* ist als konkrete Lernunterstützung für Studium, Weiterbildung und Zertifikatsprogramme angelegt. Der logische Aufbau ausgehend von Grundkenntnissen hin zu zunehmend herausfordernden Inhalten wird von Lernhilfen und Übungstests flankiert. Der Band beleuchtet das amerikanische *hazard management* bzw. die *hazard mitigation,* deren Entwicklung, aber auch Fehlorganisation mit einem kritischen Auge und hebt insbesondere *lessons learned* sowie logische Konsequenzen hervor. Aspekte wie *community resilience* und Vulnerabilitätsbewertung werden ebenfalls leicht verständlich aufbereitet.

Das *Tolley's Handbook of Disaster and Emergency Management* (Lakha/Moore 2004) vereint einen katalogartigen Überblick über Prinzipien und Praktiken des Katastrophenmanagements aus verschiedenen Perspektiven. *Business-continuity-* und Krisen-Management werden ebenso angesprochen wie Umweltmanagement sowie Versicherungs- und Rechtsaspekte. Interessant sind insbesondere auch die Beiträge zu den Themen *human error* und *human factors*.

Hutzschenreuter und Griess-Nega (2006) bieten mit ihrem Konvolut *Krisenmanagement* eine auch für die Katastrophenforschung nützliche Einführung in das Krisenmanagement, und zwar aus dem Blickwinkel der Betriebswirtschaftslehre. Der Band beinhaltet zum Beispiel einen Überblick über Entwicklungen in der Krisenforschung, Typologien von Krisenarten und Krisenursachen. Krisenvorsorge, Krisenfrüherkennung, Frühdiagnose, Frühwarnsysteme und rollenexterne Akteure werden am Beispiel von Unternehmenskrisen illustriert. Ebenso aus der Perspektive der Betriebswirtschaftslehre geschrieben ist das *Handbuch Krisen- und Restrukturierungsmanagement* von Krystek und Moldenhauer (2007). Das Handbuch konzentriert sich auf generelle Konzepte sowie Praxisanwendungen wie Störungen in Geschäftsabläufen, Konflikte, Katastrophen, Risiken, Ursachen von Unternehmenskrisen, Phasen von Krisenprozessen. Häufige Krisenursachen, exogene, endogene Krisenursachen, Verschärfung und Ausbrechen von Krisen aufgrund systeminterner, zum Beispiel unternehmensinterner Faktoren oder aufgrund äußerer Faktoren werden thematisiert. Krystek und Moldenhauer weisen darauf hin, dass Krisenbewältigung nicht nur in der Formulierung einer Antwort auf die Krise, in die Ausarbeitung einer Reaktion besteht, sondern dass dies auch umgesetzt werden muss. Zusätzlich zum Umsetzungsprozess ist ein Restrukturierungsmanagement vonnöten, um einen umfassenden Ansatz des Krisenmanagements zu realisieren.

Roselieb und Dreher (2008) stellen in ihrem Buch *Krisenmanagement in der Praxis* den Umgang mit Krisen und Katastrophen am Beispiel verschiedener Fallstudien dar. Schwerpunktthemen in diesem Sammelband sind die Krisenkommunikation, der Umgang mit der Presse, die Risikokommunikation und das Risikomanagement aus der Sicht von Betreibern und Dienstleistungsunternehmen sowie die gemeinsame Bewältigung sicherheitspolitischer Krisen.

Darüber hinaus ist es empfehlenswert, die folgende Auswahl an *Fachzeitschriften* zu Rate zu ziehen:

- *Bevölkerungsschutz*. Diese anwendungsorientierte Zeitschrift integriert Katastrophenschutz, Prävention, Zivilschutz und Bevölkerungsschutz.

- *Disaster Prevention and Management*. Die Zeitschrift konzentriert sich auf das Anwendungsfeld *disaster risk reduction* und möchte dazu beitragen, Kommunikations- und Informationslücken zwischen akademischen Disziplinen auf der einen und Stakeholdern auf der anderen Seite zu überbrücken.

- *Disasters: The Journal of Disaster Studies, Policy and Management*. Die Zeitschrift bietet Fallstudienanalysen von Katastrophenfällen, Katastrophenpolitik, Maßnahmen der öffentlichen Hand zu Prävention, Ereignisbewältigung und Managementfragen.

- *International Journal of Critical Infrastructures*. Die interdisziplinär orientierte Zeitschrift beschäftigt sich sowohl mit sektoralen als auch querschnittlichen Fragen kritischer Infrastrukturen und ihres Schutzes, ihrer Risiko- und Vulnerabilitätsanalyse.

- *International Journal of Emergency Management*. Die Zeitschrift konzentriert sich auf das Management von Notfalleinsätzen, vor allem thematisiert sie Wissens- und Praxisbedarf von Blaulichtorganisationen.

- *International Journal of Mass Emergencies and Disasters.* Diese katastrophensoziologisch orientierte Zeitschrift veröffentlicht empirische und theoretische Arbeiten im weltweiten Maßstab.

- *Journal of Business Continuity and Emergency Management.* Die auf Praktiker ausgerichtete Berufszeitschrift befasst sich u.a. mit neuen Risikobereichen, Krisenkommunikation und Krisenentscheidungen, Fallstudien und vernetzter Planung.

- *Journal of Contingencies and Crisis Management.* Die Zeitschrift widmet sich der Forschung im Bereich des Unvorhergesehenen, vor allem unvorhersehbaren kritischen oder unvorhergesehenen Notfallereignissen und deren Management.

- *Journal of Disaster Research.* Die Zeitschrift beschäftigt sich in wechselnden Themenschwerpunkten mit Inhalten zu unterschiedlichen Abschnitten des Krisenmanagementkreislaufs, mit einem Schwerpunkt auf praktisch aufgreifbaren *lessons learned.*

- *Notfallhilfe* ist eine Anwenderzeitschrift im Bereich Blaulichtorganisationen, Notfallhilfe und klassischer Katastrophenschutz.

2.3 Ausgewählte Internetquellen

2.3.1 Forschungsbezogene Quellen zu *disaster risk reduction*, Bevölkerungsschutz und Katastrophenmanagement

- *Center for Research on the Epidemiology of Disasters,* http://www.cred.be

- *Centers for Disease Control and Prevention: Emergency Preparedness and Response,* https://emergency.cdc.gov

- *DCNA – Disaster Competence Network Austria,* https://www.dcna.at

- *Disaster Research Center, University of Delaware,* https://www.drc.udel.edu

- *EDUCEN – Urban Centers: A Culture Expert Network, Handbook on Culture and Urban Disaster,* https://cultureanddisaster.eu

- *Institut für psychoanalytisch-ethnologische Katastrophenforschung, Sigmund Freud PrivatUniversität Wien,* https://ptw.sfu.ac.at/de/die-fakultaet/institutezentren-der-fakultaet-psychotherapiewissenschaft/institut-psychoanalytisch-ethnologische-katastrophenforschung

- *Katastrophenforschungsstelle, Freie Universität Berlin,* https://www.polsoz.fu-berlin.de/ethnologie/forschung/arbeitsstellen/katastrophenforschung/index.html

- *Krisennavigator – Katastrophenforschung,* https://www.katastrophenforschung.de

- *Natural Hazards Center, University of Colorado Boulder,* http://www.colorado.edu/hazards/dr

- *United Nations Office for Disaster Risk Reduction,* http://www.undrr.org

2.3.2 Websites internationaler Akteure und Netzwerke im Katastrophenmanagement mit forschungsrelevanten Quellen

- *Asian Disaster Reduction and Response Network (ADRRN),* http://www.adrrn.net

- *Euro-Atlantic Disaster Response Coordination Centre (EADRCC),* www.nato.int/eadrcc

- *European Commission, Humanitarian Aid & Civil Protection, Vademecum – Civil Protection,* http://ec.europa.eu/echo/civil_protection/civil/vademecum

- *European Committee of the Regions, Comparison Tool,* https://portal.cor.europa.eu/divisionpowers/Pages/Comparer.aspx („Civil Protection" als Politikfeld auswählen)

- *Federal Emergency Management Agency (FEMA)*, http://www.fema.gov

- *Federal Emergency Management Agency (FEMA)*, *COVID-19 Resource Summary Report*, https://www.fema.gov/disasters/coronavirus/supplemental-resources

- *Humanitarian Early Warning Service (HEWS)*, http://www.hewsweb.org

- *PreventionWeb*, http://www.preventionweb.net

- *Risk and Resilience Hub*, https://www.riskandresiliencehub.com

- *United Nations Office for the Coordination of Humanitarian Affairs (UNOCHA)*, http://ochaonline.un.org

2.4 Katastrophenforschung und Sicherheitsforschung

Im Rahmen der zivilen Sicherheitsforschung (*security research*) verknüpfen sich Felder wie Katastrophensoziologie, *disaster research*, Krisenkommunikation, Konfliktforschung, strategische Studien, internationale Sicherheitspolitik u.a.m. in Richtung auf einen Gesamtansatz der Sicherheitsforschung, der unterschiedliche Dimensionen und Aggregationsebenen umfasst (siehe Siedschlag/Stangl 2011). Auf europäischer Ebene wurde bereits 2006 vom *European Security Research Advisory Board* (ESRAB) eine Leitdefinition vorgelegt. Sicherheitsforschung bezeichnet demnach

„Forschungsaktivitäten mit dem Ziel, Schaden von den europäischen Gesellschaften, Menschen, Organisationen, Einrichtungen, materiellen und immateriellen Gütern sowie Infrastrukturen abzuwenden, indem gegen sie gerichtete ungesetzliche oder mit böswilliger Absicht begangene Handlungen erkannt, verhütet und abgeschreckt werden, Vorbereitung und Schutz verbessert, der Schaden begrenzt und die operationelle Kontinuität nach solchen Anschlägen (ebenso wie nach Natur- und Industriekatastrophen) gewahrt wird." (European Communities 2006: 18, eigene Übersetzung)

In seiner für die Stiftung Wissenschaft und Politik (SWP) verfassten Studie „Sicherheit oder Sicherheitstechnologie?" merkt Geiger (2010: 16 u. 27) an, dass sich das Thema „Sicherheit" im 7. Forschungsrahmenprogramm der Europäischen Union – auf das sich die eben angeführte Definition bezieht – und dessen Nachfolgeprogramm *Horizon 2020* weniger auf einen umfassenden Ansatz, sondern vorwiegend auf die technologische Forschung und Entwicklung konzentriert. Zugleich macht Geiger (2010: 25) zahlreiche Überschneidungen zur Katastrophenforschung aus und weist auch auf die interdisziplinären Verflechtungen hin, denen beide dieser Forschungsrichtungen gemeinsam unterliegen.

Das gleichzeitige Auftreten und die Wechselwirkung politischer, technischer, medizinischer, wirtschaftlicher und ökologischer Faktoren sowohl bei Großkatastrophen technischer oder umweltbedingter Natur als auch terroristischer und kriegerischer Gewaltsituationen bedingt ein zwangsläufiges Überlappen und eine Verzahnung der einzelnen Fachrichtungen sowie ein Überschreiten der Fachgrenzen. Dabei liegen die Herausforderungen der Interdisziplinarität der Katastrophenforschung in der Bereitstellung methodischer Planungs- und Entscheidungsinstrumente für Behörden sowie Notfall- und Rettungsorganisationen für die Katastrophenbewältigung, wobei der Fokus im Besonderen auf eine konsequent strategische Orientierung zu richten ist (Geiger 2010: 25): Dem entspricht in der Forschung die Entwicklung begrifflicher, theoretischer und methodischer Standards, dies nach Maßgabe interdisziplinärer Fächerintegration und nicht nach dem Forschungsbedarf der beteiligten Spezialdisziplinen, sowie in der Verschmelzung der Fachwissenschaftsbeiträge um den definierten Schwerpunkt herum.

Ebenso wichtig ist allerdings eine Bestandsaufnahme relevanter Modelle für die Vernetzung unterschiedlicher Akteure in Sicherheitsmissionen, zum Beispiel dem Krisen- und Katastrophenmanagement. Insbesondere auch multinationale Zusammenarbeit im Katastrophenschutz unter Rückgriff auf zivile und militärische Fähigkeiten kommt derzeit in den Blickwinkel nicht nur der europäischen Politik, sondern auch der Sicherheitsforschung. Dies ist vor allem in Zusammenhang mit neuen Zuständigkeiten der Europäischen Kommission im Katastrophenschutz gemäß Titel XXIII (Art. 196) des Vertrags über die Arbeitsweise der Europäischen Union (mit dem 2007 unterzeichneten und 2009 in Kraft getretenen Vertrag von Lissabon geänderter früherer EG-Vertrag) zu sehen:

„Die Union fördert die Zusammenarbeit zwischen den Mitgliedstaaten, um die Systeme zur Verhütung von Naturkatastrophen oder von vom Menschen verursachten Katastrophen und zum Schutz vor solchen Katastrophen wirksamer zu gestalten.

Die Tätigkeit der Union hat folgende Ziele:

a) Unterstützung und Ergänzung der Tätigkeit der Mitgliedstaaten auf nationaler, regionaler und kommunaler Ebene im Hinblick auf die Risikoprävention, auf die Ausbildung der in den Mitgliedstaaten am Katastrophenschutz Beteiligten und auf Einsätze im Falle von Naturkatastrophen oder von vom Menschen verursachten Katastrophen in der Union;

b) Förderung einer schnellen und effizienten Zusammenarbeit in der Union zwischen den einzelstaatlichen Katastrophenschutzstellen;

c) Verbesserung der Kohärenz der Katastrophenschutzmaßnahmen auf internationaler Ebene."

(Art. 196 Abs. 1 Vertrag über die Arbeitsweise der Europäischen Union)

Die Konvergenz von Sicherheits- und der Katastrophenforschung vollzieht sich vor allem auch vor dem Hintergrund der politischen ebenso wie analytischen Leitidee eines umfassenden, übergreifenden oder gesamtheitlichen Ansatzes (*comprehensive approach*):

• In der Terrorismusbekämpfung zum Beispiel wird die Trennung zwischen innerer und äußerer Sicherheit zunehmend obsolet bzw. bewusst aufgegeben, und die Bereiche Katastrophenschutz und Zivilschutz (als Teil der Landesverteidigung) fließen im Konzept des Bevölkerungsschutzes (*civil protection*) zusammen, ebenso wie sie im Vertrag über die Arbeitsweise der Europäischen Union (Art. 196) erstmals ansatzweise auf eine europäische, mitgliedstaatenübergreifende Ebene gehoben wurden.

- Neu ist auch die Herausforderung der Gleichzeitigkeit: Katastrophen und ihre Bewältigung sind in der vielfach verflochtenen (post-)modernen Gesellschaft ein komplexes Gesamtsystem aus Ereignissen, Wahrnehmungen, emotionalen Reaktionen, Verhaltensreaktionen, Kommunikation, Information usw.

- Krisen- und Katastrophenmanagement wird dahingehend immer klarer zu einer komplexen Managementaufgabe, um mit dem Problem der „Unbestimmtheit" zurechtzukommen und dem Anspruch auf umfassende Sicherheit gerecht zu werden (dazu bereits Kaufmann 1970: 61):

  - Die Bewältigung von Krisen und Katastrophen beschränkt sich nicht auf die manifeste Phase bzw. den Ereigniseintritt, sondern bezieht sich auf den gesamten Verlaufsbogen (von der primären Prävention bis zur Folgenbewältigung) und auf die volle Manifestationsbreite (z.B. strukturelle, entscheidungsbezogene, umsatzbezogene, mitarbeiterbezogene und imagebezogene Dimensionen etwa einer Unternehmenskrise).

  - Es müssen Grundentscheidungen getroffen, Prinzipienkonflikte bewältigt und notwendige Ressourcen definiert werden.

  - Dem muss sowohl politische als auch gesellschaftliche und „kulturelle" Tragfähigkeit verliehen werden, anstatt den Blick auf die Implementierung des technisch Machbaren und das stete Wachstum der materiellen Möglichkeiten zu begrenzen.

  - Angesichts begrenzter Ressourcen geht es primär darum, die Wirkung der existierenden Einzelmaßnahmen und Kräfte zu bündeln und zu steigern, anstatt die Kräfte zu vergrößern.

  - Krisen und Katastrophen setzen die Betroffenen einem hohen Stress aus. Sie verändern die Sichtweise auf die Wirklichkeit und die Einschätzung von Risiken. Auch in diesem Sinne muss Management stattfinden, um einseitige Bewältigungsversuche zu vermeiden. So darf man zum Beispiel in Katastrophenfällen keine lähmenden Befürchtungen Platz greifen lassen, aber sich auch auf kein reines Abspulen von Standardoperationsverfahren beschränken – davon rät man inzwischen sogar Einsatzkräften (*first responders*) weitgehend ab.

– Als grundlegend gilt vielmehr die Fähigkeit zur kontextsensiblen *Problemstrukturierung*, nicht nur in der Analyse, sondern ebenso im Anlassfall (Comfort 1988).

Diesen Herausforderungen entspricht bezogen auf das Aus- und Weiterbildungssystem im Bereich Krisen- und Katastrophenmanagement der Bedarf an Überblicksexperten/-innen, die nicht hyperkompetent auf ein Teilsystem beschränkt sind, sondern fähig zu Gesamtbewertungen ebenso wie zum Schnittstellenmanagement der relevanten Teilsysteme.

In unserer eigenen Forschungsarbeit und in Experten/-innen-Workshops haben wir Themenbereiche der Sicherheitsforschung identifiziert, die für das Katastrophenmanagement von besonderem Interesse sind (Siedschlag/Stangl 2010). Die nachstehende *Tabelle 1* fasst die Resultate zusammen:

Tabelle 1: Beiträge sozialwissenschaftlicher Sicherheitsforschung zum Themenbereich Koordination und Vernetzung im Krisen- und Katastrophenmanagement.

Forschungsfeld	Festgestellte Wissenslücken	Ableitung von Forschungsthemen
Quantitative und qualitative Befragungen und Analysen, Evaluierungen, Veranstaltungen, wissenschaftliche Tagungen, Informationsbroschüren, Webseiten, Webforen	Mangelnde wissenschaftliche Methodenfundierung etwa bei Erhebungen und Studien zur Wahrnehmung (Perzeption) von (Un-)Sicherheit und Interventionen	Grundlagen sozialwissenschaftlicher Erhebungs-, Evaluierungs- und Analyseinstrumentarien und deren Nutzbarmachung für Planungs- und operative Einsätze im Krisen- und Katastrophenmanagement

Netzwerkanalyse und/oder Komplexitätsforschung	Oft mangelnde organisationstheoretische Aufbereitung der Handlungsarena, d.h. mangelnde Kenntnis über Schlüsselakteure, -ressourcen und -faktoren in (sozialen) Netzwerken, die für den Erfolg von Organisationen, Projekten und Infrastrukturen als kritisch einzustufen sind	Strategische Lösungen für Wirtschaft, Politik und Innovation, basierend auf netzwerkanalytischen Methodologien Optimierung der Organisationskulturen auch im Hinblick auf deren Zusammenspiel im Verbund im Einsatzfall
Schnittstelle Mensch-Maschine *Menschen im Umgang mit großen und komplexen Informationsstrukturen, Wissensgenerierung und Erkenntnismodellierung, Auswirkungen auf Entscheidungsprozesse* *Interaktion von Menschen mit telematischen Systemen*	Zu wenig Wissen über Entscheidungsprozesse in komplexen Situationen	*Human-factor*-Kriterien in der Bewertung sicherheitsrelevanter Situationen, etwa im medizinischen Bereich *Knowledge-engineering*-Modelle als Grundlage technikgestützter Entscheidungsprozesse (z.B. Lagebild, Koordinations- und Kommunikationssysteme, etc.) Effekte telematischer Systeme auf Verhalten
Wissens- und Organisationsmanagement	Mangelnde Professionalisierung im Umgang mit Informationsprozessen	Strategisches und operatives Risikomanagement durch Informationsmanagement
Organisationsentwicklung und Gruppendynamik	Kooperation zwischen Organisationen: • Von der Hierarchie zu internen Netzwerken – Organisationsentwicklung in dezentralisierten Organisationen • Neue Wege der Steuerung – Ausgestaltung des Verhandlungs-	Grundlagen der Interoperabilität von Organisationskulturen sowie deren interne Organisationsformen Möglichkeiten der Optimierung der Zusammenarbeit von Organisation

38

	und Steuerungspro-zesses zwischen politi-schem Sektor, investie-renden Organisatio-nen und Dienst-leistern. • Organisationsentwick-lung von Expertenor-ganisationen • Beratung von Reform-prozessen im Bereich der öffentlichen Dienstleistung (*public goods*)	
Konfliktforschung	Vorurteilsforschung	Einführung in gesamt-gesellschaftliche Kon-fliktmodelle, exemplari-sche Schlichtungsstrate-gien, Präventions-planung, Auswirkung gesellschaftlicher Kon-flikte und Konfliktsitua-tionen auf die Aufgaben und Planungsverfahren des Krisen- und Kata-strophenmanagements

Ein weiteres Beispiel für die Bezüge zwischen Sicherheitsfor-schung und Katastrophenforschung bietet das Themenfeld Kommu-nikation. In der Sicherheitsforschung ist Kommunikation im Kata-strophenmanagement in erster Linie in Bezug auf neue technologi-sche Lösungen und bessere Vernetzung von Ersthelfern ein Thema (z.B. Koch/Plass 2011). Die psychologische *human-factors*-Forschung konzentriert sich auf interpersonale Kommunikation in kritischen Situationen ebenfalls auf der Ebene von Verantwortlichen (z.B. Ho-finger 2008), betont aber neben der Interaktionskomponente (man kommuniziert nicht vom einen zum anderen, sondern miteinander) den wichtigen Charakter von Kommunikation als „Sicherheitsressource" bzw. als „Ressource für sicheres Handeln" (ebd.: 145 u. 148f.) und weist damit auf eine der Perspektiven hin, die einen spezifischen Blickwinkel von Sicherheitsforschung auf Kommunikation ausmachen.

Ein weiterer spezifischer Blickwinkel der Sicherheitsforschung liegt in der „demokratischen Sicherheit" (Riescher 2010): Bürger/ -innenzentrierte Kommunikation im Katastrophenmanagement ist demnach im Kontext der Schaffung subjektiver Sicherheit als Angstbefreiung durch transformative Partizipation zu sehen, in deren Rahmen private Sicherheitsbedürfnisse in ein kollektives Gut überführt werden und Gemeinschaft entsteht (Brecht 2010). Aus Sicht bestimmter Zweige der Katastrophenforschung, insbesondere auch der anthropologischen Richtung, ist an der Erforschung von Kommunikation im Unterschied dazu gerade interessant, wie der kommunikative Umgang mit Unglücksfällen die Normalität der betreffenden Gesellschaft repräsentiert – zum Beispiel Ungleichheit und Unterordnungsverhältnisse – und sich in diesem Sinne innerhalb kultureller Vorkonfigurationen entwickelt (Oliver-Smith 2002 unter Verweis auf Hewitt 1983).

2.5 Umfassender Ansatz als Bezugsrahmen für das Katastrophenmanagement

Der klassischste Autor, der sich mit der Frage, was ein umfassender Ansatz im Katastrophenmanagement bedeutet, auseinandergesetzt hat, ist der schon erwähnte Sorokin (1942) mit seinem *Man and Society in Calamity: The Effects of War, Revolution, Famine, Pestilence Upon Human Mind, Behavior, Social Organisation and Cultural Life*. Sorokin hat versucht, eine allgemeine Theorie katastrophaler misslicher Lagen, in denen die Menschheit sich befinden kann, zu entwickeln und vor dem Hintergrund die Wirkungen von Kriegen, Revolutionen, von Hungersnöten und von Pandemien auf den Geist, das Verhalten, die Sozialorganisation und das Kulturleben menschlicher Gemeinschaften zu untersuchen. Man erkennt die Nähe zur *disaster-*

Forschung mit ihrem erkenntnisleitenden Interesse der Inventarisierung solcher Verhaltensstile.

Dem steht die Gefahrenmanagement-Schule gegenüber, die nicht menschliche Verhaltensstile, sondern – gestützt auf über 100 Jahre statistische Daten – Katastrophenvorfälle umfassend inventarisiert, um das Wissen über Gefahrenarten zu verbessern und dadurch zur Entwicklung besserer Programme für rasche und effiziente Katastrophenreaktion beizutragen (z.B. Eshghi/Larson 2008). Als „Katastrophe" werden in der Katastrophenstatistik (z.B. EM-DAT, http://www.em-dat.net) typischerweise Ereignisse qualifiziert, die mindestens zwei der folgenden Kriterien erfüllen: (1) zehn oder mehr Tote; (2) 100 oder mehr unmittelbar Betroffene; (3) Bitte um internationale Unterstützung oder Erklärung eines *state of emergency*" oder dergleichen durch die Regierung. Auch wichtige Eckpunkte für Katastrophenmanagementplanung lassen sich dem entnehmen (Eshghi/Larson 2008: 78-81):

- *Katastrophenhäufung:* Über 60 Prozent der Katastrophen, die sich seit Beginn der ersten in der Forschung verwerteten statistischen Aufzeichnungen im Jahr 1900 und bis zum Jahr 2005 ereignet haben, fanden im Zeitraum zwischen 1990 und 2005 statt. 80 Prozent der Katastrophen ereigneten sich in den letzten 25 Jahren des Analysezeitraums, d.h. zwischen 1980 und 2005.

- *Gegenwärtigkeit der Katastrophe:* Seit 1900 haben sich weltweit durchschnittlich 12 Katastrophen pro Monat ereignet. Durchschnittlich verursachte jede Katastrophe über 5 000 Tote und über 435 000 Betroffene.

- *Typologische Ungleichverteilung:* Weltweit gesehen sind mehr als ein Drittel der registrierten Katastrophen bestimmte Extremwetterereignisse (Überflutungen und Stürme); ein Viertel der registrierten Katastrophen sind Transportkatastrophen. Insgesamt ist fast 50 die Hälfte der verzeichneten Katastrophen meteorologischer Natur; 30 Prozent sind technologischer Natur; 12 Prozent sind geologischer Natur; 8 Prozent sind biologischer Natur (z.B. Epidemien; Pandemien).

- *Gefährdungsungleichverteilung:* Epidemien und Pandemien sind der weltweit gefährlichste Katastrophentyp und für 65 Prozent der registrierten Katastrophentoten verantwortlich. Der zerstörerischste Katastrophentyp sind Fluten, die 43 Prozent der insgesamt getöteten oder betroffenen Bevölkerung ausmachen.

- *Regionale Ungleichverteilung:* Über 60 Prozent der verzeichneten Katastrophen ereigneten sich in Asien oder Afrika.

Ein weiterer klassischer Beitrag zum umfassenden Ansatz ist Perry (1985) mit dem Titel *Comprehensive Emergency Management.* Demzufolge ist es des längeren nicht mehr sinnvoll, in Typologien von Katastrophen, Notfallplänen, Training von Einsatzkräften usw. zwischen *man-made* und *natural disaster* zu unterscheiden (siehe auch Drabek/Hoetmer 1991). Dieser Ansatz hat sich zum sogenannten *all-hazards approach* weiterentwickelt (z.B. Gallant 2008; Kilroy 2008; Mileti 1999; National Research Council of the National Academies 2006; United Nations Human Settlements Programme 2007). Der *all-hazards approach* versteht sich auch als eine Empfehlung an die öffentliche Verwaltung für ihre Bevölkerungsschutzkomponente: Wenn die öffentliche Verwaltung ihre Fähigkeit zum Bevölkerungsschutz verbessern will, muss sie ihre Fähigkeitenentwicklung, ihre Einsatzkräfteschulung und ihre Notfallpläne auf einen Ansatz abstellen, der nicht zwischen unterschiedlichen Typen von Gefährdungen unterscheidet, sondern der sich an der Gesamtmenge der, je nach nationaler politscher Entscheidung und Prioritätensetzung, im Risikomanagement abzudeckenden Gefährdungen orientiert (Siedschlag 2018).

Der *all-hazards approach* steht im Kontext des umfassenden Ansatzes (*comprehensive approach*), innerhalb dessen man ein Gesamtspektrum an Fähigkeiten zu erarbeiten versucht, um es anlassfallbezogen einzusetzen (Jerković 2010, 2011). Er hat im Rahmen des *homeland-security*-Systems der U.S.A. besondere Bedeutung und Bekanntheit erlangt (siehe Bullock/Haddow/Coppola 2020; Kilroy 2018), ist aber – wie in diesem Band noch zu thematisieren – nicht nur diesem zu eigen.

Dabei kommt dem Konzept des Krisenmanagement-Kreislaufs besondere Bedeutung auch für die Katastrophenforschung zu. In der internationalen Praxis (z.b. European Commission DG Environment 2008; United Nations, International Strategy for Disaster Reduction 2004) ebenso wie in der Fachliteratur ist das klassische vierstufige Modell *mitigation – preparedness – response – recovery* weit verbreitet (z.b. Alexander 2002; Coppola 2007; Perry 1985; Schwab/Bower/Eschelbach 2007), das u.a. auch in das *National Preparedness Goal* der *Federal Emergency Management Agency* (FEMA) in den U.S.A eingeflossen ist (Federal Emergency Management Agency 2007, 2011, 2015). Ashgar/Alahakooon/Churilov (2006) haben das Vier-Stufen-Modell um die analytischen Phasen strategische Planung und Risikobewertung ergänzt. Die deutsche Praxis (z.b. Deutsches Komitee für Katastrophenvorsorge; Deutsche Gesellschaft für Technische Zusammenarbeit) und Fachliteratur (z.b. Elverfeldt/Glade/Dikau 2008: 40; Plate/Merz 2001: 32) versuchen, mit einem Zwei-Phasen-Modell auszukommen, das zwischen „Katastrophenvorsorge" und „Katastrophenbewältigung" unterscheidet.

Grundlegend für das Modell des *Krisenmanagementzyklus* ist: Katastrophenmanagement fängt nicht nur schon vor Katastrophe an, sondern geht auch über diese hinaus (Procházková 2011).

- *Mitigation* ist die klassische Prävention, die mögliche Folgen von Ereignissen von vorne herein abzuschwächen versucht, zum Beispiel durch bestimmtes Systemdesign oder dadurch, dass man bestimmte Flächen in einer in einer Naturgefahrenzone liegenden Landschaft nicht als Baugrund ausweist.

- *Preparedness* ist die Vorbereitung auf den Ernstfall und beinhaltet auch das Üben entsprechender analytischer und technischer Fähigkeiten des Katastrophenschutzes.

- *Response* ist die Phase, in der diese Fähigkeiten anlassbezogen tatsächlich eingesetzt werden. Allerdings muss man die *response*-Phase differenziert sehen; denn *response* kann sich auf ganz unterschiedliche Manifestationsebenen der Krise beziehen. Im Falle eines schwerwiegenden Naturereignisses, das alle Katastrophenkriterien auch im Sinne der öffentlichen Verwaltung und des Staatsrechts erfüllt, muss man anders reagieren als bei einer regionalen Überschwemmung. Diese ist ein Ereignis, das man nicht speziell zu interpretieren braucht, sondern man kann es von der Bewältigung her relativ nüchtern angehen – feststellen, welche Keller unter Wasser stehen, welche Menschen sich in Not befinden und evakuiert werden müssen usw. Zudem gibt es dabei aber zum Beispiel auch eine mediale Manifestationsebene, gerade wenn es um Hochwassersituationen geht, die in einer Wahlkampfzeitspanne stattfinden, wie in Deutschland im Bundestagswahlkampf 2002. Man muss außerdem auch administrativ – Stichwort Änderungen in der Ausweisung von Baugrund – und möglicherweise auch touristisch reagieren. Die *response*-Phase muss sich also auf verschiedene Manifestationsebenen der Katastrophe beziehen und ist nicht mit der reinen katastrophenschutzmäßigen Ereignisbewältigung gleichzusetzen.

- Als letztes kommt die *recovery*-Phase (*rehabilitation*, *post-disaster assessment* und *reconstruction*). Dazu gehören auch die Sicherstellung und der Wiederaufbau von kritischer Infrastruktur, Versorgungs-, Kommunikationsinfrastruktur. Auch in dieser Phase darf man den Kommunikationsaspekt nicht vergessen. Dabei darf man sich nicht nur auf Public Relations, die Wiederherstellung des Rufs oder des Anscheins von Sicherheit beziehen, sondern Kommunikation spielt auch im Bereich der unmittelbaren Reaktion und Information eine Rolle – ebenso wie in längerfristiger Perspektive: Mit der Rekonstruktion rein materieller Werte ist es keineswegs getan. Vielmehr spielt die (Nach-)Betreuung der Opfer (und auch der Einsatzkräfte, die oftmals auch selbst die nächsten Opfer sein können) eine zentrale Rolle und erfordert entsprechende Kommunikationsstrategien.

Auf der *U.S. Department of Homeland Security Science Conference – Fifth Annual University Network Summit* 2011 fand ein Panel zum Thema „*The Role of Social Media in Understanding and Managing Complex Catastrophic Events*" mit Diskussion unter Beteiligung zahlreicher internationaler Experten/-innen statt,[2] dessen Schlussfolgerungen entsprechende Ergebnisse bzw. Empfehlungen im internationalen Kontext bestätigten. Zu den Empfehlungen des Panels gehörten insbesondere (Siedschlag/Jerković 2011):

- Mit Katastrophenschutz befasste Behörden und Organisationen müssen ihre gesellschaftsbezogenen Kommunikationsfähigkeiten erweitern, um in einer Katastrophensituation insbesondere auch gestützt auf neue soziale Medien mit der Bevölkerung interagieren (anstatt nur einseitig informieren) zu können.

- Dazu erscheint es unter anderem notwendig, Online-Partizipation der Bevölkerung an Katastrophenschutzplanungen zu ermöglichen, um mit Unterstützung der neuen sozialen Medien zu einer Kultur der Risikoreduzierung im Alltagsleben beizutragen, anstatt Kommunikation auf eine Strategie der unmittelbaren Ereignisbewältigung zu beschränken.

- Es erscheint daher auch notwendig, einen breiten netzwerkorientierten und medienübergreifenden Ansatz zu verfolgen.

- Verschiedene politische Initiativen und Projekte von Behörden, Organisationen sowie Zivilgesellschaft sollten zu diesem Zweck identifiziert, dokumentiert und auf wechselseitige Verbindungsmöglichkeiten hin analysiert werden.

---

[2] http://www.orau.gov/dhssummit/breakoutdesc.htm#panel7.

2.6 Übertragbarkeit und Anwendungsnutzen allgemeinen Wissenstands der Forschung

Die Übertragbarkeit forschungsgestützt gewonnener Richtlinien auf andere als die ursprünglichen Kontexte wird von der Katastrophenforschung selbst skeptisch beurteilt. Das liegt vor allem schon daran, dass viele ihrer Strömungen vor allem auch daran interessiert sind zu erkennen, wie Unglücksfälle die Normalität der betreffenden Gesellschaft widerspiegeln – zum Beispiel Ungleichheit und Unterordnungsverhältnisse (z.B. Oliver-Smith 2001). Dazu kommt, dass die Forschungsergebnisse in weiten Teilen – vor allem auch, soweit sie mit Aspekten kritischer Infrastruktur zusammenhängen – aus Fallstudien gewonnen wurden und werden, so dass die Generalisierbarkeitsgrenzen erfahrungsgestützt gewonnenen Wissens gelten.

Auch aus Sicht erfahrener „Anwender" wie dem damaligen Gouverneur von Pennsylvania, Richard Thornburgh, der mit dem Reaktorunfall auf *Three Mile Island* bei Harrisburg (1979) konfrontiert war, bringen Notfallstrategien nichts, sondern es komme, auch in der Kommunikation, auf eine „*trusted ad-hocracy*" an, eine Art vertrauenswürdiger Krisenherrschaft des Inkrementalismus (Thornburgh 1987). Ebenso wies der Katastrophensoziologe Wolf R. Dombrowsky im Zusammenhang mit der Havarie des japanischen Atomkraftwerks Fukushima infolge eines tsunamiauslösenden Erdbebens (2011) darauf hin, dass aus Kommunikationsrichtlinien für Betreiber und Behörden nichts brächten: Improvisation sei nötig, im Zuge dessen müssten auch Fehler gemacht werden (dürfen) (Der Standard 2011). Somit erscheint das „Äquivalenzproblem" schlecht lösbar, welches darin besteht, dass auch ein und dieselbe Ereignisart in unterschiedlichen Ländern weder von ihrer Wirkung noch von ihrer Wahrnehmung her die gleiche ist (Peacock 2002: 244-248). Die wenigsten Katastrophen den Verantwortlichen außerdem Zeit für die klassischerweise von der Katastrophenforschung empfohlene einheitliche Vorgehensweise (z.B. Chapman 1962: 7-22), nach dem Ereigniseintritt („*impact*") erst die „*inventory*"-Phase folgen zu lassen, Lagebilder abzugleichen, Abstimmungsverfahren durchzuführen und Rollenkonflikte zu lösen, bevor mit der Ereignisbewältigung begonnen wird.

Zweige der Katastrophenforschung, die weniger reflexiv und mehr problemlösungswissenschaftlich vorgehen, stehen ebenfalls vor der Übertragbarkeitsproblematik ihrer Ergebnisse. Katastrophenforschung, die sich etwa als Lieferantin unmittelbar praktisch nutzbarer Richtlinien und Checklisten zur Optimierung des Handels von Bedarfsträgern (wie Behörden) versteht, ist sogar in einer besonders schwierigen Lage, da sie in dominanter Weise Problem- und Konzeptdefinitionen des politischen Sektors folgt, die besonders kontextabhängig (und halbwertzeitschwach) sind. Damit macht Forschung politische und organisatorische Interessen zu ihrer intellektuellen Voraussetzung (Felgentreff/Dombrowsky 2008: 22) und strebt nach unmittelbarer praxeologischer Aufgreifbarkeit anstatt nach analytischer Generalisierbarkeit.

Auch an der Risikoforschung orientierte Richtungen beschäftigen sich nicht eingehender mit der Frage der Übertragbarkeit. Genauer gesagt, für sie stellt sich die Frage nicht wirklich, da die Risikoforschung beansprucht, kategoriale Mechanismen aufzudecken, die sich in allgemeinen menschlichen Schwächen in der Risikoeinschätzung und angemessenen Reaktion auf Warnungen äußern (z.B. Slovic 2000). Auch die internationale Katastrophenforschung beruft sich auf die von ihr ansonsten nicht stets geliebte Risikoforschung, vor allem auf das Axiom der „Risikoheterogenität" (van Brunschot/Kennedy 2009: 8f.): Jeder Mensch erlebt und erfährt Bedrohungen, Gefahren, Krisen und Katastrophen je nach Lebenskontext und Erfahrungsgeschichte ohnedies unterschiedlich. Für die Forschung bedeutet dies, die verbleibende Menge empirisch greifbarer allgemeiner Prozesse menschlicher Informationsverarbeitung und (Fehl-)Perzeption von Risiko zu systematisieren, was die Frage nach Prüfung der Übertragbarkeit nicht aufwirft.

Auch die psychologisch orientierten Richtungen der Katastrophenforschung führen in der Übertragbarkeitsfrage nicht viel weiter. Sie beleuchten allgemeine Unterschiede aufgrund von Geschlecht, Alter usw. (z.b. Gibbs/Montagnino 2007), was die Frage einer weitergehenden – zum Beispiel interkulturellen – Übertragbarkeitsüberprüfung ebenfalls nicht aufwirft. Kulturspezifisch differenziert wird hier lediglich nach der Interpretation und dem Ausdruck von Furcht, Angst und persönlicher Notlage, insofern es um psychotherapeutische Interventionen zur Bewältigung individueller seelischer Ereignisfolgen geht. Klassische Beiträge wie Withey (1962: 117) warfen sogar die Frage auf, ob man überhaupt interpersonal generalisieren könne; denn Reaktionen auf ungewisse Bedrohungen seien höchst individuell und die individuelle Definition der Katastrophensituation kein purer kognitiver, informationsbasierter Akt, sondern persönlichkeitsabhängig und dabei erfahrungsgebunden ebenso wie mit emotionalen Reaktionen verbunden.

Demgegenüber nimmt die kulturelle Risikotheorie (Douglas/Wildavsky 1982) an, dass unterschiedliche Wahrnehmungen und Diskrepanzen über Risiko/Gefahr und (Un-)Sicherheit nicht Vergegenständlichungen allgemeiner menschlicher kognitiver Verzerrungsmechanismen, sondern Indizien konkurrierender Weltanschauungen sind. Die Annahmen der kulturellen Risikotheorie finden in Analysen zu den Effekten von Kommunikation im Katastrophenmanagement auf die Bevölkerung einigen Rückhalt. Fest steht nämlich empirisch, dass das Fehlen einer kultursensiblen Kontextualisierung von Informationen zu Katastrophenfällen bei den Empfängern/-innen die oft thematisierte Diskrepanz zwischen wahrgenommener und faktischer Sicherheitslage erhöht (Lee 2005).

Während mehrere empirische Studien keinen Zusammenhang zwischen risikobezogenen Überzeugungen und demographischen Charakteristika und keine differentielle Wirkung von Risikokommunikation nachweisen konnten (z.B. Fischhoff u.a. 2003; Lindell/Perry 2004), gibt es konkrete empirische Forschungsergebnisse, die für die Notwendigkeit sprechen, die Übertragbarkeit öffentlicher

Kommunikationsrichtlinien zu prüfen. Studien zu (Un-)Sicherheits- und Bedrohungsperzeption der EU-Bevölkerung zeigen, dass in Ländern mit ausgeprägter sozialer (kollektivistischer) Angstkultur – wie Österreich, die Niederlande oder Schweden – kommunikationsgestützte Interventionsstrategien (z.B. Hintergrundinformationen zu Gefährdungen und Risiken, Informationen zu Prävention) typischerweise die Unsicherheitswahrnehmung reduzieren; dagegen erhöhen kommunikationsgestützte Interventionsstrategien in Ländern mit ausgeprägter persönlicher (individualistischer) Angstkultur – wie etwa Bulgarien oder Italien – typischerweise die Unsicherheitswahrnehmung, was die Diskrepanz zwischen faktischer und gefühlter (Un-)Sicherheit ebenfalls vergrößert (Jerković/Siedschlag 2010). Zu beachten ist dabei auch, dass die Anpassung von Information an lokale Bedürfnisse – einschließlich des Ersatzes genereller Quellen durch verfügbare lokale Quellen – deren Glaubwürdigkeit in der Bevölkerung deutlich erhöht (Vanderford u.a. 2007: 16f.). Das passt gut zu den eben genannten Ergebnissen von Lee (2005). Es gibt aber auch generelle Aspekte, die wiederum der Risikoforschung entstammen. Die empirisch untermauerte Theorie der *social amplification of risk* zum Beispiel beinhaltet den generellen Befund, dass allgemeines soziales Misstrauen die Reaktion der Bevölkerung auf Risikosignale deutlich beeinflusst, diese nämlich verstärkt (Kasperson u.a. 2000).

Die europäische Glaubwürdigkeitsempirie (European Commission 2009: 31, siehe *Abbildung 2*) stützt allerdings nicht eines der zentralen sozialen Dogmen der Katastrophenforschung der USA, wonach die vertrauenswürdigsten Quellen Familie, Kollegen/-innen und Freunde/-innen sind: Nur 12 Prozent der EU-Bürger/-innen halten diesen sozialen Kreis für den vertrauenswürdigsten Lieferanten von Hintergrundinformationen über Katastrophenrisiken. Am meisten vertraut wird europaweit der Wissenschaft (53 %) und dann mit einigem Abstand der nationalen Regierung (33 %), Journalismus (29 %) und EU-Institutionen (26 %).

Für die deutsche Bevölkerung ist ebenfalls die Wissenschaft am glaubwürdigsten (53 %), von Journalismus (34 %), während der Bundesregierung (28 %) und EU-Institutionen (21 %) weniger vertraut wird. Familie, Kollegen/-innen und Freunde/-innen sind für 14 Prozent die vertrauenswürdigste Quelle, was in etwa im EU-Durchschnitt liegt. In Österreich vertraut die Bevölkerung demgegenüber vor allem den Informationen, die die von der Regierung kommen (55 %), gefolgt von Wissenschaft (45 %), Journalismus (42 %) und EU-Institutionen (30 %). Familie, Kollegen/-innen und Freunden/-innen als Informationsquellen vertraut die österreichische Bevölkerung mit 26 Prozent deutlich mehr als im EU-Durchschnitt oder auch im Vergleich zu Deutschland.

Abbildung 2:   Vertrauen der Bevölkerung in verschiedene Quellen von Informationen über Katastrophen.

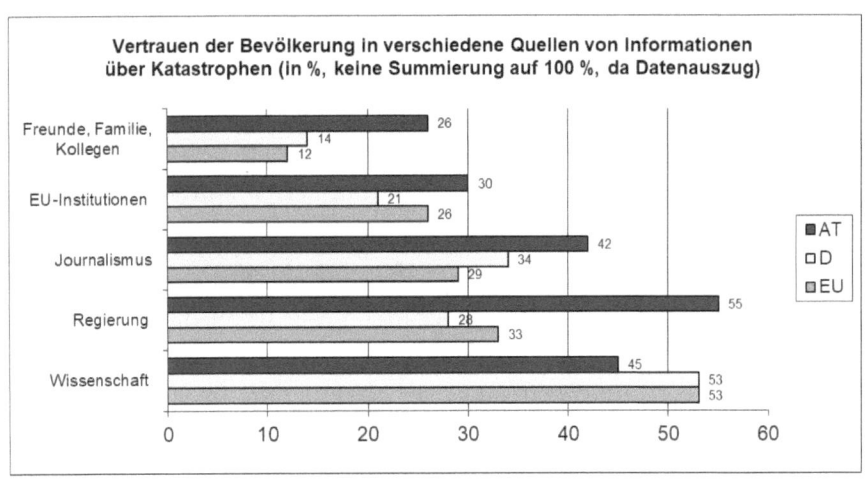

Quelle: European Commission (2009: 31).

Ebenso gibt es empirische Forschung zu *ethnischen Faktoren* der Übertragbarkeit. Demnach befolgen Minderheiten kommunizierte

Selbstschutzempfehlungen weniger wahrscheinlich (Rodríguez/ Quarantelli/Dynes 2006: 497). Eine Befragungsstudie zum Hurrikan Katrina hat geschlussfolgert, dass es nicht genügt, ethnische Minderheiten im Katastrophenfall gezielt anzusprechen, sondern dass insbesondere bei ethnischen Minderheiten längerfristige vorbereitende Risikokommunikation angezeigt ist, die vor allem auch zur Vorbereitung auf eine Krise motivieren soll (Spence/Lachlan/Griffin 2007).

Folgende ethnische Faktoren sollten daher in der Planung und Umsetzung bevölkerungszentrierter Katastrophenschutzkommunikation in ethnisch diversifizierten Gesellschaften bzw. Zielgruppen besonders beachtet werden (Lindell/Perry 2004: 202-222):

- Haushaltsstruktur: Anwesenheit bilingual kompetenter und in der Rollenstruktur entscheidungsbefugter Haushaltsmitglieder;

- Subkulturelle Art, mit Unsicherheit umzugehen (z.b. Flucht- und Vermeidungsverhalten vs. aktives Bewältigungshandeln);

- Individualistische (Dominanz von Selbstschutzhandeln) vs. kollektivistische (Dominanz von Gruppenloyalität und Hilfeleistung) soziale Einstellung;

- Ethnisch bedingte Vulnerabilität (möglicherweise besonders gefährdete Siedlungsräume);

- Ethnisch bedingter Zugang zu unterschiedlichen Kommunikationskanälen;

- Ethnisch bedingter Informationsstand über staatliche Schutz- und Hilfsmaßnahmen;

- Ethnische Normen über die Akzeptierbarkeit fremder Hilfe in individuellen Notsituationen.

3 Grundlegende Terminologien und Schulen

3.1 Vorbemerkung

Das Ausmaß, in dem man sich mit Facetten einer Katastrophe und möglichen Managementmaßnahmen beschäftigt, beruht in erster Linie weniger auf einer wissenschaftlichen, sondern vielmehr auf einer politisch-gesellschaftlichen Entscheidung. Dabei spielen die Bereitschaft zu Vorsorgeinvestitionen und die Bereitschaft, Risiken zu tragen, sowie die vorherrschende Art, Risiken zu (ver-)teilen, eine wichtige Rolle. Aber auch hier kommen bereits analytische Fragen ins Spiel: Man muss die potenzielle Katastrophe zerlegen und die Segmente, die eine Rolle spielen, erkennen, so dass man schließlich die notwendigen Entscheidungen zur Vorsorge treffen und zum Beispiel Risken gegen Vorsorgeinvestitionen abwägen kann.

Ein Standardverfahren ist etwa die Absicherung eines Nuklearkraftwerks gegen Lawinenabgänge und Erdverfrachtungen, sogar bei Kraftwerken, die in Gebieten stehen, in denen so etwas rein geologisch gar nicht passieren kann; diese Maßnahmen sind aber Standardpunkte auf der Checkliste, die zur Betriebsgenehmigung berücksichtigt und abgearbeitet werden muss. Man muss aber trotz dieser theoretischen Umfassendheit der Risikoreduzierung immer die Grenze des politischen, praktischen, sogar unternehmerischen Sinns einer umfassenden Katastrophenvorsorge ins Auge fassen; denn wenn man alle möglichen Unmöglichkeiten in den Vorsorgekatalog aufnimmt, schafft man eine Situation, in der man sich alles vorstellen, aber auf nichts mehr reagieren kann. Besonders wichtig dabei ist eine adäquate explizite Begrifflichkeit. Sie bietet auch die Chance einer einheitlichen Kommunikationsgrundlage, um darüber diskutieren zu können, wo die Grenzen zwischen einer vernünftigen Katastrophenvorsorge und eines an Sicherheitswahn grenzenden und Handlungsfähigkeit ungebührlich beeinträchtigenden Sicherheitsdenkens zu ziehen sind.

Es ist also nicht nur aus wissenschaftlichen, sondern bereits aus höchst praktischen Gesichtspunkten eines umfassenden Katastrophenmanagements wichtig, die unterschiedlichen relevanten Begriffssysteme zu kennen:

„Eine systematische Terminologie und ein einheitliches Verständnis von Grundbegriffen ist die primäre Grundlage für das Funktionieren einer Fachdisziplin. Dies trifft für das Katastrophenmanagement in besonderem Maße zu, zumal hier unterschiedliche Organisationen, staatliche und privat verwaltete, in koordinierter Form zur Erreichung eines gemeinsamen Zieles zusammenarbeiten müssen. Modernes Katastrophenmanagement ist zunehmend umfassend im Sinne des Katastrophenmanagementzyklus angelegt, es ist organisationsübergreifend (*all agencies approach*), interdisziplinär und auf alle möglichen Gefahren ausgerichtet (*all-hazard approach*). Es bedarf daher eines einheitlichen Begriffsverständnisses für ein umfassendes Management." (Jachs 2001: 73)

Aus dem Rettungsdienst und dem Katastrophenschutz sind relevante Normen bekannt, die bestimmte Begriffsdefinitionen und Unterscheidungen zwischen Katastrophe und zum Beispiel dem „Massenanfall von Verletzten" beschreiben. Diese sind für Behörden und die öffentliche Hand wichtig, weil sie Rechts- und Handlungssicherheit in den jeweils zu ergreifenden Maßnahmen liefern und über unterschiedliche Begriffe erschließen. Das heißt, dass Formalbegriffe, zum Beispiel die DIN-Normen in Deutschland, und öffentliches Handeln in der Katastrophenreaktion in einem relativ engen Zusammenhang zueinander stehen. Neben den *Formalbegriffen* gibt es auch *analytische* Begriffe, die man sowohl für die Forschung als auch für eine verantwortungsvolle, auf das verfügbare Wissen gestützte Praxis kennen muss.

Die relevante Fach- und Praxisterminologie ist trotz der konvergierenden Denkrichtungen uneinheitlich. Große Teile des praktischen Bevölkerungsschutzmanagements beruhen auf der Annahme, dass man nicht lange irgendwelche Sinnzuschreibungen aushandeln muss, sondern dass man eine *Katastrophe* erkennt, wenn man sie sieht. Gerade auch die Thematik der Kommunikation im Katastrophenmanagement zeigt indessen typische Konflikte zwischen Expertensystemen über das Wahrheits- und Deutungsmonopol, zumal eine Katastrophe im administrativen Sinn der Landesgesetzgebungen das Funktionsversagen der einen bedeutet, so dass die anderen beispringen müssen, ohne dass aber einer von beiden die Ursprungs- oder Letztverantwortung innehaben möchte.

Ein (physisches) Ereignis an sich ist außerdem niemals eine Katastrophe, und eine Katastrophe ist aber auch niemals (nur) ein (physisches) Ereignis (siehe auch Quarantelli 2005: 343). Ein Ereignis ist deshalb als solches keine Katastrophe, weil es zuerst einmal als Katastrophe wahrgenommen oder relevante Folgen aufweisen muss. Eine „Naturkatastrophe" ist nicht schon von sich aus eine Katastrophe; denn wenn in einem unbesiedelten Gebiet im Himalaja eine riesige Lawine abgeht, bringt das keine relevanten Konsequenzen mit sich. Es kommt immer auf den Systemzusammenhang an. Das heißt, es müssen eine Naturgefahr und die Ausdehnung menschlichen Siedlungsraums, also eine wachsende Inkaufnahme von Risikobereitschaft, zusammenkommen, um ein Ereignis als katastrophal zu kategorisieren (vgl. Geipel 2001). Was als katastrophal wahrgenommen wird, steht in Verbindung zu politischer Kultur, Symbolik und Mythos – Was symbolisiert die Katastrophe? Ist es ein Naturereignis oder ist das ein Fingerzeig des Schicksals, eine Mahnung? Insofern ist ein Ereignis keine Katastrophe, fängt aber dann an, eine Katastrophe zu sein, wenn man es als solche wahrnimmt und darauf auch so reagiert, als wäre es eine Katastrophe. Eine Katastrophe ist also auf jeden Fall eine verhängnisvolle Abfolge eines Systems von Ereignissen, die – im Gegensatz zur Krise – nicht mehr abgewendet werden kann.

Aus unserer Sicht erscheint es daher nach wie vor sinnvoll, sich analytisch an der Definition von Sjoberg (1962) zu orientieren, wonach eine „Katastrophe" nicht die Definition eines Ereignisses, sondern ein weltanschauliches Konzept ist, um bestimmten Ereignissen im Rahmen jeweiliger Deutungskulturen Sinn zu verleihen. Gelingt dies nicht, werden analytisch gesehen immer noch nicht die (physischen) Ereignisse selbst, sondern die fehlenden Kenntnisse und kulturellen Fertigkeiten zum Desaster (Clausen/Dombrowsky 1983). Das beginnt schon bei der Fertigkeit offizieller Stellen, unterschiedliche Perspektiven zuzulassen. Sozialwissenschaftlich gesehen handelt es sich bei einer Katastrophe – insbesondere auch, wenn es um den Kommunikationsaspekt geht – um „ein Modell der Vorstellung, das maßstabgerecht die gesellschaftlichen Standards des Begreifens begrifflich abbildet." (Dombrowsky 1989: 5).

Die *Risikoforschung* geht demgegenüber davon aus, dass Menschen aufgrund genereller kognitiver Mechanismen gemeinhin Krisen und Katastrophen sowieso falsch einschätzen und daher dirigierender Expertise von Krisen- und Katastrophenmanagern bedürfen (vgl. Slovic 1986), da es darum geht, eine dringende, gesamtsystemrelevante Bedrohung von Kernwerten unter der Bedingung von Unsicherheit durch rationales, verbindliches Entscheiden abzuwenden und gleichzeitig erforderlichen neuen Sinn zu stiften (vgl. Boin/ t'Hart 2006: 42). Nach Auffassung der Katastrophenforschung kann Sinn aber nicht gestiftet werden, sondern Sinnzuschreibungen ergeben sich aus sozialen und psychologischen Prozessen. In diesem Sinn ist auch der Katastrophenbegriff zu sehen, der im Englischen eher dem Begriff „*disaster*" entspricht als dem Begriff „*catastrophe*":

- Eine *Katastrophe* ergibt sich aus der engen Kopplung von Systemen bzw. Faktoren, deren Wirkung massiv, unerwartet und existenzbedrohend eine bestimmte, abgrenzbare Gemeinschaft trifft (Perry/Quarantelli 2005).

- Im Gegensatz dazu gilt eine *Krise* als einzigartige Konfiguration einzelner, im Nachhinein relativ klar zurechenbarer Fehler. Die Krisenforschung richtet sich auf Prozesse, die in ursächlichem Zusammenhang zu Handlungen bzw. Unterlassungen in der Vergangenheit und Veränderungen in der Zukunft stehen, die Krisenanalyse hat einen Schwerpunkt auf Signalwahrnehmung (Frühwarnung) und (rechtzeitiger) Initiierung von Entscheidungsprozessen (Hutzschenreuter/Griess-Nega 2006). Die Krisenforschung schränkt den Katastrophenbegriff nun wiederum auf Ereignisse ein, und auch nur bestimmte Ereignisse: nämlich solche, die einen geophysikalischen Trigger haben (Smith/Elliott 2006). Für die Katastrophenforschung ist diese Abgrenzung natürlich strittig.

Die nachstehende *Tabelle 2* fasst einige einschlägige Terminologiebeispiele aus der internationalen Praxis zusammen. Für eine vertiefende Auseinandersetzung mit Terminologie stehen einige empfehlenswerte international maßgebliche Glossare online zur Verfügung:

- *Bundesamt für Bevölkerungsschutz und Katastrophenhilfe, Glossar,* https://www.bbk.bund.de/DE/Servicefunktionen/Glossar/ glossar_node.html

- *EDUCEN – Urban Centers: A Culture Expert Network, Handbook on Culture and Urban Disaster,* https://cultureanddisaster.eu

- *EM-DAT Glossary,* https://www.emdat.be/Glossary

- *Federal Emergency Management Agency (FEMA) Glossary,* https://training.fema.gov/programs/emischool/el361toolkit/ glossary.htm

- *IDRM Glossary of Disaster Risk Management Terminology,* https://www.preventionweb.net/files/7662_IDRMGlossary .pdf

- *U.S. Department of Homeland Security (DHS) Risk Lexicon,* https://www.dhs.gov/xlibrary/assets/dhs-risk-lexicon- 2010.pdf

- *United Nations Office for Disaster Risk Reduction (UNDDR), Online Glossary,* https://www.undrr.org/terminology

- *Urban Securipedia,* https://securipedia.eu

Tabelle 2: Terminologiebeispiele aus der internationalen Praxis (Originalzitate).

International Strategy for Disaster Reduction (ISDR)
(United Nations, International Strategy for Disaster Reduction [ISDR] 2004)

Mitigation:	Structural and non-structural measures undertaken to limit the adverse impact of natural hazards, environmental degradation and technological hazards.
Preparedness:	Activities and measures taken in advance to ensure effective response to the impact of hazards, including the issuance of timely and effective early warnings and the temporary evacuation of people and property from threatened locations.
Prevention:	Activities to provide outright avoidance of the adverse impact of hazards and means to minimize related environmental, technological and biological disasters. *Depending on social and technical feasibility and cost/benefit considerations, investing in preventive measures is justified in areas frequently affected by disasters. In the context of public awareness and education, related to disaster risk reduction changing attitudes and behaviour contribute to promoting a „culture of prevention".*
Recovery:	Decisions and actions taken after a disaster with a view to restoring or improving the pre-disaster living conditions of the stricken community, while

encouraging and facilitating necessary adjustments to reduce disaster risk. *Recovery (rehabilitation and reconstruction) affords an opportunity to develop and apply disaster risk reduction measures.*

Center for Disaster Management and Risk Reduction Technology: GLOSSAR – Begriffe und Definitionen aus den Risikowissenschaften

(Center for Disaster Management and Risk Reduction Technology [CEDIM] 2005), genaue Seitenangaben im Folgenden in Klammern)

Katastrophenvorsorge: Im Kontext der nachhaltigen Entwicklung umfasst Katastrophenvorsorge alle Elemente, die darauf ausgerichtet sind, Katastrophenanfälligkeit und Katastrophenrisiken in einer Gesellschaft zu minimieren, die negativen Effekte eines Schadensereignisses zu vermeiden (durch Prävention) oder zu begrenzen (durch Vorsorge, Schadenminderung und Notfallplanung). Katastrophenvorsorge besteht aus:

- Risikobewusstsein und -bewertung, einschließlich Gefahrenanalysen und Vulnerabilitäts-/Kapazitätsanalysen

- Wissenstransfer einschließlich Bildung, praktischer Ausbildung, Forschung und Information;

- öffentliche Verpflichtungen und Schaffung eines institutionellen Rahmens einschließlich organisatorischer, politischer, gesetzgeberischer und gesellschaftlicher Aktivitäten;

- Anwendung von Maßnahmen einschließlich Umweltmanagement, Raum-/Stadtplanung, Schutz kritischer Infrastruktur, Anwendung von Wissenschaft und Technologie, Partnerschaften und Netzwerken sowie finanzieller Instrumente;

• Frühwarnsysteme mit Vorhersagemodellen, festgelegten Verbreitungswegen von Warnmeldungen, Notfallplanung und Reaktionskapazitäten. (7)

Vorsorge/
Schadenminderung:

Durchgeführte technische und nichttechnische Maßnahmen, die die negativen Effekte von Naturereignissen, von Umweltzerstörung und technischen Gefahren limitieren. (19)

Verhaltensvorsorge,
Notfallplanung,
Vorbereitung auf den
Katastrophenfall:

Umfasst alle konkreten Vorbereitungen für den Katastrophenfall, die getroffen werden, um eine effektive Bewältigung zu gewährleisten. Dazu gehören Maßnahmen zur frühzeitigen und wirksamen Warnung sowie zur Evakuierung und Notfallplanung. Diese umfassen u.a. die Entwicklung von Vorhersagemodellen und -systemen, die Bereitstellung von Schutzräumen und Notunterkünften, die Ausbildung von Spezialistenteams und der Bevölkerung, die Vorratsplanung, das Testen von Katastrophenszenarien, die Organisation temporärer Evakuierungen von Menschen und Sachen aus einem bedrohten Gebiet sowie die Vorbereitung von Bergungs- und Rettungsmaßnahmen, der Katastrophenhilfe und der Rehabilitation und nicht zuletzt die Möglichkeit eines Versicherungsschutzes. (19)

Prävention,
Katastrophenvorbeugung,
Schadenvermeidung:

Alle Maßnahmen, die darauf ausgerichtet sind, einen permanenten Schutz vor Katastrophen (Naturgefahren und mensch- gemachte Gefahren) zu bieten, d.h. Gefahren zu vermindern und einen Schadeneintritt zu vermeiden. Dies können ereignisorientierte Schutzmaßnahmen sein oder Maßnahmen, die die Anfälligkeit der Bevölkerung reduzieren. Abhängig von der sozialen und technischen Umsetzbarkeit und Kosten-Nutzen-Überlegungen ist die Investition in Maßnahmen der Katastrophenvorbeugung in Gebieten gerechtfertigt, die häufig von Katastrophen betroffen sind. Im Kontext von Bewusstseinsbildung und Erziehung mit Bezug zur Katastrophenvorsorge trägt eine Änderung von Einstellungen und Verhalten zur Förderung einer „Präventionskultur" bei. (19)

Wiederherstellung:

Entscheidungen und Maßnahmen, die nach einer Katastrophe ergriffen werden mit dem Ziel, die Lebensbedingungen der angeschlagenen Gemeinschaft wiederherzustellen und gleichzeitig notwendige Anpassungen zur Risikominderung zu fördern und zu erleichtern. Die Phase der Wiederherstellung (Wiedernutzbarmachung und

	Wiederaufbau) ist eine Gelegenheit, um Maßnahmen zur Risikominderung zu entwickeln und anzuwenden. (21)
Wiedernutzbarmachung:	Instandsetzung der wichtigsten Versorgungseinrichtungen der Gemeinschaft (Dauer: Wochen bis Monate). (21)
Katastrophenhilfe/ -bewältigung:	Die Unterstützung und/oder Intervention während oder direkt nach einer Katastrophe. Die Maßnahmen dienender Überlebenssicherung und der Wiederherstellung der Selbsthilfekapazitäten. Die Katastrophenhilfe kann direkt, kurz- oder längerfristig sein. Humanitäre Hilfe umfasst: • Rettung und Bergung • Beschaffung von Notunterkünften • Nahrungsmittelversorgung • Medizinische Versorgung • Trümmer- und Schutträumung • Transport • Teil- oder Vollevakuierung. (22)
Gefahrenabwehr:	Maßnahmen zur Erhaltung oder Wiederherstellung der öffentlichen Sicherheit. Dafür sind Gefahrenabwehrbehörden (z.B. Polizei, Ordnungsämter) zuständig. (23)

Federal Emergency Management Agency (FEMA): National Preparedness Guidelines, jetzt National Preparedness Goal

(Federal Emergency Management Agency [FEMA] 2007: 41-43; siehe jetzt Federal Emergency Management Agency [FEMA] 2015)

Mitigation: The activities designed to reduce or eliminate risks to persons or property or to lessen the actual or potential effects or consequences of an incident. Mitigation measures may be implemented prior to, during, or after an incident. Mitigation measures are often informed by lessons learned from prior incidents. Mitigation involves ongoing actions that reduce exposure to, probability of, or potential loss from hazards. Measures may include zoning and building codes, floodplain buyouts, and analysis of hazard-related data to determine where it is safe to build or locate temporary facilities. Mitigation can include efforts to educate governments, businesses, and the public on measures they can take to reduce loss and injury.

Preparedness: The range of deliberate, critical tasks and activities necessary to build, sustain, and improve the operational capability to prevent, protect against, respond to, and recover from domestic incidents. Preparedness is a continuous process. Preparedness involves efforts at all levels of government and coordination among government, private-sector, and nongovernmental organizations to identify threats, determine vulnerabilities, and identify re-

	quired resources. [...] [P]reparedness is operationally focused on establishing guidelines, protocols, and standards for planning, training and exercises, personnel qualification and certification, equipment certification, and publication management.
Prevention:	Actions to avoid an incident or to intervene to stop an incident from occurring. Prevention involves actions taken to protect lives and property. It involves applying intelligence and other information to a range of activities that may include such countermeasures as deterrence operations; heightened inspections; improved surveillance and security operations; investigations to determine the full nature and source of the threat; public health and agricultural surveillance and testing processes; immunizations, isolation, or quarantine; and, as appropriate, specific law enforcement operations aimed at deterring, preempting, interdicting, or disrupting illegal activity and apprehending potential perpetrators and bringing them to justice. [...] *National Preparedness Guidelines* do not address more general and broader prevention efforts to deter, disrupt, or thwart terrorism by Federal law enforcement, defense, and intelligence agencies.
Recovery:	The development, coordination, and execution of service and site restoration plans; the reconstitution of government operations and services;

individual, private-sector, nongovern-mental, and public assistance programs to provide housing and promote restoration; long-term care and treatment of affected persons; additional measures for social, political, environmental, and economic restoration; evaluation of the incident to identify lessons learned; post-incident reporting; and development of initiatives to mitigate the effects of future incidents.

Response: Activities that address the short-term, direct effects of an incident. Response includes immediate actions to save lives, protect property, and meet basic human needs. Response also includes the execution of emergency operations plans and of mitigation activities designed to limit the loss of life, personal injury, property damage, and other unfavorable outcomes. As indicated by the situation, response activities include applying intelligence and other information to lessen the effects or consequences of an incident; increased security operations; continuing investigations into the nature and source of the threat; ongoing public health and agricultural surveillance and testing processes; immunizations, isolation, or quarantine; and specific law enforcement operations aimed at preempting, interdicting, or disrupting illegal activity, apprehending actual perpetrators, and bringing them to justice.

Deutsche Gesellschaft für Technische Zusammenarbeit (2001): Katastrophenvorsorge – Arbeitskonzept

(Deutsche Gesellschaft für Technische Zusammenarbeit [GTZ] 2001, genaue Seitenangaben im Folgenden in Klammern)

Risikoeinschätzung: Die vorhandenen Bedrohungen durch extreme Naturereignisse sowie die jeweilige lokale Anfälligkeit der Bevölkerung und ihrer Lebensgrundlagen werden erhoben, um die spezifischen Risiken innerhalb einer Region zu bestimmen. Auf Grundlage dieser Informationen kann das Katastrophenrisiko gezielt verringert werden. (52)

Katastrophenvorbeugung: Die Katastrophenvorbeugung bezeichnet diejenigen Aktivitäten, die v.a. mittel- und langfristig die negativen Auswirkungen extremer Naturereignisse verhindern oder abmildern. Dazu gehören einerseits politische, rechtliche, administrative und infrastrukturelle Maßnahmen hinsichtlich der Bedrohungslage und andererseits die Beeinflussung der Lebens- und Verhaltensweisen der gefährdeten Bevölkerung mit dem Ziel, ihr Katastrophenrisiko zu verringern. (52)

Vorbereitung auf den Katastrophenfall: Die Vorbereitung umfasst diejenigen Maßnahmen, die eingesetzt werden können, um im Katastrophenfall schnell und effektiv Evakuierungen vorzunehmen, Menschenleben zu retten, Verluste und Schäden zu mindern und Nothilfe zu leisten. Zu einer umfassenden Vorbereitung zählen u.a.:

	Frühwarnsysteme, Einsatz- und Koordinationsstruktur, Notfallpläne, Vorhaltung der Notversorgung, Training und Fortbildung. (52)
Rehabilitierung und *Wiederaufbau:*	Die sich an eine Katastrophe anschließende Wiederaufbauphase bietet sich für die Implementierung einer umfassenden Katastrophenvorsorge an: Denn sie verschafft einerseits die Möglichkeit, die Erfahrungen mit dem jüngsten Naturereignis in die Arbeit einfließen zu lassen, andererseits sind so- wohl die Institutionen als auch die Bevölkerung in dieser Zeit besonders offen für präventive Ansätze. Die Vorsorge ist ein elementarer Bestandteil der Wiederaufbaumaßnahmen. Dafür werden zunächst die Ursachen und Wirkungen des letzten Phänomens sowie das eventuell veränderte Risiko analysiert. Die Ergebnisse fließen in die Definition der notwendigen Vorsorgemaßnahmen aus den Bereichen Vorbeugung und Vorbereitung ein. Somit soll eine Wiederholung der Katastrophe vermieden werden. (32)

Im Speziellen zu unterscheiden sind *Formalbegriffe* und *analytische Begriffe* bzw. Formaldefinitionen und analytische Definitionen, wie in den nachfolgenden Abschnitten dargestellt.

3.2 Formalbegriffe

Die relevante Fach- und Praxisterminologie ist uneinheitlich. Große Teile des praktischen Bevölkerungsschutzmanagements beruhen auf der Annahme, dass man nicht lange irgendwelche Sinnzuschreibungen aushandeln muss, sondern dass man eine *Katastrophe* erkennt, wenn man sie sieht. In der Tat definieren die Landesgesetzgebungen Katastrophen formalbegrifflich durch Schwellenwerte zur Auslösung bestimmter administrativer Maßnahmen, zum Beispiel Zuführung von Unterstützungsressourcen von außen, unter wesentlichem Beitrag von Freiwilligenverbänden (z.b. Jachs 2011: insbes. 112-131). Für die Forschung ist es aber problematisch, dem zu folgen, da sie mit solch einer operationalen Definition bereits konzeptuell politische und organisatorische Interessen zu ihrer intellektuellen Voraussetzung macht (Felgentreff/Dombrowsky 2008: 22).

Formaldefinitionen finden sich in Norm- und Gesetztexten und definieren bestimmte Schwellenwerte als Auslösebedingungen für behördliches Handeln (z.b. für die Auslösung von Katastrophenalarm oder für die Anforderung von Unterstützung durch die nächsthöhere Verwaltungsebene).

Die ÖNORM „Integriertes Katastrophenmanagement – Benennungen und Definitionen" (ÖNORM S2304, Ausgabe 2011-07-15) zum Beispiel beschreibt *Krise* als „Periode vorübergehender Destabilisierung eines Systems oder einer Organisation, verbunden mit beschleunigten bis umbruchartigen Veränderungen und erhöhter Unsicherheit".

Nach der ÖNORM „Integriertes Katastrophenmanagement – Benennungen und Definitionen" (ÖNORM S2304, Ausgabe 2011-07-15) ist eine *Katastrophe* demgegenüber ein „Ereignis, bei dem Leben oder Gesundheit einer Vielzahl von Menschen, die Umwelt oder bedeutende Sachwerte in außergewöhnlichem Ausmaß gefährdet oder geschädigt werden und die Abwehr oder Bekämpfung der Gefahr oder des Schadens einen durch eine Behörde koordinierten Einsatz der dafür notwendigen Kräfte und Mittel erfordert".

Als weiteres Beispiel für einen Formalbegriff lässt sich die DIN-Norm 13050 („Begriffe im Rettungsdienst") anführen. Interessant ist, dass diese DIN-Norm schon eine Entscheidung oder vielmehr eine Unterscheidung zwischen Ereignissen mit „Massenanfall von Verletzten oder Erkrankten" (MANV) und Katastrophe trifft. Auch auf der ganz praktischen Ebene des Rettungsdiensts herrscht das Verständnis, dass sich effizientes Handeln auf eine Basis gemeinsamer klar definierter Begriffe stützen können muss. Der/die einzelne Rettungsdienstmitarbeiter/-in muss sich in einer Situation darüber klar sein, ob er/sie vor einer „Katastrophe" oder vor einem „Massenanfall von Verletzten" steht. Sowohl die Verfahren, die dann zu ergreifen sind, als auch die Eröffnung von besonderen Handlungsspielräumen durch die öffentliche Hand oder die Entscheidungen im Ereignisfallmanagement sind von der Einschätzung der Situation abhängig.

Die DIN-Norm 13050 unterscheidet den „Massenanfall von Verletzten oder Erkrankten" als „einen Notfall mit einer größeren Anzahl von Verletzten oder Erkrankten sowie anderen Geschädigten oder Betroffenen, der mit der vorhandenen und einsetzbaren Vorhaltung des Rettungsdienstes aus dem Rettungsdienstbereich versorgt werden kann", von der *Katastrophe* als einem „Schadensereignis mit einer Zerstörung der örtlichen Infrastruktur, das mit den Mitteln und Einsatzstrukturen des Rettungsdienstes alleine nicht bewältigt werden kann."

Demnach ist es also ein wesentliches Entscheidungskriterium für das Ausrufen einer Katastrophe, ob kritische oder örtliche Infrastruktur zerstört worden ist oder nicht. Allein ein Massennotfall, der mit den lokal vorgehaltenen Mitteln nicht mehr bewältigt werden kann, ist in der formalen Definition der DIN-Norm für den Rettungsdienst noch keine Katastrophen, sondern von dieser Katastrophe und den entsprechenden Handlungsermächtigungen erst dann auszugehen, wenn die örtliche Infrastruktur derart zerstört ist, dass die entsprechenden materiellen Grundlagen für die Bewältigung des Ereignisses nicht mehr lokal zur Verfügung gestellt werden können. Das eröffnet dann, und deshalb ist der Begriff im deutschen Staatsrecht wichtig, nach Artikel 35 Absatz 3 des Grundgesetzes für die Bundesrepublik Deutschland zum Beispiel die Möglichkeit für ein Bundesland, Hilfe von einem anderen Bundesland anzufordern, und bildet einen der wenigen Maßnahmenkomplexe, innerhalb derer dann die Bundeswehr im Inland eingesetzt werden kann:

„Gefährdet die Naturkatastrophe oder der Unglücksfall das Gebiet mehr als eines Landes, so kann die Bundesregierung, soweit es zur wirksamen Bekämpfung erforderlich ist, den Landesregierungen die Weisung erteilen, Polizeikräfte anderen Ländern zur Verfügung zu stellen, sowie Einheiten des Bundesgrenzschutzes und der Streitkräfte zur Unterstützung der Polizeikräfte einsetzen. Maßnahmen der Bundesregierung nach Satz 1 sind jederzeit auf Verlangen des Bundesrates, im übrigen unverzüglich nach Beseitigung der Gefahr aufzuheben." (Artikel 35 Absatz 3 Grundgesetz)

In diesem Sinn eines Formalbegriffs ist auch genau definiert, wer jeweils eine Katastrophe ausrufen kann, und man spricht von einer Katastrophe erst dann, wenn die in der jeweiligen Gesetzgebung vorgesehenen Körperschaften, Organe, Verwaltungsstrukturen die Katastrophe als solche ausgerufen haben. Auf der Grundlage der DIN-Norm im deutschen Fall obliegt das Ausrufen der Katastrophe den Verwaltungsstrukturen des Landkreises oder der kreisfreien Stadt. Katastrophen können aber auch dann ausgerufen werden, wenn zwar die Infrastruktur zerstört ist, aber es primär nicht zu einer großen Anzahl von Verletzten oder Erkrankten gekommen ist.

Wichtig ist aber, sich klarzumachen, dass man auch an Grenzen stößt, wenn man mit solchen Formalbegriffen arbeitet: Gerade auch in der Praxis zeigt sich seit jeher, dass es nicht nur Massenopferzahlen und Massenschäden an Infrastruktur, sondern auch Massenverunsicherung, Massenkommunikation, Massenberichterstattung in den Medien usw. gibt. Wenn eine Katastrophe die Voraussetzungen der DIN-Norm 13050 nicht erfüllt, aber in den Medien darüber als eine „Umweltkatastrophe" oder als ein „katastrophaler Störfall" in einem Kernkraftwerk berichtet wird, dann hat das Ereignis in der Öffentlichkeit den Status einer Katastrophe und verlangt nach entsprechenden Konsequenzen, auch wenn wichtige Kriterien aus der entsprechenden Norm und den Begriffen im Rettungsdienst nicht mit der Wirklichkeit übereinstimmen.

3.3 Analytische Begriffe

Die analytischen Begriffe, um die es nun geht, sind nicht nur theoretisch wichtig, sondern haben auch einen Praxiswert: Sie können Denkfelder eröffnen, die es ermöglichen, in den üblichen stressbedingten kognitionsverengenden Effekten, die eine Katastrophensituation mit sich bringt, die eine oder andere stringente geistige Richtschnur zu verfolgen. Die Begrifflichkeit ist deshalb nicht nur Grundlage einer wissenschaftlichen akademischen Analytik, sondern auch Teil einer Handlungsgrundlage.

Bereits die klassischen griechischen Philosophen, insbesondere Platon und Aristoteles, hatten so etwas wie eine Katastrophentheorie. Es war die Lehre, dass die Kulturen der Menschen von Zeit zu Zeit durch große Umwälzungen in der Natur – wie Erdbeben, Vulkanausbrüche, Eiszeit, Überschwemmungen – zerstört wurden und werden und dass sich aus diesen großen Umwälzungen einige wenige mehr oder weniger auserwählte Menschen retten können, die dann ihren Nachkommen die Kunde von der früheren Kultur in der Form von Mythen überliefern. Diese Sichtweise, diese Denktradition über die Katastrophe ist auch heute noch von Bedeutung, weil wir doch dazu neigen, Katastrophen zu stilisieren, mit Endzeitlichkeit in Verbindung zu bringen, zu mystifizieren und/oder als beispiellos zu verorten, nur weil wir darauf nicht ausreichend vorbereitet waren (vgl. bereits Bühl 1988). COVID-19 ist dabei ebenso keine Ausnahme wie der 11. September 2001.

Analytisch gesehen zeichnet sich eine Katastrophe durch Radikalität, Rapidität und Ritualität aus (Clausen 1983). *Radikal* heißt: die Katastrophe ist das Unerwartete (oder, kann man ergänzen, das Verdrängte), ein radikaler schnell kommender, also *rapider* Einschnitt in eine Entwicklung, mit der man konfrontiert wird, der man erst einmal fassungslos gegenübersteht. Es gibt schleichende Krisen, latente

Krisen, aber es gibt eigentlich keine schleichenden Katastrophen. Eine Katastrophe taucht direkt und unerwartet in unserem Alltagsleben auf. Auf eine Katastrophe reagieren wir sozial mit den üblichen Mechanismen. Wir versuchen nicht nur sie zu managen, sondern wir *ritualisieren* sie sogar, wir inszenieren sie. Bei Hochwasserlagen zum Beispiel gibt es nicht nur eine Bewältigungsstrategien, sondern auch ein – oft medial vermitteltes – Ritual des Sandsackpackens. In der Medienabdeckung gibt es ebenfalls Rituale, beispielsweise wenn Menschen im Fernsehen interviewt werden, denen gerade ihr Keller voll Wasser gelaufen ist usw. Die Katastrophe wird in diesem Sinne auch mit diesen alltäglichen Bewältigungs- und Verdrängungsmechanismen einfach rituell abgearbeitet.

Eine grundlegende Definition von Katastrophe stammt von Carr (1932: 211) und basiert auf der Auffassung, dass Katastrophen Phänomene sozialen Wandels sind: Katastrophen sind Zusammenbrüche kultureller und sozial konstruierter Schutzvorkehrungen – nicht die Ereignisse, die diese Schutzvorkehrungen überwinden. Am Beispiel einer Hochwasserkatastrophe im Sinne von Carrs Definition ist die Tatsache, dass der Pegelstand eine bestimmte kritische Marke überschreitet und dass kritische Infrastruktur überflutet ist, noch keine Katastrophe. Die Katastrophe ist erst durch den Zusammenbruch der entsprechenden sozialen und kulturellen Schutzvorkehrungen gegeben. Zum Beispiel dadurch, dass eine Telefonanlage im Keller eines Gebäudes am Flussrand sofort ausfällt, wenn der Keller geflutet wird (oder aber „ausfällt", weil man sie vorsorglich abmontiert und weiter oben lagert) – oder, dass man sich schlichtweg nicht vorstellen kann, dass ein Flusspegel eine Hochwassermarke, die er einmal vor langem erreicht hat und die sozusagen als Jahrtausendereignis galt, jemals übertreffen kann. Im Fall von COVID-19 ist die entsprechende Schutzvorkehrung das Gesundheitssystem.

Wie schon erwähnt gilt aus Sicht der Katastrophenforschung: Eine Katastrophe ist kein physisches Ereignis und ein physisches Ereignis ist keine Katastrophe (Quarantelli 2005: 343) – oder ausführlicher gesagt:

„Ein Ereignis ist *nicht an sich* katastrophenhaft: Es hängt immer von gesellschaftlichen Kommunikationsprozessen ab, welches Ereignis als Katastrophe gilt – und welches nicht. […] Die Kommunikation über Katastrophen kann daher nicht mit dem Schema ,richtig – falsch' beobachtet werden: Es gibt keine privilegierte gesellschaftliche Position, von der aus die einzig korrekte Definition von Katastrophen getroffen werden könne. Die Vorstellung, daß eine objektive, jeden Beobachter gleich verpflichtende Risikowahrnehmung möglich ist, muß abgelehnt werden. […] Gerade im Zusammenhang mit Akzeptanz (staatlicher Kommunikation) ist von Bedeutung, wie sehr die Rezipienten dieser Kommunikation in die Situationsbestimmung miteinbezogen werden: Legt man nämlich eine Situationsdefinition zu einseitig fest und berücksichtigt dadurch andere Perspektiven – z.B. die von bestimmten Bevölkerungsgruppen – nicht genügend, kann man von dieser Seite nicht mit Zustimmung für seine eigene Perspektive rechnen." (Ruhrmann/Kohring 1996: 20)

Die damit zusammenhängenden komplexen Sachverhalte versuchen *analytische Definitionen* zu erfassen und damit die Grundlage für eine wissenschaftliche Analyse von Krisen und Katastrophen sowie den psychosozialen, gesellschaftlichen, politischen usw. Reaktionsmuster zu legen. Dabei besteht aber über die Fachgebiete hinweg nicht immer eine einheitliche Terminologie. Wichtig ist, ein Gespür dafür zu entwickeln, wie die zugrunde liegenden Begriffe aus unterschiedlichen Erkenntnisinteressen heraus fokussiert werden, welche Perspektive man einnimmt, wenn man sich an einer bestimmten fachwissenschaftlichen Terminologie orientiert und welche bewusste Selektivität der Wahrnehmung man damit vollzieht, um die Komplexität der Realität zu reduzieren und sie dadurch begreifbar und systematisch untersuchbar zu machen.

Die amerikanische *disaster*-Forschung ist eine der Gründungsdisziplinen sowie ein auch heute noch führender Zweig der Katastrophenforschung (z.B. Rodríguez/Quarantelli/Dynes 2006). Ein klassisches Werk dazu ist das bereits erwähnte Buch von Prince (1920) *Catastrophe and Social Change*. Das Werk – wie gesagt eine Fallstudie über eine Explosion eines Munitionsschiffs während des Ersten Weltkriegs im Hafen der kanadischen Stadt Halifax und deren gesellschaftlichen Folgewirkungen – zeigt schon, dass man bereits damals nicht nur das Ereignis selbst, sondern auch die sozialen Konsequenzen berücksichtigt und untersucht hatte. Prince beschreibt, wie bestimmte Bevölkerungsteile mit einem bestimmten ethnischen Hintergrund von den Auswirkungen dieser Explosion stärker betroffen waren als andere und wie man versuchte, die wohlhabenden Weißen angelsächsischer Abstammung eher zu evakuieren als andere.

Im Rahmen eines umfassenden Ansatzes kann dies immer noch als Lehrstück dienen, auch, was den Schutz kritischer Infrastruktur angeht: Dabei sollte man bei der Planung eben nicht nur berücksichtigen, wer oder was am schützenswertesten ist, sondern auch, wer oder was in welchem Katastrophenszenario am stärksten betroffen ist. Ein *disaster* ist nicht einfach da, weil es passiert, sondern, weil es eine bestimmte Gemeinschaft trifft und das bestimmte Folgen hat, sowohl materielle als auch immaterielle, wie etwa soziale Folgen.

Der von Perry und Quarantelli (2005) herausgegebene Band *What is a Disaster?* setzt sich eingehend mit der Terminologie auseinander. Der Band bietet eine interessante Sammlung darüber, wie uneins die anwendungsorientierte Forschung darüber ist, wann, unter welchen Voraussetzungen man von einem *disaster* sprechen soll und wann nicht, ob der Präventionsaspekt wichtiger, ob Notfallmanagement im Vordergrund stehen oder ob die Ereignisbewältigung und die Folgenbewältigung den Mittelpunkt bilden sollte. Perry und Quarantelli versuchen auch, *disaster* von anderen Begriffen wie *Katastrophe* und *Krise* abzugrenzen. Ihr Definitionsvorschlag ist (analog zu dem bereits genannten von Clausen 1983), dass ein *disaster* (eingedeutscht: Desaster) eine enge Koppelung von Systemen beschreibt, deren Wirkung in massiver, unerwarteter und existenzbedrohender Weise eine bestimmte abgrenzbare Gemeinschaft trifft. Es gibt also nie ein *disaster* für alle.

Aus diesem *disaster*-Begriff heraus ist gesamtstaatliches Krisen- und Katastrophenschutzmanagement ein Paradoxon, weil, dem konzeptuellen Verständnis nach, ein *disaster* eben immer eine bestimmte abgrenzbare Gemeinschaft, eine *community*, betrifft. Dieses Definitionsmerkmal kommt aus der Tradition der fallstudienzentrierten Forschung, und die für sie prägenden Katastrophen des frühen 20. Jahrhunderts waren in der Regel eben örtlich begrenzt, abgesehen vom oft als Urkatastrophe bezeichneten Ersten Weltkrieg. Perry und Quarantelli möchten dementsprechend den Begriff *catastrophy* für Prozesse mit einer über spezielle Gemeinschaften hinausgehenden Wirkung reserviert wissen. Die folgende *Tabelle 3* stellt „Katastrophe" und „*disaster*" einander gegenüber.

Tabelle 3: „Katastrophe" und „*disaster*".

Katastrophe

Eine Katastrophe ist eine verhängnisvolle Abfolge von einem ganzen System von Ereignissen, sie kann nicht mehr abgewendet werden. Ob eine Katastrophe vorliegt oder nicht, hängt nicht nur von dem Ereignissystem, sondern auch von der persönlichen Wahrnehmung ab: Eine Katastrophe ist das, was jemandem oder der Gruppe konkret passiert, und nicht das, was abstrakt vorfällt. Eine Katastrophe ist immer verbunden mit subjektiver Wahrnehmung. Schwerpunkt des heutigen (v.a. sozialwissenschaftlichen) Begriffsverständnisses sind schleichende Katastrophen in der Risikogesellschaft, die verspätet in das Bevölkerungsbewusstsein treten und politisch verdrängt oder jedenfalls vertagt, wenngleich beschworen werden: Umweltkatastrophe, Klimakatastrophe usw.

Ausgewählte klassische Definitionen aus der Katastrophenforschung:

- Katastrophen sind Phänomene sozialen Wandels: Zusammenbrüche kultureller und sozial konstruierter Schutzvorkehrungen, nicht die Ereignisse, die diese Schutzvorkehrungen überwinden (Carr 1932: 211).

- „Katastrophe" ist nicht die Definition eines Ereignisses, sondern ein weltanschauliches Konzept, um bestimmte Ereignisse im Rahmen jeweiliger Deutungskulturen sinnhaft zu interpretieren (Sjoberg 1962).

- Eine Katastrophe sind nicht die Ereignisse, sondern die fehlenden Kenntnisse und „katastrophenkulturellen Fertigkeiten" (Clausen/ Dombrowski 1983: 20).

„Disaster"

Ein *disaster* ergibt sich aus der engen Kopplung von Systemen, deren Wirkung massiv, unerwartet und existenzbedrohend eine bestimmte, abgrenzbare Gemeinschaft trifft (Perry/Quarantelli 2005). Im Gegensatz dazu gilt eine Krise als einzigartige Konfiguration einzelner, im Nachhinein relativ klar zurechenbarer Fehler. Krise ist in der *disaster*-Forschung also ein Strukturbegriff, und das *disaster* ist das von dieser Struktur hervorgebrachte Ereignis. Die Unterscheidung *natural* vs. *man made disaster* bringt den *disaster*-Begriff ins Mittelfeld zwischen den Termini „Risiko" und „Katastrophe". Allerdings ist diese Unterscheidung im Zuge des Aufkommens des „umfassenden" Ansatzes schon vor mehreren Jahren fallen gelassen worden (Perry 1985). Herrschende Meinung ist, dass beides (*natural* und *man made*) ineinander verschwimmt, da z.B. Naturrisiken heute typischerweise erst in ihrem spezifischen sozialen Umfeld zu Katastrophen werden und auch „soziale" Ursachen haben, z.B. Hochwasser (*vulnerability gap*, Bangladesh) und Lawinen (Galtür).

Bis vor einiger Zeit, grob vor 20-30 Jahren, hat man weithin noch eine weitere Unterscheidung getroffen, und zwar die Unterscheidung zwischen *man-made* und *natural disaster*, also von Menschenhand verursachte Ereignisse im Gegensatz zu Naturereignissen. Dagegen haben Autoren wie Perry (1985) argumentiert, dass Notfallmanagement (*emergency management*) als vorrangiges praktisches Anwendungsfeld von *disaster research* sich nur noch umfassend denken lässt. Seitdem hat sich die herrschende Meinung gebildet, dass *natural* und *man-made disaster* ineinander verschwimmen, dass unter anderem Naturrisiken heute typischerweise erst in ihrem spezifischen sozialen Umfeld zu Katastrophen werden und auch soziale Ursachen haben. Diese Sichtweise hat dazu geführt, dass man auch in den eher naturwissenschaftlich orientierten Disziplinen, die sich mit Katastrophenmanagement, Katastrophenprävention, mit Risikoforschung in Bezug auf Naturgefahren beschäftigen, eine umfassende fachübergreifende Betrachtungsweise wählte. Ein gutes Beispiel ist Geipel (2001), der davon ausging, dass überhaupt alle Naturrisiken heutzutage erst durch ihr soziales Umfeld zu Katastrophen werden:

„Ein Erdbeben wirkt nur dann katastrophal, wenn Siedlungen durch menschliche Willensakte an riskanter Stelle platziert, baulich schlecht konstruiert, zu dicht besiedelt und zu nachlässig kontrolliert wurden. [...] Das Schadenspotential eines Hochwassers hängt ab von unreflektierten Bauleitplänen, von verletzlicher Gebäudestruktur, unvorsichtiger Verkehrslinienführung, unbedachter Landnutzung und mangelhafter Gesetzgebung und Verwaltung. [...] Eine Dürre hat neben der klimatischen Komponente ihre Ursache in politischen Machtstrukturen, in Verteilungs-, Lagerhaltungs-, Landnutzungsproblemen und dem Bevölkerungsdruck, der das Ergebnis menschlicher Spekulationen zur Existenzsicherung ist. [...] Ein Wirbelsturm wird dann zur Katastrophe, wenn er auf verletzliche Bausubstanz, schlecht platzierte Siedlungslagen, unzureichende Warendienste und einen Mangel an adäquaten Schutzbauten trifft. [...] Eine Lawine wäre ein harmloses Naturereignis träfe sie nicht im alpinen Freizeitraum im Umfeld enger Talschaften und ihrer Siedlungen auf eine Fülle gerodeter Abfahrtshänge die durch Aufstiegshilfen bis in große Höhen erschlossen, mit Sporthotel bebaut und mit anfälligen Verkehrswegen verbunden sind. [...] In dieser Weise könnte man alle Naturrisiken herunter deklinieren und fände eine starke anthropogene Komponente in denen von ihnen verursachten Katastrophen." (Geipel 2001: 31f.)

Ein dramatischeres Beispiel stellen aber Hochwasserlagen in Ländern wie Bangladesch dar, wo sich der besonders kritische Zusammenhang zwischen *natural* und *man-made disaster* zeigt. Der verbindende Faktor ist hier die Verwundbarkeit, die oft differenziert ist nach sozialem Status, nach Bevölkerungsgruppe, nach Einkommen, nach Wohlstand usw., so dass unterschiedliche Teile der Gesellschaft durch ein und dasselbe Ereignis in unterschiedlicher Wiese verletzbar sind. Der in diesem Buch schon wiederholt erwähnte wissenschaftliche Begriff dafür lautet *vulnerability* oder eingedeutscht auch *Vulnerabilität* (von lateinisch „vulnus" = die Wunde, „vulnerabilis" = verwundbar) die Verwundbarkeit der Gesellschaft. Vulnerabilität wird unterschiedlich definiert; eine sinnvolle quantitative Definition fasst sie als Indexwert aus Schadenspotenzial und institutionellen, gesellschaftlichen sowie individuellen *coping*-Fähigkeiten (Kumpulainen 2006) und macht damit klar, dass Vulnerabiltität kein objektiver technischer Begriff ist (dazu auch Perrow 2007).

Die unterschiedliche Auswirkung (*differential impact*) der Schadensereignisses auf verschiedene Teile der Bevölkerung definiert die *vulnerability gap*, also Verwundbarkeitslücke (z.b. International Federation of Red Cross and Red Crescent Societies 2010: 20f.). In Bangladesch weiß man zum Beispiel, dass eben bestimmte Flussbetten regelmäßig in der Monsunperiode überschwemmungsgefährdet sind, aber aufgrund der sozialen Verhältnisse haben bestimmte Bevölkerungsgruppen keine andere Wahl, als in diesen Flussbetten ihre Siedlungen und ihre Baracken aufzubauen. Es ist also vorhersehbar, dass diese jedes Jahr mehr oder weniger weggeschwemmt werden und danach wieder neu aufgebaut werden müssen. Es besteht aber aus sozialgeografischen, sozialpolitischen u.a. Gründen keine Möglichkeit für diese Bevölkerung, aus den Flussbetten in richtige Siedlungsräume auszuweichen. Das ist eine *vulnerability gap*, nicht aus objektiven Faktoren oder aus infrastrukturellen Gründen, sondern in erster Linie aus dem sozioökonomischen Status heraus. Die *vulnerability*-Forschung beinhaltet den sozialen Anspruch, zur Reduzierung dieser Verwundbarkeitslücke beizutragen.

Allerdings weist Geipel am Beispiel der Megastädte darauf hin, dass auch planbare Infrastrukturentscheidungen der Kern von *vulnerability gaps* sein können:

„Weitausgreifende Verkehrslinienführung, z.B. durch den Bau von U-Bahnlinien, mindert, unkontrollierte Landnutzungsmischung erhöht das Risiko von Katastrophen. Lassen die Bauleitpläne ein enges Nebeneinander von Wohnsiedlungen und Industriebetrieben zu, können, wie im indischen Bhopal hohe Menschenverluste bei technischen Katastrophen entstehen. Das Fehlen öffentlicher Freiflächen wie in Lima/Peru oder in Tokio/Japan, erschwert jede Evakuierung und die Errichtung von Notquartieren. Auch die Entsorgungsprobleme wachsen. Der Metabolismus der Megastädte umfasst ihren hohen Trinkwasserbedarf aus immer geringerwertigeren Grundwasserbeständen, die Abwasser- und Müllproblematik, die hochgradige Luftbelastung durch Verkehr und Industrieabgase." (Geipel 2001: 31)

Die Megastädte sind die fünfzehn größten Städte der Welt, die in der Regel automatisch durch eine besonders exponierte Lage besonders verletzlich in Bezug auf Naturrisiken sind. Zu den Megastädten gehören Metropolen in unterschiedlichen Kontinenten. Die fünf größten Megastädte sind Tokio, Mexiko City, Sao Paulo, New York und Mumbay (das frühere Bombay) mit Einwohnerzahlen von zwischen 27 und 16 Millionen Menschen.

„Von diesen 15 Megacities haben bereits Tokio und Osaka, (durch seine Nachbarstadt Kobe), Mexiko City, Los Angeles und Peking verheerende Erdbeben erlebt und liegen innerhalb der höchsten Gefährdungsstufen. Aber auch Bombay, Shanghai, Kalkutta, Seoul und Neu-Delhi sind – wenn auch in geringerer Weise – durchaus seismisch bedroht. Die ostasiatischen Städte, vor allem aber Kalkutta sind zusätzlich tropischen Wirbelstürmen ausgesetzt." (Geipel 2001: 33)

Es gibt zwei grundlegende Möglichkeiten, *vulnerability gaps* zu managen, einerseits kann man sie administrieren, also Verfahren definieren wie auf Notfälle zu reagieren ist (*contingency planning*), oder andererseits kann man von vornherein versuchen, den *impact* zu reduzieren (v.a. durch Stärkung der gesamtgesellschaftlichen Resilienz, siehe dazu *Kapitel 10*).

4 Exemplarische Analysemethoden

In diesem Kapitel werden ausgewählte leicht handhabbare Modelle und Methoden vorgestellt. Klassische Segmentmodelle sind auch im Rahmen eines umfassenden Ansatzes wichtig, da sie helfen, Katastrophen in Phasen und Aspekte analytisch zu zergliedern und sie – etwa entsprechend dem Krisenmanagement-Zyklus – in ihren unterschiedlichen Bezügen geordnet zu untersuchen. Szenariomodelle helfen, Ereignisse im zeitlichen Kontext zu sehen und mögliche Folgewirkungen abzuschätzen, ebenso wie sie eine Grundlage dafür bilden, künftigen Forschungsbedarf im Spektrum annehmbarer Entwicklungsalternativen zu definieren. Wichtige fachübergreifende Bezüge werden am Beispiel der Betriebswirtschaftslehre, der Psychologie und der Politikwissenschaft (Krisenentscheidungen) illustriert.

Dieses Kapitel bietet keine abschließende Methodenschau, sondern einen exemplarischen problemorientierten Zugang. Für weitergreifende Darstellungen von Forschungsmethoden sind Stallings (2002) und Rodríguez/Quarantelli/Dynes (2006) empfehlenswert.

4.1 Klassische Segmentmodelle

4.1.1 Sieben-Phasen-Modell nach Chapman (1962)

Segmentmodelle analysieren Katastrophen und zu ergreifende Maßnahmen dadurch, dass sie sie in einzelne Abschnitte unterteilen. Das klassischste unter den klassischen Segmentmodellen ist das in *Tabelle 4* im Überblick zusammengefasste Sieben-Phasen-Modell nach Chapman (1962: 7-22). Der Schwerpunkt bei diesem Phasenmodell liegt auf der Abgeschlossenheit des Katastrophensystems. Das ist schon eine bestimmte Eingrenzung der Sichtweise, da wir bereits die heute vorherrschende Meinung kennen gelernt haben, wonach ein Ablauf erst durch seinen weiteren, vor allem auch sozialen Kontext, überhaupt als „katastrophal" klassifiziert werden kann. Erst der Kontext bestimmt, ob ein bestimmtes Ereignis dem heutigen Begriffsverständnis nach als Katastrophe zu bezeichnen ist oder nicht. Eine soziale Umfeldanalyse müsste deshalb aus heutiger Sicht das Sieben-Phasen-Modell ergänzen, das aber auch heute noch relevant ist – vor allen, da es erfahrungsgestützt gewonnene analytische Unterteilungen auch dazu nutzt, Praxisratschläge zu gewinnen.

Tabelle 4: Sieben-Phasen-Modell nach Chapman (1962).

---

1. *Warning* – **Wahrnehmung gefahrwirksamer Bedingungen**

- Menschliche Suche nach Sicherheit und der Bedingung der Abwesenheit verlässlicher Information → öffentliche Kommunikation muss relevante Information liefern und nutzbare frühere Krisenerfahrungen aktivieren!
- Warnungen schaffen keine neuen Gewohnheiten, sondern akzentuieren vorhandene.

2. *Threat* – **Immanenz der Gefahr; Bevölkerung ist externer Kommunikation ausgesetzt**

- Warnungen müssen auf der Grundlage realer und glaubwürdiger Information *ego-involvement* (denk- und handlungssteuernde Ich-Betroffenheit) auslösen.
- Bei Evakuierungen dürfen soziale Netzwerke nicht überstrapaziert werden.
- Immanenz von Gefahr ist eine komplizierte soziale Situation, die nicht nur von physischer Sicherheitsmotivation gekennzeichnet ist → individuelle Reaktionen auf ungewisse Bedrohungen.
- Tiefenpsychologische Rationalisierungsmechanismen sind zu beachten. Die Definition der Katastrophensituation ist kein purer kognitiver, informationsbasierter Akt, sondern persönlichkeitsabhängig und dabei erfahrungsgebunden ebenso wie mit emotionalen Reaktionen verbunden.
- Persönliche Kontrollerfahrungen und -überzeugungen sind im Krisen- und Katastrophenmanagement wichtig, können aber auch

---

zur Ignorierung von Warnungen und zu hoher Wahrnehmungsschwelle führen.

- Andererseits kann die Vermittlung einer großen Gefahrenmagnitude zur Verringerung effektiver Handlungsbereitschaft in der betroffenen Bevölkerung führen, wenn sie als außerhalb der persönlichen Kontrollkompetenz liegend wahrgenommen wird.

3. *Impact* – Die Katastrophe „schlägt zu"

- In tatsächlichen Katastrophen kommt Panik selten vor; man spricht auch vom Panikmythos.
- Panik ist vielmehr nur unter folgenden gemeinsam vorhandenen Bedingungen erwartbar: Menschen nehmen eine unmittelbare, erste Gefahr für sich selbst wahr; sie glauben, dass es einen Fluchtweg gibt, allerdings nur einen einzigen Fluchtweg, und dass dieser blockiert zu werden droht; sie erhalten widersprüchliche Informationen.
- Aufgrund des *impact* bricht in Katastrophenfällen die Sozialorganisation typischerweise nicht zusammen.
- Die Betroffenen borgen sich Fertigkeiten (*skills*) aus ihren Alltagsrollen und spielen in Katastrophensituationen Familien- und Gemeinschaftsmitgliedsrollen.
- Daraus ergibt sich jedoch das Problem des Konvergenzverhaltens (siehe unten): Überfrequentierung der *impact*-Zone.
- Dieses Problem wird durch ungenaue oder uneindeutige Informationslagen sowie durch Gerüchte verschärft. Vor allem Newsflashes setzen ungeheuer mehr Menschen in Bewegung als nötig.

4. *Inventory* – Die Betroffenen beginnen, sich ein Bild ihrer Lage zu machen

- Interpretationsbedarf, Relevanz von Außenkontakten, Interrollenkonflikte (z.B. *first responder* – Familienvater), Mikro-Makro-Problem des unkoordinierten zielgerichteten Individualhandelns.

5. *Rescue* – Ersthilfe

- Katastrophensyndrom (*„disaster syndrome"*): Athymie der Betroffenen.

- Konvergenzverhalten („*convergence behavior*"): Bewegen verschiedener sozialer Gruppen in das Katastrophengebiet (Hilfskräfte, Verwandte, Diebe, Journalisten usw.).
- Füllhorneffekt („*cornucopia*"): Überflusshilfe bei räumlich begrenzten Katastrophen – würde bei Katastrophen nationalen Ausmaßes zur Kannibalisierung der Ressourcen führen.

6. *Remedy* – **Überlegte und formalisierte Hilfe, vor allem auch von außen**

- Problem der angemessenen Behandlungszuweisung: körperliche Stressreaktion wie Erbrechen können bei radiologischen Katastrophen als Frühsymptome von katastrophenbedingten Gesundheitsschäden interpretiert werden und die Diagnose- und Behandlungszentren überlasten.

7. *Recovery* – **Wiederherstellung der früheren Stabilität oder Anpassung an veränderte Bedingungen**

- Es steht zu erwarten, dass auf zentralisierte, monumentale Legitimationssymbolik eines neuen kontrollorientierten Herrschaftssystems gesetzt wird, das Vertrauen in die Zukunft vermittelt.

- Die erste Phase nach Chapman (1962) ist das *warning*, die Warnphase. Dies ist die Phase, in der in einem bestimmten System – zum Beispiel in einer sozialen Gemeinschaft, in einer Stadt, in einem Krisenzentrum – gefahrwirksame Bedingungen wahrgenommen werden.

Es ist wie schon gesagt ein ganz wichtiger Punkt, nun die Katastrophe eben nicht als objektives Ereignis, sondern als das, was man als Katastrophe erkennt, zu betrachten. Der wichtigste Aspekt in dieser Warnungsphase für die Katastrophenanalyse ist, sich klarzumachen, dass, je kritischer und je gefährlicher die Bedingungen werden, unter denen Entscheidungen getroffen müssen, desto stärker sich der Grundtrieb der menschlichen Suche nach Sicherheit ausprägen wird. In der Warnungsphase weiß man, was theoretisch schlimmstenfalls passieren könnte und man kann sich ein negatives

Extremszenario ausmalen. Natürlich kann das auch in Wunschdenken umkippen, man kann sich auch ein positives Extremszenario ausmalen, dass etwa das Unwetter schon irgendwie knapp an der eigenen Stadt vorbeiziehen wird. Man wird spekulieren, weil man sich eben einen Reim auf die Situation, auf die Warnung machen muss, unter der Bedingung der Abwesenheit verlässlicherer Informationen; denn man hat in dieser Phase nicht mehr als eine relativ unspezifische Warnung.

Wichtig ist hier für die öffentliche Kommunikation vor allem, dass sie bereits in dieser Warnungsphase relevante Informationen liefern muss, mit denen die potenziell Betroffenen, also der von der Warnung erfasste Personenkreis, die Bedeutung des Ereignisses, vor dem er gewarnt wird, interpretieren, in ihren konkreten Lebenskontext einordnen können. Die COVID-19-Katastrophenkommunikation in Ländern wie Italien und Deutschland wurde diesen Erfordernissen nicht gerecht (Ruiu 2020; Wiedemann/Dorl 2020). Vor allem in Deutschland war sie mehr darauf ausgelegt, die Bevölkerung in einen gefügigen „Panikmodus" als in die Lage zu versetzen, wohlinformiert verantwortliche eigene Entscheidungen zu treffen (Wiedemann/Dorl 2020).

Gute Kommunikation im Katastrophenmanagement dagegen versetzt die potenziell Betroffenen in die Lage, frühere nutzbare Erfahrungen zu aktivieren – zum Beispiel Erfahrungen mit Unwettern, die man mehr oder weniger gut überstanden hat. Fakteninformation zusammen mit angemessenen Interpretationskontexten zu liefern, zu suchen und zu nutzen ist grundlegend, da es ansonsten schnell zu Mystifizierung und zu Effekthascherei kommen kann, die sich in Form von spontanen, aber dysfunktionalen Selbsthilfegruppen, von selbsternannten oder regierungsgesponserten Experten/-innen und von Effektjournalismus manifestieren, oder auch darin, dass bestimmte Naturereignisse als politische, gesellschaftliche, ja zivilisatorische Prüfungen definiert werden. Schnell kann es zu einer relativ chaotischen Reaktionsdynamik der Bevölkerung auf Warnungen kommen. Gerade das möchte man ja durch Warnungen eigentlich verhindern, muss sich dazu aber auch klarmachen, dass die betroffenen Menschen ihre Alltagserfahrung, ihr Alltagshandeln, ihre Alltagsrollen in Krisenzeiten eben nicht über Bord werfen: Menschen versuchen vielmehr mit dem, was sie haben – das heißt, mit ihren Alltagserfahrungen, mit ihren Alltagsrollen – die Warnung zu bewerten und deren mögliche Bedeutung, insbesondere ihre mögliche eigene Betroffenheit in ihrem speziellen Lebenskontext einzuschätzen. Genau das wird aber schwierig, wenn Regierungen in ihrer Krisenkommunikation Öffentlichkeit mit verabsolutierten, ohne Kontext gelieferten Opferzahlen, Hochrechnungen und interpretationsbedürftigen epidemiologischen Kennzahlen konfrontieren, wie in der COVID-19-Pandemie (Wiedemann/Dorl 2020).

Wolfenstein (1957) hat als eine der ersten explizit die These vertreten, dass Warnungen eben keine neuen Gewohnheiten schaffen, sondern vorhandene Gewohnheiten, Verhaltensweisen und Rollen in der Bevölkerung (aber auch bei den Akteuren des Katstrophenmanagements) akzentuieren. Wolfenstein zufolge heißt das, wenn man ein hilfsbereiter Mensch ist, wird man im Kontext der Warnung vor einer herannahenden Katastrophe eher noch hilfsbereiter. Wenn man ein Angsthase ist, wird man bei einer Katastrophenwarnung noch ängstlicher. Wenn man ein versierter Radiologe ist, wird man in einer Situation, in der vor einem Störfall in einem Atomkraftwerk oder vor den Folgen eines Störfalls gewarnt wird, nicht automatisch zum sich selbst aufopfernden Menschenfreund, sondern man wird seine Alltagsrolle als für Radiologie ausgebildete Fachkraft nutzen, zunächst einmal die Gefahr für sich, für seine Familie, für das eigene Lebensumfeld einzuschätzen und möglichst zu bannen.

- Die zweite Phase nach Chapman (1962) ist die *threat*-Phase. Die *threat*-Phase baut auf der Warnung auf, dass es eine Bedrohung, eine bevorstehende konkrete Gefahr gibt: dass zum Beispiel nach einer Hochwasserwarnung bestimmte Wasserstandsmarken, ab denen den Behörden Meldung gemacht werden muss und ab denen dann schon bestimmte Vorkehrungen (Anlegen von Dämmen, Errichten von Straßensperren usw.) getroffen werden.

Die Immanenz der Gefahr ist sichtbar. Besonders wichtig ist wiederum die Kommunikation mit der betroffenen Bevölkerung, weil in der *threat*-Phase in der Regel auch schon die Medien von der Situation Kenntnis erhalten haben und über sie berichten. Die Betroffenen müssen mit ihrem eigenen Ich, mit ihrer eigenen Persönlichkeit involviert werden (Tiryakian 1959). Sie sollen die Motivation entwickeln, sich selbst aktiv mit der bedrohlichen Lage auseinanderzusetzen. Die Katastrophe darf nicht als eine Art neue Sintflut erfasst werden, an der man nichts ändern kann und die einfach so über einen hereinbricht. Die mediale und politische Definition von Katastrophenfällen wie der COVID-19-Pandemie als „beispiellos", „ohnegleichen" oder „noch nie da gewesen" ist daher kontraproduktiv. Die Betroffenen müssen vielmehr mit ihren Fähigkeiten, mit ihrem Durchsetzungswillen, mit ihrer eigenen Motivation, mit ihrem Ehrgeiz, mit ihrer Schaffenskraft als Menschen, als einzelne Personen dazu gebracht werden, sich selbst mit der Situation zu konfrontieren und ihre Alltagsrollen, ihre Kenntnisse und Fertigkeiten aus dem normalen sozialen, politischen, gesellschaftlichen beruflichen Leben so einzusetzen, dass sie direkt jeweils als Einzelpersonen in der Lage sind, sich der Bedrohung entgegenzustellen.

Die Tiefenpsychologie weist seit langem darauf hin, dass in der Frage der individuellen Reaktionen auf ungewisse Bedrohungen die üblichen Rationalisierungsmechanismen zu beachten sind (z.B. Withey 1962). Man verdrängt, man verschiebt, man sucht Sündenböcke, man möchte die Bedrohung eigentlich aus seiner Alltagswelt herausdrücken, und man möchte auch aus dem Bewusstsein herausdrücken, dass die Bedrohung unmittelbar als sich materialisierendes Ereignis bevorsteht. In gewissen Fällen kann die Selbstorganisation der Bevölkerung die Arbeit von Einsatzkräften konterkarieren, weil sie der Meinung ist, dass die Behörden ihr in den letzten Jahren sowieso nicht helfen konnten und die Situation selber in die Hand nimmt. In diesem Zusammenhang ist es auch sehr wichtig, sich wiederum klarzumachen, dass Katastrophenkommunikation nicht als Standardmodell funktionieren kann. Man muss den Kontext und auch die konkreten Menschen mitdenken, mit denen man zu sprechen versucht oder denen man versucht, Informationen zu vermitteln. Eine Grundentscheidung ist, welche Ereignisschwere die Behörden in öffentlich kommunizierten Warnungen vermitteln. Im Zuge der Mitteilung möchte man in der Bevölkerung bestimmte Reaktionen auslösen. Sobald eine Risikokommunikation, eine Warnung, eine Bedrohungskommunikation bei den Adressaten/-innen so ankommt, dass die Situation ohnehin außerhalb ihres persönlichen Kontrollvermögens läge, wird man sie eben gerade nicht motivieren können, effektive Selbstschutzmaßnahmen zu ergreifen, die Behörden in einer bestimmten erwünschten Weise zu unterstützen usw. (siehe zu derartigen Aspekten klassisch: Weinstein 1987).

- Die dritte Phase nach Chapman (1962) ist der *impact,* wenn also die Katastrophe wirklich „zuschlägt". Der übliche Mythos im Zusammenhang mit der *impact*-Phase ist, dass die Menschen sozusagen in Panik verfallen, sich irrational verhalten, Einsatzkräfte behindern und es zu unkontrolliertem Massenverhalten kommt.

In tatsächlichen Katastrophen allerdings kommt Panik selten vor, wie diverse Fallstudien seit langem bestätigt haben; deshalb spricht man in der Forschung vom Panikmythos (vgl. Janis 1951). Deshalb ist es ein Fehler gewesen, dass man sich im Katastrophenmanagement jahrzehntelang auf die Aufgabe vorbereitet hat, Massenpanik zu verhindern oder zu versuchen, Massenpanik irgendwie in den Griff zu bekommen. Man hat im Rahmen der Untersuchungen zum Panikmythos auch eine bestimmte Menge von Bedingungen herausgearbeitet, unter denen man dann tatsächlich damit rechnen muss, dass es in seltenen Fällen zu Panikverhalten kommt. Das ist für die Planung der *response*-Phase und auch für die weitere Katastrophenkommunikation und für die Prävention nicht unwichtig. Die Bedingungen sind die folgenden (z.B. Drabek 2010: 40):

- Menschen nehmen eine unmittelbare, ernste Gefahr für sich selbst wahr.

- Menschen sind der Meinung, dass es nur einen einzigen Fluchtweg gibt, auf dem sie dieser Gefahr entkommen können und dass dieser Fluchtweg blockiert zu werden droht.
- Außerdem erhalten sie widersprüchliche Informationen.

Anhand von Fallstudien wurde die Erkenntnis gewonnen, dass die Betroffenen in Ereigniszonen sich tatsächlich Fähigkeiten aus ihren Alltagsrollen ausborgen und in Katastrophensituationen bewusst akzentuiert die Rollen spielen, die sie als Familienmitglieder oder als Gemeinschaftsmitglieder gelernt haben (Barton 1962). Dazu kommt: Viele wollen dabei sein und bewegen sich deshalb in die engste Ereigniszone, dorthin, wo die Katastrophe unmittelbar zugeschlagen hat. Dieses oft angetroffene Phänomen nennt man die Konvergenzproblematik oder auch das *Konvergenzsyndrom*. Diese Überfrequentierung der *impact*-Zone (Tiryakian 1959, siehe *Kapitel 4.1.2*) stellt auch für die Ersteinsatzkräfte ein Problem dar.

Die Forschung hat frühzeitig festgestellt, zurückgehend bis zum erwähnten Werk von Sorokin (1942), dass sich bereits in *impact*-Phase erste Keime für grundlegenden sozialorganisatorischen politisch gesellschaftlichen administrativen Wandel bilden. Es lässt sich nachweisen, dass Katastrophenfälle großen Ausmaßes bereits in der *impact*-Phase zu so großem Druck führen, dass formale organisations- und Kontrollaktivitäten sich ändern, dass zum Beispiel Regierungen Notfallprogramme beschließen, und dass überhaupt die Kontrolle, mit der die Regierung die Lage zu beherrschen versucht, um für die Zukunft Sicherheit zu gewährleisten, sehr stark und sehr schnell zunimmt. COVID-19 bietet zahlreiche Musterbeispiele dafür (Kötter 2020). In Bezug auf die Reaktion der USA auf den 11. September 2001 wurde dieses Phänomen ebenfalls besonders sichtbar (Kowalski 2008).

- Die vierte Phase nach Chapman (1962) ist die *inventory*-Phase. Das bedeutet, sich ein Bild von der Lage zu machen, zunächst einmal aus der Sicht der Betroffenen. Die zuständigen Behörden und die zuständigen Ersthelfer müssen die Situation bewerten –

und zwar nicht nur nach Handbüchern, sondern auch danach, was diese Situation für die betroffenen Teile der staatlichen Gemeinschaft bedeutet und wie diese sie wahrnehmen.

Wichtig zu beachten ist: Nach dem Ereigniseintritt (*impact*) kommt nicht sofort Hilfe (*rescue*), das wäre dann nämlich schon die Phase 5, sondern zwischen *impact* und *rescue* steht *inventory*. Das heißt, wenn die Katastrophe zuschlägt, muss der erste Reflex die Beurteilung der Lage sein und nicht das schnelle unüberlegte Helfen. Ein solches stünde eher dem Konvergenzverhalten nahe, was einem effektiven und effizienten Katastrophenmanagement entgegensteht. In der *inventory*-Phase muss man bedenken, dass der Informationsbedarf auf der Seite der Betroffenen in kürzester Zeit immens steigt: Sobald sie den ersten Schock des Katastrophen-*impact* überwunden haben, versuchen sie, der Situation Sinn und Bedeutung zu verleihen. Sie versuchen vor allem, sich ein Bild davon zu machen, was die Situation für ihre persönlichen Lebensumstände bedeutet. Deshalb ist in der *inventory*-Phase breit angelegte, inhaltsreiche Kommunikation ganz besonders wichtig.

Was in der *inventory*-Phase zusätzlich zu dem Kommunikationsaspekt und dem Informationsbedarf stark zu Buche schlägt, sind mögliche Rollenkonflikte im Bereich der Ersthelfer/-innen. Man denke zum Beispiel an die Konflikte einer Person, die bei der Feuerwehr arbeitet, aber zugleich Familienvorstand ist und dessen Familie in der *impact*-Zone wohnt. Wichtig ist, auch für alle Betroffenen und Beteiligten in einer Katastrophenlage, die sich in der *impact*zone befinden, Außenkontakte sicherzustellen: Die Personen in der *impact*-Zone möchten entweder Angehörigen, Freunden/-innen, Bekannten und Kollegen/-innen, die sie ebenfalls in der Zone vermuten, mitteilen, dass es ihnen gut geht, sie möchten erfahren, wie es ihren Lieben außerhalb der unmittelbaren Ereigniszone geht, oder sie wollen ihre Angehörigen außerhalb der *impact*-Zone darüber informieren, wie es ihnen geht. Die Einsatzkräfte sollten nicht primär alles abriegeln, sondern vor allem erst einmal sicherstellen, dass alle, die sich in der *impact*-Zone aufhalten, die Möglichkeit haben, sich mit der Außenwelt oder mit anderen, die sich in der *impact*-Zone befinden, in Verbindung zu setzen. Lösungen für das hierbei typische Problem der Überlastung von Funk- und Handynetzen sollten daher vermehrt gesucht werden.

- Die fünfte Phase nach Chapman (1962) ist nun die *rescue*-Phase, der eigentliche „Katastropheneinsatz".

Das Problem ist in dieser Phase, dass nach der *impact*-Phase eine gewisse Athymie, eine gewisse Lethargie der Betroffenen in der Ereigniszone Platz greift (das ist das sogenannte Katastrophensyndrom oder *disaster syndrom*). Insbesondere bei den für die operative Katastrophenhilfe so wichtigen Freiwilligen ist das zu vermuten. Ein weiterer Aspekt ist die Tatsache, dass es in der *impact*-Zone auch zu einer Konkurrenz zwischen unterschiedlichen Einheiten ein und derselben Ersthelfer/-innengruppe kommen kann (z.B. Feuerwehr und Rettungsdienst). Dieses Phänomen konnte man sehr gut im Zusammenhang mit den terroristischen Angriffen auf das *World Trade Center* am 11. September 2001 beobachten. Der McKinsey-Bericht zum Einsatz der New Yorker Feuerwehr bei 9/11 arbeitet den dabei sichtbar gewordenen organisationsbezogenen Restrukturierungsbedarf sehr plastisch heraus (McKinsey & Company 2002). Der folgende Abschnitt referiert einige grundlegende Feststellungen dieses Berichts.

Eine Quintessenz des McKinsey-Berichts ist, dass pro Einsatzorganisation mustergültiges, an Standardoperationsverfahren orientiertes Vorgehen im kollektiven Ergebnis nicht unbedingt die bestmögliche Art der Katastrophenreaktion sein muss. Diese aus Sicht der Sozialwissenschaften nicht überraschende, sondern sogar typische Differenz zwischen individueller und kollektiver Handlungsrationalität ist in der Analyse besonders zu beachten (siehe dazu und zum Folgenden Jäger/Oppermann 2006). Der Einsatz der New Yorker Feuerwehr begann am 11. September 2001 um 8.46 Uhr, als das erste Flugzeug in einen der beiden Türme des *World Trade Center* einschlug. Der *First Bataillon Chief* war die erste Führungskraft, die am Einsatzort eintraf. Er richtete um 8.50 Uhr gemäß den Regeln den *Incident Command Post* in der Empfangshalle im Erdgeschoß des Nordturms ein, in den das Flugzeug hineingeflogen war. Etwa um 9.00 Uhr übernahm dann der *Chief of Department* die Leitung des Einsatzes. Dieser verlegte die Einsatzleitung wegen herabfallender Trümmer und anderer Gefahren aus der Empfangshalle des Nordturms auf die andere Seite, die *West Street*, eine achtspurige Ein- und Ausfallstraße. Die Einsatzleiter hielten einen Teileinsturz des Nordturms für möglich, schlossen aber den Einsturz des gesamten Gebäudes aus. Aus der vormaligen Einsatzleitung im Nordturm des *World Trade Center* wurde ein *Operations Post*. Mehrere Führungskräfte wurden in der Empfangshalle stationiert, um die hausinternen Alarme, die Aufzüge und die Kommunikationssysteme unter Kontrolle zu haben.

Die *Chief Officers* beschlossen binnen kurzem (→ *inventory*), sich auf Menschenrettung und Evakuierung zu konzentrieren, und schickten Einsatzkräfte in das Gebäude. Als der Südturm des *World Trade Center* um 9.03 Uhr von einem zweiten Flugzeug getroffen wurde, alarmierten die Einsatzleiter sofort weitere Einheiten der Feuerwehr. Die Einsatzkräfte im Nordturm, die dazu angehalten worden waren, Opfer zu evakuieren, wurden wieder zurückgerufen. Nachrückende Einheiten der Feuerwehr wurden von den Disponenten angewiesen, die Bereitstellungsräume anzufahren, die die Einsatzleiter in der Nähe des *World Trade Center* ausgewiesen hatten. Trotz dieser Anweisung meldeten sich viele dieser Einheiten aber nicht in den Bereitstellungsräumen, sondern begaben sich direkt zur Einsatzstelle (→ Konvergenzverhalten). Zum Teil kamen sich auch direkt in die Empfangshallen der beiden Türme, sodass die Einsatzleiter keine Übersicht mehr über die Verteilung der Kräfte hatten. Die nachrückenden Kräfte, die sich nicht in den Bereitstellungsräumen gemeldet hatten, konnten nicht ausreichend über die Situation informiert werden (→ *inventory*), bevor sie den Einsatz begannen. Die Phasensukzession *impact – inventory – response* gemäß dem Krisenmanagementzyklus konnte deshalb nicht eingehalten werden.

Der 9/11-Einsatz der New Yorker Feuerwehr wurde durch eine Reihe von Kommunikationsproblemen weiter behindert. Unter anderem gab es Schwierigkeiten mit dem Einsatzstellenfunk innerhalb der Gebäude, sodass die Einsatzleitung kaum verlässliche Informationen darüber erhielt, wie der Einsatz in den oberen Stockwerken ablief und wo sich die Einsatzkräfte definitiv befanden. Nur ein sporadischer Informationsaustausch war möglich. Die technischen Einsatzleitungen in den Eingangshallen der beiden Türme erhielten zudem unzureichende Informationen über die Vorgänge außerhalb des Gebäudes. Sie hatten keinen Zugang zu Fernsehübertragungen und erhielten keine Informationen aus dem Hubschrauber der New Yorker Polizei, der über dem Einsatzgebiet kreiste. Daher verfügten sie über kein Lagebild, das diesen Namen verdient, insbesondere nicht über Kenntnisse des Zustands der Türme oder der Ausbreitung des Brands. Eine Einschätzung der Gesamtsituation war ihnen deshalb unmöglich.

Die Einsatzleitung des Rettungsdiensts hatte ebenfalls erhebliche Kommunikationsprobleme. Es kam zu einer Überlastung des Funksystems, da beim Rettungsdienst der Führungskanal und der Kanal für die Rettungswagen, der üblicherweise zur Disposition genützt wird, auf derselben Frequenz lagen. Das Problem wurde dadurch verschärft, dass sich verschiedene Rettungswagenbesatzungen mehrmals ungefragt bei der Leitstelle meldeten, weil sie wünschten, am *World Trade Center* eingesetzt zu werden (→ Konvergenzsyndrom). Die Disponenten des Rettungsdiensts waren völlig überlastet, weil sie außer dem Funkverkehr mit der Einsatzleitung und den Einsatzkräften auch die Telefongespräche, die über die Notrufnummer 911 und über die Polizei eingingen, bearbeiten mussten. Sie mussten außerdem die Rettungswagen den Einsatzstellen zuordnen und alle Aktionen dokumentieren.

Um 9.52 Uhr stürzte der Südturm des *World Trade Center* ein. Der Einsturz des Südturms zerstörte auch die Einsatzleitung an der *West Street,* die extra dorthin verlegt worden war, um sie gegen einen teils erwarteten oder jedenfalls nicht ausgeschlossenen Teileinsturz des

Nordturms zu sichern. Durch den Kompletteinsturz des Südturms wurde auch die Einsatzleitung außer Gefecht gesetzt. Die Kommandostruktur wurde geschwächt, während die Einsatzleiter in den Gebäuden der Umgebung Schutz suchten. An diesem Beispiel ist zu sehen, dass Ersthelfer/-innen und Einsatzkräfte sehr schnell selbst in die Opferrolle geraten können. Beim Einsturz des Nordturms, der dann um 10.29 Uhr erfolgte, kamen der *Chief of Departement* und andere Führungskräfte ums Leben, sodass es vorübergehend überhaupt keine Einsatzleitung bei der New Yorker Feuerwehr gab. Auch beim Rettungsdienst war zu diesem Zeitpunkt nicht klar, wer die Einsatzleitung innehatte. Nachdem zwischendurch verschiedene Führungskräfte die Initiative ergriffen hatten, sodass es zeitweilige mehrere Einsatzleiter gab, hatte man um 11.28 Uhr wieder einen Gesamtleiter.

Mit zunehmender Mobilisierung meldeten sich verschiedene Einheiten, die zunächst gar nicht eingesetzt waren, wiederholt bei der Leitstelle und verlangten, am Einsatz beteiligt zu werden. In manchen Fällen gaben die Disponenten nach und wiesen ihnen Einsätze zu, sodass Kräfte nur deshalb im Einsatz waren, weil sie darum gebeteten hatten. Mit zunehmender Mobilisierung kamen auch immer mehr Führungskräfte zur Einsatzstelle, die ihre Managementfähigkeiten unter Beweis stellen wollten. Dies illustriert nochmals das Konvergenzsyndrom und schließt die Wiedergabe einiger grundlegender Erkenntnisse von McKinsey & Company (2002) ab.

- Die sechste Phase nach Chapman (1962) ist die *remedy*-Phase. Damit ist überlegte und formalisierte Hilfe gemeint, die vor allem von außen kommt.

Diese Phase ist nicht mehr die der unmittelbaren Ersthilfe, sondern der rationalisierten, formalisierten, organisierten Hilfe (z.B. Einbeziehen bestimmter externer Experten/-innen). Dabei zeigt sich, dass es hier abgesehen von umfassendem Ansatz und einem *all-hazards*-Konzept durchaus sinnvoll, sogar nötig sein kann, zwischen unterschiedlichen Katastrophentypen zu differenzieren.

Bei einer radiologischen Katastrophe beispielsweise ist es sehr schwer, in Bezug auf medizinische Versorgung zwischen Personen zu unterscheiden, die in einen physiologischen, krankheitswertigen Sinn von einer Strahlendosis getroffen worden sind, und Personen, bei denen die Betroffenheit sich eher auf der psychischen Ebene abspielt. Man denke zum Beispiel daran, dass bei einem ersten Screening der betroffenen Bevölkerungskreise möglicherweise Symptome wie Erbrechen, Kopfschmerzen, erhöhter Pulsschlag, allgemeine Desorientierung festzustellen sind. Das kann bei einer radiologischen Katastrophe einerseits eine psychische Stressreaktion sein, es können aber auch Frühsymptome der Strahlenkrankheit sein. Daher ist sehr schwer, bei einem ersten Screening zu unterscheiden, ob man die betreffenden Personen, bei denen man diese Frühsymptome feststellt, einer psychosozialen oder einer medizinischen Betreuung zuweist. Auf der anderen Seite kann die Bevölkerung auch entsprechende Symptome falsch interpretieren. Auch die behördliche Informationspolitik kann allgemeine Stresssymptome, wie Übelkeit und Erbrechen, falsch interpretieren und diese als Symptome von Strahlenschäden darstellen. Die betroffenen Personen werden dann fälschlicherweise auf schnellst möglichste ärztliche Behandlungen hingewiesen. Dadurch kann es dazu kommen, dass die Bevölkerung in eine Richtung gebracht wird, in sich hineinzuhorchen und allgemeine Stresssymptome wie Übelkeit, Kopfschmerzen als Frühsymptome für Strahlenschäden an sich selbst festzustellen und die zunächst relativ spärlichen, speziellen Behandlungszentren in der *impact*-Zone überzufrequentieren und damit auch zu überlasten.

In Bezug auf COVID-19 sind vergleichbare Probleme erwartbar, da die Symptome einer Infektion mit dem neuartigen Coronavirus denen einer Grippeinfektion oder eines einfachen grippalen Infekts ähnlich sein können.

- Die siebente Phase nach Chapman (1962) ist die *recovery*-Phase: entweder die Wiederherstellung der früheren Stabilität durch die betroffene Gemeinschaft oder die Anpassung an katastrophisch veränderte Bedingungen.

Dem folgen dann mögliche unterschiedliche Vorgehensweisen wie *continuity management, consequence management* oder auch *empowerment* im Sinne der Hilfe zur Selbsthilfe. Im Prinzip ist der Wiederaufbau die Chance zum sozialen und politisch-institutionellen Wandel oder jedenfalls zur Reorganisation. Das führt zurück zu den Katastrophenbegriffen. Was ist Katastrophe? Der Zusammenbruch eines Systems, der in einer Katastrophe endet, oder vielleicht eine Chance, eine Gelegenheit, Dinge künftig besser zu machen? Oder ist eine Katastrophe ein Zusammenbruch von kritischer Infrastruktur, der einfach rückgängig gemacht werden muss, weil sonst ohnedies nichts funktioniert? Was bei der Katastrophenanalyse in der *recovery*-Phase eine besondere Herausforderung ist, ist der Umstand, dass wir oft keine *baseline* haben: keine Grundlinie (oder Erkenntnis über die „Normalphase"), wie eine Gesellschaft, wie ein bestimmtes System *vor* dem Störfall, *vor* dem Zwischenfall, *vor* der katastrophalen Zerrüttung tatsächlich funktioniert hat. Es ist ja nicht möglich, wissenschaftliche Begleitforschung ganzer Gesellschaften mit dem Hintergrundgedanken zu betreiben, sie könnten irgendwann von einer Katastrophe getroffen werden, und man dann wissen muss, wie der vormalige Normalzustand aussah. Klassischerweise geht die Forschung wie erläutert vielmehr fallweise und „katastrophenbewältigungsbegleitend" vor.

Sjoberg (1962) hat sehr gut herausgearbeitet, dass man im Rahmen des Versuchs, Stabilität und einen Normalzustand nach der Katastrophe wiederherzustellen, zunächst einen Zentralisierungseffekt erwarten muss. Das sieht man besonders gut an der amerikanischen Reaktion auf 9/11: einerseits einen Trend zu monumentaler Legitimationssymbolik, andererseits einen Trend zu einem neuen, kontrollorientierteren Herrschaftssystem, das Vertrauen in die sichere Zukunft vermitteln soll. Wir sehen einerseits die monumentale Legitimationssymbolik durch das „*Ground Zero*"-Monument verkörpert, andererseits das neue kontrollorientierte Herrschaftssystem zum Beispiel durch den *war on terror* und überhaupt die Schaffung des gesamten *homeland-security*-Apparats.

4.1.2   *Impact*-Zonen-Modell nach Tiryakian (1959)

Zur weiteren ebenso analytischen wie praxeologischen Differenzierung der *impact*-Phase gibt es ein Drei-Zonen-Modell nach Tiryakian (1959), siehe auch *Abbildung 3*. Die *Zone 1* ist die Zone, in der der *impact* stattfindet, die Katastrophe unmittelbar „zuschlägt", beobachtbar ist, die Menschen sofort betrifft. *Zone 2* ist nicht unmittelbar vom *impact* betroffen, man kann diesen aber dort durch bestimmte direkte Wahrnehmungen, zum Beispiel Rauchentwicklung, Geruchsentwicklung oder Ähnliches wahrnehmen. *Zone 3* ist das nähere Umland, man bekommt das Geschehen dort aber nicht mehr direkt mit, sondern über Mundpropaganda, Informationen über die Medien usw. – und man weiß, dass man „ganz nah dran" ist.

Was uns dieses Modell sagen will, ist aber nicht, dass sich der *impact* etwa in konzentrischen Kreisen wie von einem Stein aus, den man ins Wasser wirft, nach außen immer weiter abschwächt, sondern dass es drei logische (nicht geometrische) Zonen gibt, innerhalb derer man mit bestimmten Problemen des Katastrophenmanagements rechnen muss. Dies kann insbesondere Anhaltspunkte für vorausschauende Vorbereitung (*preparedness*) und für risikomindernde (*mitigation*) sowie resilienzssteigernde Maßnahmen liefern. Um das Drei-Zonen-Modell zu verdeutlichen, hat Tiryakian (1959) eine katastrophensoziologische Szenarienstudie über Managementherausforderungen angefertigt, die sich bei einem angenommenen thermonuklearen Angriff auf eine U.S.-Großstadt unter den Bedingungen des Kalten Kriegs gestellt hätten. Man muss seinen Annahmen zufolge vor allem mit bestimmten sozialen Reaktionen rechnen, die zonenspezifisch sind, wie im Folgenden zusammengefasst.

Abbildung 3:   Drei-Zonen-Modell nach Tiryakian (1959).

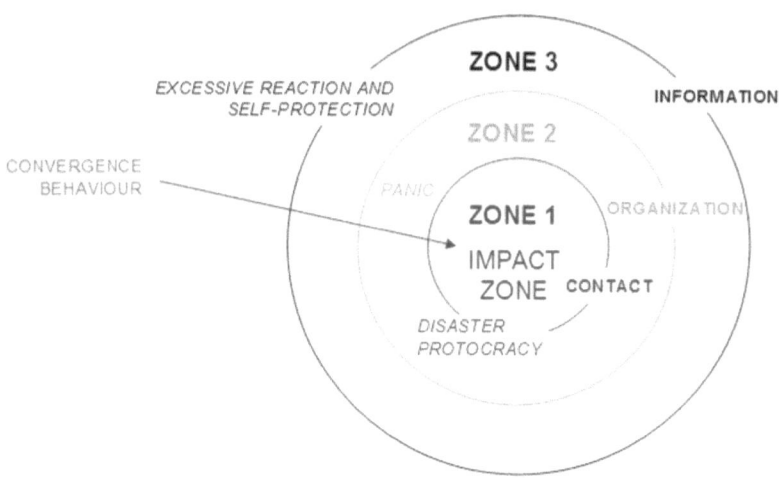

- In der *Zone 1* muss man damit rechnen, dass es zunächst sehr rasch organisierte Gruppenaktivitäten seitens der betroffenen Bevölkerung gibt, d.h. selbstorganisierte Hilfe zur Selbsthilfe.

Tiryakian spricht davon, dass sich so etwas wie ein spontanes Herrschaftssystem in der *impact*-Zone einspielt, und dass diese rasch organisierten Gruppenaktivitäten aber dann ziemlich schnell wieder in differentielle Überlebens- und Hilfsaktivitäten zerfallen, je nachdem, auf welchen Erfahrungshintergrund, welche beruflichen Fähigkeiten und welche Alltagsrollen die Betroffenen zurückgreifen können oder nicht. Das *ego-involvement* ist hier ebenfalls ein wichtiger Aspekt. In *Zone 1* steht Tiryakian zufolge zu erwarten, dass Personen mit hoher Gemeinschaftsbindung ebenso wie Singles und Personen, die ihre Angehörigen in Sicherheit wissen, überdurchschnittlich an Hilfsaktivitäten beteiligt sind.

Die Krisengruppe der Überlebenden bei Katastrophen mit sehr hohen Opferzahlen unterstützt in der Regel die eintreffenden behördlichen Kräfte. Eine Behinderung von Einsatzkräften erfolgt aber typischerweise auch in *Zone 1* und nicht etwa vor allem durch Schaulustige, die sich in die *Zone 2* hineinwagen. Die Behinderer sind vor allem Personen, die unter einem Rollenkonflikt zwischen ihrer Hilfsmotivation und der Unsicherheit über das Schicksal Nahestehender leiden. Man kann somit der Behinderung von Einsatzkräften in *Zone 1* aber gut vorbauen, indem man Informationssicherheit und Kommunikationssicherheit schafft.

Oft erwarten professionelle Ersthelfer/-innen nicht, dass sie, wenn sie in Katastrophengebiete kommen, selbstorganisierte Hilfssysteme vorfinden, und das kann dann zu Konflikten mit der betroffenen Bevölkerung führen. Ebenso wie aber Panik kein typisches Problem in *Zone 1* ist, ist es auch eine falsche Erwartung, dass Panik vor allem deshalb in *Zone 2* ausbrechen kann, weil alle wie wild flüchten wollen. Auch Tiryakian hat hervorgehoben, dass es in der *Zone 1* ganz wichtig ist, dass die dort befindlichen Personen – sowohl die Betroffenen (oder „Opfer") als auch die eintreffenden Ersthelfer – unmittelbare Anknüpfungspunkte der Katastrophe an ihre Alltagsrollen finden. Das ist erneut ein ganz wichtiger Punkt in der amtlichen und medialen Kommunikation: die Katastrophe *nicht* als etwas darstellen, womit man nicht zurechtkommen kann.

- *Zone 2* ist keine besonders prekäre Problemzone. Man kann mit bestimmten Panikeffekten rechnen, aber nur unter der Voraussetzung, dass die Personen in Zone 2 nicht in der Lage sind, die unterschiedlichen Informationen und unterschiedliche Sachverständigenmeinungen, die sie den Medien entnehmen, richtig einzuordnen.

Panik ist, wie Tiryakian beschreibt, in der *Zone 2* ein mögliches Problem, wenn die Bevölkerung dort wahrnimmt, dass auch als Experten/-innen deklarierte in den Medien auftretende Menschen widersprüchliche Urteile über das Ausmaß der Krise, über das Ausmaß der Gefahr und über die Risiken für die nicht unmittelbar in der *impact*-Zone (*Zone 1*) wohnende Bevölkerung kommunizieren.

- In *Zone 3* herrscht das Problem exzessiver Selbstschutzaktivitäten vor. Diese können dazu führen, dass die Grundversorgung und die soziale Ordnung im größeren Katastrophengebiet gefährdet werden.

Die Menschen stellen – wie Tiryakian darlegt – fest, dass etwas passiert, das sie nicht genau beobachten können. Sie beobachten, wie in *Zone 2* beobachtet wird, was in *Zone 1* passiert ist, wissen aber, dass Sie sie am Rand des Katastrophenkerns befinden und irgendwie von dem Ereignis etwas mitbekommen werden. Sie merken, dass Rettungskräfte in Richtung *Zone 1* fahren. Es gibt in der *Zone 3* in der Regel keine verstopften Straßen, man kann sich in Sicherheit bringen und für seinen Selbstschutz sorgen. Diese Selbstschutzaktivitäten sind dann aber in *Zone 3* in der Regel so übertrieben, dass sie die Grundversorgung, die soziale Ordnung und auch die Organisation des Nachführens zusätzlicher Einsatzkräfte zum Beispiel in Bereitstellungsräumen massiv behindern können.

Zusammenfassend sieht sich das Katastrophenmanagement in den drei Zonen nach Tiryakian (1959) folgenden Grundproblemen gegenüber:

- In *Zone 1* ist das Grundproblem der *Kontakt.* Sowohl die Betroffenen als auch die hereingeführten Ersthelfer/-innen müssen jederzeit das Gefühl haben, dass sie sich über die Situation informieren können. Auch die betroffene Bevölkerung muss das Gefühl haben, dass sie sich informieren kann und vor allem, dass sie Kontakt zu Nahestehenden pflegen kann.

- In *Zone 2* besteht das *Organisationsproblem,* weil es hier einerseits darum geht, einen möglichen Trend zu Panik zu verhindern, das Konvergenzverhalten zu bewältigen und Vorsorge dafür zu tragen, dass Bereitstellungsräume geschaffen werden können, damit weitere Einsatz- und Hilfskräfte ohne weiteres in *Zone 1* hereingeführt oder auszutauschende Kräfte aus *Zone 1* über die *Zonen 2* und *3* herausgeführt werden können. Dieses mehrfache

Schnittstellenmanagement ist die große Herausforderung im Rahmen des Katastrophenmanagements in *Zone 2*.

- In *Zone 3* ist wiederum die *Information* das größte Problem. Es geht darum, eine Situationsdeutung herzustellen, die der Bevölkerung in *Zone 3* deutlich macht, dass sie nicht unmittelbar betroffen ist und dass es keinen zu exzessiven Selbstschutzaktivitäten gibt, welche Ressourcen und Management in Bezug auf die *Zonen 1 und 2* beeinträchtigen könnten.

- Zonenübergreifend gilt noch einmal die goldene Regel des *inventory*: nämlich zu erkennen, was in der entsprechenden Zone das typische erwartbare vorrangige Katastrophenmanagementproblem ist, das man dann antizipieren und auf das man sich in seinen Maßnahmen konzentrieren kann.

Phasen- und Stufenmodelle dienen – neben ihrem auch praktischen Nutzen – analytisch vor allem dem Ziel zu entscheiden, in welchem spezifischen Anwendungssektor zum Beispiel eines idealtypischen Verlaufsbogens des umfassenden Katastrophenmanagements es sinnvoll erscheint, welcher fachlichen und fachwissenschaftlichen Perspektive besonderen Platz einzuräumen. Die Modelle und zugehörigen Terminologien verfolgen vor diesem Hintergrund die Zielsetzung, eine Grundlage dafür zu schaffen, einzelne analytische Schnappschüsse nach wissenschaftlichen Kriterien nachvollziehbar zu einem Gesamtbild zusammenzufügen.

4.1.3 Szenariotrichter

Auf eine an einem Stufenmodell orientierte Analyse aufbauend muss man aber wieder zu einer Synthese der einzelnen Ergebnisse kommen, von der aus man möglicherweise eine Zukunftsprojektion vornehmen kann, um nachhaltiges Katastrophenmanagement sowie vorausschauende Planung zu unterstützen. Eine Methode der Zukunftsprojektion ist der Szenariotrichtertechnik, die bei Krystek und Moldenhauer (2007: 82-84) in nützlicher Weise am Beispiel des Managements von Unternehmenskrisen dargestellt ist. Sie wurde insbesondere durch von Reibnitz (1988) beschreiben.

Die Szenariotrichtertechnik ist eine gut zu illustrierende und leicht zu verwendende Methode innerhalb der allgemeinen Szenariotechnik. Die Szenariotechnik (Wilms 2006) ist eine Methode der strategischen Planung, des strategischen Krisenmanagements, der strategischen Katastrophenvorsorge, mit dem Ziel, die Entwicklung möglicher Zukünfte zu analysieren und zu bewerten, um eine Art Verhaltens- oder Eigenschaftsraum aufzuspannen, wie *Abbildung 4* zeigt.

Dieser konzeptuelle Raum repräsentiert die Ereignisbreite, für die man mit dem Szenariotrichter analysieren und planen kann. Erstens gibt es ein sogenanntes Trendszenario, das darauf eingestellt ist, dass sich die Gegenwart relativ einfach in die Zukunft fortschreibt und man sich auf bestimmte Erfahrungswerte weiterhin wird stützen können. Über das Trendszenario denkt man sodann bewusst in Extremwerten hinaus. Dabei ergibt es einerseits ein positives Extremszenario (*best case scenario*), die bestmögliche wünschbare Entwicklung der Situation, so dass es eben zu keiner Katastrophe kommt. Andererseits gibt es ein negatives Extremszenario (*worst case scenario*), die Katastrophe im vollen Ausmaß. Man versucht mit diesen unterschiedlichen „Zukünften" abzustecken, was theoretisch alles passieren könnte, worauf man also im Extremfall gerade noch vorbereitet sein muss. So kann die Szenariomethode an einen Beitrag dazu liefern, abzugrenzen, wo sinnvollerweise (angesichts begrenzter Ressourcen) die Umfassendheit der Katastrophenprävention endet. Es geht also darum, aus einer Bandbreite zukünftiger Entwicklungen mögliche alternative Zukünfte abzuleiten und plausible Entwicklungspfade von der Gegenwart in so eine Zukunft aufzuzeigen, um auch zu sehen, wo man möglicherweise eingreifen kann oder wo kritische Ereignisse (die man auch bewusst in das Szenario einspielen kann) – sogenannte *wild cards* – ein Trendszenario in Richtung auf ein negatives Extremszenario ablenken können.

Abbildung 4:   Szenario-Trichter-Modell.

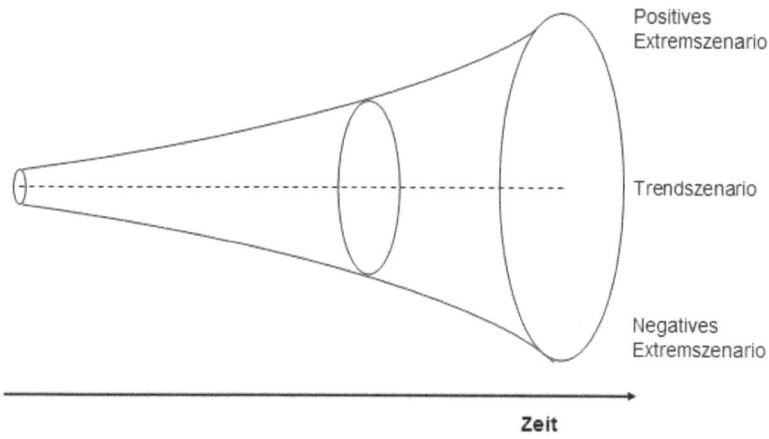

Positives
Extremszenario

Trendszenario

Negatives
Extremszenario

Zeit

Die Fläche der Trichteröffnung in *Abbildung 4* repräsentiert die Bandbreite möglicher Zukünfte, mit der man sinnvoller, vernünftiger und auch begründbarer Weise rechnen muss. Die Bandbreite wird grundsätzlich durch das positive Extremszenario, das *best-case*-Szenario (das positive Extremszenario) und das *worst-case*-Szenario (das negative Extremszenario) aufgespannt. Wenn sich kein wesentlicher Parameter verändert, hat man das Trendszenario. Das heißt, man macht so weiter wie bisher oder es entwickelt sich alles so weiter wie bisher. Das Trendszenario stellt die zukünftige Entwicklung unter der Annahme ansonsten stabiler Umweltbedingungen (*ceteris paribus*) dar. Das Trendszenario wird aber die Ausnahme sein, da im Prinzip die Umweltbedingungen nie stabil sind, sondern sich immer verändern. Das heißt, man muss mit einer früheren oder späteren Ablenkung des Trendszenarios in Richtung auf ein positives oder negatives Extremszenario rechnen. Man sieht in *Abbildung 4* auch,

103

dass die Handlungsbreite und der Möglichkeitsraum, die Unbestimmtheit immer breiter werden. Der Szenariotrichter verdeutlicht sehr schön, dass Katastrophen eine unbestimmte Unbestimmtheit in sich tragen.

Innerhalb des in der Abbildung umschriebenen Kreises kann auch einiges passieren, aber es ist relativ umgrenzt und beherrschbar vorhersehbar. Außerhalb des Kreises gibt es das große Feld der Unbestimmtheit, mit dem man zurechtkommen muss. Man weiß nicht genau, in welche Richtung ein Trendszenario abgelenkt werden kann, auch wenn man vielleicht sogar aber die möglichen Extremwerte kennt. Es gibt auch bestimmte Extremwerte, mit denen man theoretisch operieren kann, die bestimmt nicht eintreten werden (z.B. kann eine Überschwemmung nicht bis zum Mond reichen). Aber wie schnell und wo im Zeitverlauf sich welcher Ablenkungsgrad durch welche Ereignisse in der Umwelt vom Trendszenario ergeben kann, weiß man nicht. Man kann jedoch versuchen, einzuzeichnen, welche Strategien der Katastrophenvorsorge zum Beispiel in der Lage wären, auf welchem Abschnitt in der Zeitachse einer Entwicklung hin zu einem negativen Trendszenario vorzubauen. Wenn man sich das so einteilt, dann stellt man vielleicht fest, man hat für einen bestimmten Sektor und für einen bestimmten Bereich wunderbare Strategien, aber wenn es in einem relativ späten Zeitpunkt zu einer Abkehr vom Trendszenario zu einem negativen Extremszenario kommt, dann hat man nichts. Dieser Bereich wäre dann *terra incognita,* und in ihm muss man sich für reaktionsunfähig halten bzw. mit einer Strategieentwicklung ansetzen, um Präventionsfähigkeiten zu stärken.

Der denkbare Raum plausibler alternativer „Zukünfte" im Sinne von Szenarien kann in bestimmter Weise beeinflusst werden. Er kann zunächst dadurch beeinflusst werden, dass die Ausgangsbedingungen falsch sind. Die Gegenwart ist außerdem kein „Punkt", sondern unterschiedliche Menschen (d.h., auch unterschiedliche Experten/-innen) können die ein und dieselbe Gegenwart unterschiedlich interpretieren und bewerten. Von Anfang an liegt also eine gewisse Unschärfe im Modell, die man dann in der Szenarioentwicklung berücksichtigen muss.

Die Szenariotrichtertechnik ist aber in jedem Fall auch eine gute Möglichkeit, den Prognosefehlschluss – d.h. die Meinung, man könnte sich aufgrund von Wissen aus der Vergangenheit direkt in die Zukunft hineinversetzen – zu vermeiden. Die Szenariotrichtertechnik zeigt darüber hinaus, dass man zwar sinnvollerweise in *best* und *worst cases* denken kann, dass man sich aber nicht auf diese beiden Extreme versteifen sollte, sondern dass ein ganz breites Feld von möglichen alternativen „Zukünften" existiert. Das ergibt einen Spielraum für Reaktionen, für Entscheidungen, für das Abwägen unterschiedlicher Faktoren und insofern auch für das Management katastrophaler Entwicklungen. Wichtig ist es, Szenarien nie allein für sich stehen zu lassen. Man muss sie bewerten und deutlich machen, welche praktischen Schlussfolgerungen – zum Beispiel auch in Bezug auf Analyse und Ausbildung von Fachkräften – daraus abzuleiten sind.

Krystek und Moldenhauer (2007: 84) haben zusammenfassend dargestellt, welche über den üblichen Horizont hinausgreifenden Funktionen eine Szenariotrichteranalyse erfüllen kann. Diese Funktionen gelten vor allem auch im Rahmen eines umfassenden Ansatzes der Katastrophenforschung und des Katastrophenmanagements:

- Erweiterung des Wahrnehmungshorizonts um Ereignisse mit geringer Eintrittswahrscheinlichkeit, aber potenziell weitreichenden Wirkungen. Der Trichter ist ein gutes Diagnoseinstrument, um sich in der Planung auch auf Ereignisse einzustellen, deren Eintrittswahrscheinlichkeit gering ist, aber die sehr weitreichende Wirkungen hätten (sogenannte schwarze Schwäne/ *black swans*).

- Die Sensibilisierung für Diskontinuitäten, also für Abweichungen vom Trend, die man vielleicht gerne übersieht, weil man sich suggeriert, dass der Trend sich in die Zukunft fortsetzen wird.

- Die Förderung der Vorstellungskraft auch für extreme Entwicklungsmöglichkeiten und das Einschränken von Wunschdenken. Dazu gehört das Einziehen vernünftiger Grenzen für das Denken in Visionen und in Hoffnungen.

- Das Erkennen und Akzeptieren von neuartigen, vielleicht ungewohnten Alternativen und Entwicklungspfaden.

- Das Aufdecken potenzieller Schwachstellen und blinder Flecken in den verfügbaren Präventions-, Krisenmanagement- und Katastrophenmanagementstrategien.

Spezifische Stärke der Szenariotechnik ist zusammenfassend gesagt die Sensibilisierung für alternative Entwicklungsmöglichkeiten. Es geht um ein vermutungsgestütztes Fortschreiben gegenwärtiger Trends in die Zukunft, aber kein Erkennen der Zukunft und deshalb auch keine Prognose.

4.2 Krisenanalyse nach der Betriebswirtschaftslehre

Eine typische Vorgehensweise in der betriebswirtschaftlichen Krisenanalyse (Hutzschenreuter/Griess-Nega 2006) ist es, im Zeitablauf ebenfalls verschiedene Phasen zu unterscheiden. Angefangen zum Beispiel bei einer latenten Krise, die über bestimmte Auslösefaktoren (*trigger*) als eine operative Krise, eine manifeste Krise, ans Tageslicht kommt – bis hin zu einer Krise, die das Image der Organisation und das Vertrauen in sie direkt betrifft, auch Legitimationskrise genannt (Hauschildt 2006; Smith/Elliott 2006: 155). Diese Dimension kann sich zeitlich über die Beendigung der eigentlichen Krise hinaus erstrecken, so dass im Krisenmanagement auch die Nachkrisenphase mitberücksichtigt werden muss.

Ein gutes Beispiel ist der „Elch-Test"-Fall der A-Klasse von Mercedes-Benz (Roselieb 1999), ein breit durch die Medien gegangener missglückter Ausweichtest (vor einem als Elch angenommenen Hindernis), bei dem das Testfahrzeug umkippte. Danach musste vor allem auch das Markenvertrauen wiederhergestellt werden. Dieser

Fall zeigt auch, dass die Betriebswirtschaft als Krise eigentlich das definiert, was das Umfeld – in diesem Fall vor allem das Geschäftsumfeld – an einer kritischen Entwicklung wahrnehmen kann. Dies ist dann genau der Aspekt, der aus dieser Sichtweise heraus die Krise zur Katastrophe werden lassen kann.

Die Betriebswirtschaftslehre unterscheidet die folgenden Krisenphasen (Hausschildt 2006; Roselieb 1999):

- In der *latenten Krisenphase* gibt es schwache Signale (auch welche die strategische Frühaufklärung anspricht, wenn sie funktioniert). Die Unternehmensumwelt oder auch das Kundenumfeld nimmt die Krise in der Latenzphase noch nicht wahr. Deshalb ist die latente Krisenphase als internes Problem zu managen.

- In der Phase der *operativen Krise* ist das nicht mehr der Fall: Die kritische Situation ist im Umfeld der Organisation erkennbar. Sie manifestiert sich aufgrund bestimmter Trigger (zum Beispiel Medienberichte) und muss dann vor allem so bearbeitet werden, dass sich der Imageschaden oder der Legitimationsschaden in möglichst engen Grenzen hält.

- Die *Nachkrisenphase* zeigt, dass betriebswirtschaftliche Modelle fachübergreifenden Nutzen haben, da sie diese notwendige Multiperspektivität in der Betrachtung von Krisenentwicklungen und auch von Krisennachsorgebedarf deutlich macht. Die Berücksichtigung der Krisenwirkungen in der Krisenanalyse, nicht nur der Wirkung der Krise im Ereignis, sondern der langfristigen Krisenwirkungen, der Nachwirkungen und die Berücksichtigung dieser Nachwirkungen ist der Erkenntnisfortschritt, den wir erzielen, wenn wir mit diesem Krisenanalysemodell der Betriebswirtschaftslehre arbeiten.

Was sind längerfristige *Krisenwirkungen*? Krisenwirkungen kann man anhand dreier Kriterien einschätzen, und der Punkt dabei ist, dass die Wirkungen von Krisen im Sinne der hier zugrunde gelegten

Terminologie durchaus *katastrophal* sein können. Die drei Kriterien sind (Roselieb 1999):

- *Nachkrisenphase:* Das, was die Krise für die nahe Zukunft auslöst, kann man sich im Sinne des Szenariotrichters vorstellen: Es gibt auch bei der Entwicklung einer Wirkungsvermutung ein positives und ein negatives (katastrophale Krisenwirkungen) Extremszenario: konstruktive und destruktive, also produktive im Gegensatz zu zerstörerischen Wirkungen der Krise. Eine konstruktive Krisenwirkung wäre, beim Beispiel „Elch-Test" bleibend, die Möglichkeit des Unternehmens, zusätzliche Publicity und paradoxerweise gerade zusätzliche Attraktivität für die Marke zu entwickeln. Eine destruktive Wirkung wäre es gewesen, wenn das schwindende Markenvertrauen in die A-Klasse auf andere Klassen des Daimler-Chrysler-Konzerns übergegriffen hätte.

- *Ausmaß:* Krisenwirkungen können nicht nur konstruktiv oder destruktiv sein, sondern auch auf das System, in diesem Fall das Unternehmen selbst, beschränkt (*endogen*) oder auf die Umwelt übergreifend (*exogen*): Eine Konzernkrise kann endogen zu Arbeitsplatzverlusten führen und exogen zu Lieferschwierigkeiten von Produkten.

- *Dimension:* Die Krisenwirkungen können *materiell* (z.B. Absatzschwierigkeiten) und *immateriell* (z.B. in Imageschaden und Vertrauensverlust) sein.

Dieser Kriteriensatz veranschaulicht auch sinnvolle Schritte in der Analyse von Katastrophenwirkungen: Wirkungen von Naturkatastrophen im materiellen Bereich können zum Beispiel durch Hochwasser oder Erdbeben erzeugter Sachschaden an Produktionsanlagen sein. Diese Ereignisse führen dann gleichzeitig zu einer Unternehmenskrise. Immaterieller Schaden durch Vertrauensverlust kann nicht nur Verlust von Markenvertrauen im Geschäftsumfeld, sondern kann auch Vertrauensverlust bei den Mitarbeitern/-innen hervorrufen.

Eine neue Möglichkeit wäre, hier zu versuchen, aus Modellen der Betriebswirtschaftslehre eine allgemeine Checkliste zum Abtasten möglicher Dimensionen mit konkreter Krisenwirkung zu erarbeiten, mit der Überlegung, diese auf die Katastrophenanalyse zu beziehen:

Wir wissen, dass eine Katastrophe auch eine Herausforderung und eine Chance zum Wandel sein kann. Das wäre dann eine konstruktive Katastrophenwirkung. Diese kann endogen oder exogen sein, man kann versuchen, sich selbst (oder das eigene System) zu wandeln oder die Umwelt zu verändern. Man kann auch versuchen, gleichzeitig beides zu verändern: Stichwort Heimatschutz (*homeland security*) und zugleich Kampf gegen den internationalen Terrorismus. Man kann versuchen, Wirkungen im materiellen und im immateriellen Bereich zu differenzieren: Stichwort einerseits stärkere Einreisekontrollen oder andererseits neue Sicherheitsideologien.

4.3   Psychologie der Katastrophe

Aus psychologischer Sicht kreiert hervorquellender psychischer Urschlamm aus einem beherrschbaren Störfall überhaupt erst eine Krise mit Katastrophenpotenzial (Strätling 2004). Die Psychologie vertritt mitunter die Meinung, dass wenn ein Mensch in einer Krise ist, er oder sie nicht mehr weiß, was zu tun ist: Die Handlungsrepertoires entgleiten einem, man kann auf Ereignisse nicht angemessen reagieren und wird maladaptiv, in seinem Verhalten und Erleben schlecht an die Situation angepasst. Krisen und auch Katastrophen sind für einzelne Menschen aus psychologischer Sicht Grenzerfahrungen, die Alltagsroutinen durchbrechen und die in hohem Maße verunsichern, die Selbstbilder ins Wanken bringen. An den Verlust von Kontrolle, das Gefühl der diffusen Bedrohung, an das existenzielle Ausgeliefertsein, an einen unbeherrschbaren Prozess erinnert sich niemand gerne (Gibbs/Montagnio 2007; Rieken 2010). Aufgrund empirischer Forschung wissen wir sehr genau, mit welchen „Psychopathologien" wir aufgrund von Katastrophenfällen mit welcher Häufigkeit zu rechnen haben (Norris u.a. 2002):

- Posttraumatische Belastungsstörung (68 %);
- Depression (36 %);
- Verschiedene Angstformen (32 %);
- Gesundheitssorgen (23 %).

Der psychologische Aspekt ist aber nicht nur für den Bereich der psychosozialen Krisenintervention, sondern auch für die gesamtgesellschaftliche Dimension eines Unglücks und den Katastrophenmanagementbedarf entscheidend. Solange keine Menschen zu Schaden kommen und der Strom nicht ausfällt, ist ein Störfall in einem Müllheizkraftwerk für die Öffentlichkeit in der Regel nur von begrenztem Interesse. Ein Störfall in einem Atomkraftwerk, und sei er noch so klein, findet jedoch sofort eine große öffentliche Aufmerksamkeit. Eine Krise mit ihren unkalkulierbaren Folgeerscheinungen ist hier sehr viel wahrscheinlicher: Die Politik, Umweltgruppen und die Anwohner werden sich öffentlich zu Wort melden. Experten/-innen aller Couleur, von denen die Welt vielleicht noch nie etwas gehört hat, werden an die Öffentlichkeit gehen, die Medien werden ihnen bereitwillig Raum bieten. Die COVID-19-Katastrophe ist hier ebenso zu einem einschlägigen Beispiel geworden.

Im Gegensatz zum begrenzten Störfall bringt eine ausufernde Krise immer ein hohes Ausmaß an Irrationalität mit sich – dazu gehört auch rationalisierte Irrationalität. Das psychologische Kriterium für eine Krise ist typischerweise dann gegeben, wenn ein merklich hohes Ausmaß an Irrationalität offensichtlich den individuellen Reaktionen auf die gegebene Situation zugrunde liegt. Krisen können auch aus psychologischer Sicht bewältigt werden, aber lassen sich nur dann erfolgreich bewältigen, wenn die beiden entscheidenden psychologischen Ebenen – nämlich die persönliche Stabilität und die psychologische Kompetenz der handelnden Personen sowie das Wirkungsfeld – strategisch und funktional berücksichtigt werden. Zum Wirkungsfeld gehören zum Beispiel sowohl das Image der betroffenen/beteiligten Organisationen als auch die psychologischen Tiefendimensionen der betreffenden Organisationskulturen. Vor allem in der Krise wirken diese Faktoren zusammen und erhöhen die Komplexität der ohnehin schon verwirrenden unkalkulierbaren und verängstigenden Vorgänge.

Ein Kernelement des Krisenmanagements ist auch aus psychologischer Sicht die Krisenkommunikation. Ziel einer jeden Krisenkommunikation muss es sein, eine Krise zu entdramatisieren, die akute Lähmung zu überwinden und die eigene Handlungsfähigkeit wiederherzustellen (Covello u.a. 2001; Strätling 2004). Flexibel agierende und durch Medientraining geschulte Kommunikationsfachleute reichen hierfür nicht unbedingt aus. Tiefenanalysen von Krisensituationen zeigen, dass nicht nur offensichtliche Kommunikationsfehler, sondern vor allem auch die hochwirksamen, aber verborgenen Wirkungsmechanismen der eigenen Produkte und Dienstleistungen die positiven Erwartungen, aber auch die Vorbehalte und Befürchtungen der Öffentlichkeit bestimmen. Von diesen einschränkenden Wirkungsmechanismen wissen die betreffenden Organisationen selbst oft zu wenig.

Im Katastrophenmanagement soll die Wahrheit gesagt werden, aber dabei ist es sehr wichtig, sich genau zu überlegen, *welche* Wahrheit man sagen möchte: Ist es die wissenschaftliche Wahrheit, die gesellschaftliche Wahrheit, die Wahrheit der Opfer, diejenige der Verantwortlichen oder ist es eine politische Wahrheit? Auch wenn die wissenschaftliche Wahrheit den Tatsachen entspricht, kann diese negative Auswirkungen mit sich bringen – einerseits dadurch, dass man Kritiker/-innen nicht von seiner Auffassung überzeugen kann, andererseits dadurch, dass man Kritiker/-innen, die berechtigte Kritik üben, übergeht.

Kritische und unentschiedene Menschen fühlen sich aber vor allem von Krisen- und auch Risikokommunikation, um beim Beispiel Atomkraft zu bleiben, die sich auf wissenschaftliche Expertise stützt, nicht ernst genommen und in ihren Vorbehalten gegen den Machbarkeitsglauben der Moderne eher noch bestätigt. Kernkraftwerksbetreiber sind Ingenieursunternehmen und zur Ingenieurslogik gehört die Sicherheit des Planbaren. So wurde öffentlich kommuniziert. In dieser Welt haben irrationale Tiefendimensionen keinen Platz. Die öffentliche Stimmung wurde von einem Wirkungsfeld beherrscht, das unzureichend analysiert, in der Diskussion strategisch nicht eingeplant war. Diese Form der öffentlichen Diskussion, die ausschließlich auf die Ingenieurslogik setzte, wurde durch die Katastrophen infolge der Kernraftwerksunfälle in *Three Mile Island* (1979) und *Tschernobyl* (1986) diskreditiert. Die politischen Auseinandersetzungen und vor allem die Art, wie sie geführt wurden, haben letztendlich gesellschaftliche Vorbehalte gegenüber Großtechnologien bis heute verstärkt. Präventiv gedachte Kommunikation hat Vorbehalte hier also nicht abgebaut.

Ein weiteres interessantes Beispiel der tiefenpsychologischen Dimension von Krisen und Katastrophen ist BSE (Creuztfeldt-Jacob-Krankheit bzw. der sogenannte „Rinderwahn") und die Infektionsgefahr für Menschen. Strätling (2004) handelt das Beispiel BSE als Skandalismus ab. Der Hintergrund von Skandalismus ist das Bedürfnis der Öffentlichkeit nach Orientierung in einer Alltagskultur, in der der sinnstiftende Instanzen wie Kirchen, Familie, Parteien und Gewerkschaften an Einfluss verloren haben und im Prozess der Bildung von ethischen und moralischen Normen immer mehr zurücktreten. Das heißt, man braucht aus psychologischer Sicht Kompensationsmechanismen für die Sinndeutung. Benötigt werden Mechanismen, mit denen man in der Lage ist, die Risikohaftigkeit von bestimmten Technologien und das konkrete materielle Bedrohungspotenzial kognitiv und emotional einzuordnen.

An die Stelle gruppenbezogener sinnstiftender Instanzen sind die Medien getreten, so die von Strätling (2004) vertretende These. Die Medien entwickeln die Leitbilder, benennen die Beispiele, setzen die Maßstäbe. In der vehementen Auseinandersetzung mit scheinbaren und tatsächlichen Krisen werden im Skandalismus die gültigen Normen des Zusammenlebens überprüft oder beispielsweise in der Ablehnung von Produkten und dem entsprechenden Konsumverzicht symbolische Bußhandlungen vollzogen. Im Skandalismus drängen die Tiefendimensionen von Krisen vehement an die Oberfläche. Wenn Bürger/-innen nicht mehr in der Kirche Buße tun, tun sie dadurch Buße, dass sie eben im Supermarkt kein Rindfleisch oder nur noch Produkte aus artgerechter Haltung usw. kaufen. Das wäre die psychologische Dimension der Veränderung von Konsumverhalten infolge von Lebensmittelkrisen.

Das Beispiel BSE-Krise (Höhepunkt im Jahr 2000) zeigt eindringlich, dass trotz der hohen Wahrscheinlichkeit ihres Eintretens keine Vorbereitungen getroffen worden waren. Die Verbraucher/-innen reagierten mit einem Fleischboykott. Von der plötzlichen Dimension dieser Reaktion waren vor allem der Handel und die Landwirtschaftsverbände sehr überrascht. Die Öffentlichkeit, die sich lange Zeit bereitwillig hatte ruhig stellen lassen, änderte schlagartig ihr Konsumverhalten. Wie Strätling weiter ausführt, nicht das öffentlich diskutierte Risiko einer Infizierung mit der Creutzfeldt-Jacob-Krankheit veranlasste die Konsumenten/-innen zu ihrer Verhaltensänderung, sondern mit dem Auftreten von BSE öffnete sich plötzlich ein Ventil für tief sitzenden Ekel vor der heutigen Ernährungskultur und eigene Schuldgefühle. Bilder von Massentierhaltungen, Tiertransporten, der Verarbeitung von Tierleichen zu Tiermehl, die ganze Kadaverwirtschaft der Ernährungsproduktion bestimmten die psychologische Dimension der Krise – und nicht die Frage des Risikos, sich mit Creutzfeldt-Jakob zu infizieren. Die Verbraucher/-innen fühlten sich schuldig; denn sie hatten die achtlose, beliebige und kritiklose Behandlung der Nahrungsmittel in ihrem eigenen Ernährungsverhalten in Kauf genommen, weil sie auf die billige und sorglose Versorgung nicht verzichten wollten. Mit der Beruhigung des eigenen Gewissens durch kurzfristige Verhaltensänderungen, symbolischen Verzicht und den Ruf nach halbherzigen politischen Reformen bewiesen die Verbraucher/-innen – wie Strätling argumentiert – sich selbst gegenüber ihre eigene Handlungsfähigkeit und kehrten nach kurzer Zeit aber zu ihrem gewohnten Verhaltensweisen zurück.

In Bezug auf zu Katastrophen ausgewachsene Krisen sind zwei psychologische Effekte von besonderer Bedeutung (Clausen u.a. 2003): der Noah-Effekt, benannt nach der Arche Noah oder bzw. nach Noah, der die Arche Noah der Bibel nach gebaut hat, und der Sündenbockeffekt. Diese beiden Effekte zeigen, wie psychologische Mechanismen dazu führen können, dass Krisen-, aber vor allem Katastrophenbewältigung zu einer Managementaufgabe wird, die auch die Frage der Konfliktregelung beinhaltet.

• Der *Noah-Effekt* bezieht sich auf die oft zu beobachtende Überkompensation von Schuldgefühlen. Zum Beispiel: Eine Katastrophe schlug zu, sehr viele Menschen sind zu Tode gekommen, man selbst hat überlebt, fühlt sich aber deswegen schuldig. Man ist sozusagen wie in der Arche Noah: Alle anderen hat es hinweggerafft, man selbst hat überlebt. Warum? Man hält sich nicht für auserwählt, man hält sich nicht für besser als die anderen, man hat Schuldgefühle, noch am Leben zu sein, und die Überkompensation dieser Schuldgefühle kann dazu führen, dass man als Überlebende(r) eine posttraumatische Belastungsstörung entwickelt.

• Der andere Effekt ist nicht eine Überkompensation, sondern eine Projektion oder eine Verschiebung: das Suchen nach der Schuld, nach dem Schuldigen für diese Katastrophe. Das ist dann die Sündenbocksuche, der *Sündenbockeffekt*. Ein Beispiel wäre die Pest im Mittelalter. Der Sündenbockeffekt richtete sich damals gegen die Juden, denen man andichtete, die Brunnen vergiftet zu haben.

Hinter alledem steht im Grunde ein Standardprozess, den wir aus der Konfliktforschung bzw. aus der Konfliktsoziologie kennen, nämlich die Tendenz, einen *realistischen* Konflikt, mit dem man sich aus bestimmten Gründen nicht auseinandersetzen möchte oder den man vermeiden möchte, zu verschieben, zu transformieren, in einen *unrealistischen* Konflikt, den man glaubt, besser bearbeiten und besser beherrschen zu können. Diese Sichtweise geht auf den amerikanischen Konfliktsoziologen Coser (1956) zurück. Wenn man die Bedeutung der Katastrophennachsorge gerade auch in der sozialen Dimension berücksichtigt, weist uns das darauf hin, besonders auf extreme Effekte zu achten und zu beobachten, ob auch in der öffentlichen Kommunikation oder in der Kommunikation unter den Betroffenen Tendenzen in Richtung auf unrealistische Konflikte festzustellen sind, zum Beispiel eine Verschiebung von Konflikten im Sinne der Sündenbocktheorie. Naturkatastrophen wie etwa der Tsunami in Indonesien (2004) können bestehende ethno-nationale Spannungen verstärken. In Konflikt miteinander stehenden Ethnien wiesen sich hier gegenseitig die Schuld an schlechter Vorwarnung, an schlechtem Ereignismanagement, an schlecht organisierter Ersthilfe und auch an der Massivität des Ereignisses selbst zu. So entstand ein unrealistischer Konflikt darüber, welche ethnische Gruppe im Prinzip an der Katastrophe schuld gewesen sei. Diese Situation zeigt neben der sozialen Dimension auch, wie Katastrophenmanagement sehr direkt mit Konfliktmanagement zu tun haben kann (Uyangoda 2005).

4.4 Krisenentscheidungen, Früherkennung und Frühwarnung

In ihrem Buch über „vorhersagbare Überraschungen" fassen Bazerman und Watkins (2004) typische Faktoren dafür zusammen, dass unter Krisen- und Katastrophenbedingungen getroffene Entscheidungen oft suboptimal sind und sogar an den grundlegenden zu bewältigenden Tatsachen vorbeigehen:

- Entscheidungsträger/-innen wissen von der Existenz des Problems. Sie erkennen, dass das Problem wächst, treffen aber keine Entscheidungen. Eine vorhersagbare Überraschung liegt nicht am Nicht-Erkennen, sondern am *Nicht-Entscheiden*.

- Die Problemlösung würde hohe *Kosten* verursachen, aber ihren Ertrag erst verhältnismäßig spät abwerfen, und wäre deshalb nach außen *schlecht legitimierbar*.

- Vorhersagbare Überraschungen in bestimmte Unbestimmtheit umzuwandeln, ist kostenintensiv. Daher erfolgt ein Verschieben dieser Investition in die Zukunft, weil sie aufgrund des sogenannten *Diskontierungseffekts* desto weniger teuer scheint, je weiter sie in zeitlicher Entfernung liegt (Anmerkung: Ein gutes Beispiel für Diskontierung liefert die Reisebranche mit der Maxime, jetzt auch in Reaktion of COVID-19: „Buchen Sie Ihren überteuerten Sommerurlaub schon jetzt im Winter").

- Unter den Bedingungen von Ungewissheit haben Entscheidungsträger/-innen eine *Status-quo-Tendenz*.

- Oft gibt es auch einen *Nutzen des Nichthandelns* und eine Attraktivität von *„group think"* – man möchte sich weder exponieren noch aus der Reihe tanzen.

- Durch präventive Krisenkommunikation und Risikokommunikation wird Entscheidungshandeln nicht immer optimiert oder präventives Handeln gefördert; denn durch *Vertrautheit* werden Risiken oft akzeptiert oder ignoriert (Anmerkung: z.B. Rauchen, Trinken, HIV oder Fliegen durch die Luft in aufgepumpten Aluminiumröhren in 10 Kilometern Höhe).

Es ist wichtig, die Problematik von Krisenentscheidungen multiperspektivisch zu betrachten, da es um einen Bruch in einer zuvor kontinuierlichen Entwicklung geht, der aus einem schleichenden Prozess entsteht, innerhalb dessen verschiedene Faktoren zusammenwirken und sich gegenseitig verstärken. Die weitere Entwicklung ist ungewiss, aber nicht unbeeinflussbar; denn sie hängt von den Reaktionen auf die Entwicklungsbrüche ab. Im Rückblick stellt sich oft heraus, dass eine Krise oder Katastrophe auf ein bekanntes oder zumindest erkennbares, nicht behandeltes Problem zurückgeht und deshalb grundsätzlich hätte verhindert werden können. Die folgenden ausgewählten Beispiele zeigen, wie man sich dem Phänomen Krisenentscheidung aus unterschiedlicher fachwissenschaftlicher Perspektive annähern kann:

- *Philosophie:* Ortega y Gasset (1951) beschreibt in seinem Buch *Das Wesen geschichtlicher Krisen* die Krise als das Zwangsurteil, als Notlage, als den Zustand, der entschieden werden muss, als den Zustand, der zu einer Entscheidung drängt, den man nicht ignorieren und aufschieben kann.

- *Politikwissenschaft:* Hier wird unter einer Krise vor allem die wahrscheinliche bzw. kurz bevorstehende Eskalation eines Konflikts mit möglichen schweren Konsequenzen für die beteiligten Parteien sowie gesamtsystemischen Konsequenzen verstanden. Krisenmanagement bedeutet dabei im Speziellen Verhandlungen um die Lösung der Krise – mit einem Resultat zu den eigenen Gunsten bzw. positiver Imagemöglichkeit. Klassisches Beispiel ist die Kuba-Krise (1962) und die diesbezügliche Modellstudie von Allison und Zelikow (1999).

- *Soziologie:* Unter Krise wird allgemein eine schwierige, gefährliche, bedrohliche Lage bzw. Phase, das plötzliche Auftreten und die Zuspitzung einer Problemsituation verstanden, ein Wendepunkt bisheriger Entwicklungsprozesse (Bühl 1988). Krisenhafte Situationen drängen zu Entscheidungen und zum Einsatz neuer Problemlösungen in sich aber zugleich wandelnden sozialen Kontexten und Wertesystemen. Schon seit dem Zeitalter der Aufklärung im 17. Jahrhundert diente der Krisenbegriff zur weit reichenden Bezeichnung tief greifender kultureller und gesellschaftlicher Erschütterungen, Umwälzungen und stark beschleunigter Wandlungsprozesse, die mit Gefahren der Auflösung von Moral und Ordnung, aber auch mit Chancen einer rationalen Gestaltung gesellschaftlicher Lebensverhältnisse verbunden waren. Sozialwissenschaft soll mit Hilfe von Prognose und Planung zur Überwindung der Krise der Gesellschaft beitragen. Der Vorteil eines derartigen Begriffsverständnisses liegt in einer Auffassung von Krise als Chance zum Wandel. Der Nachteil liegt in einer Tendenz zu Sozialtechnologie und Krisentechnizismus.

- *Wirtschaftswissenschaft:* Eine Krise bedeutet hier vor allem eine Phase des Umschwungs, in der sich negative Prozesse und Erwartungen kumulativ verstärken (z.b. Hutzschenreuter/Griess-Nega 2006). Klassisches Beispiel ist die Unternehmenskrise als vom betroffenen Unternehmen ungeplante und ungewollte Prozesse mit zeitlich begrenzter Dauer. Krisen sind in Grenzen beeinflussbar, jedoch in ihrem Ausgang ambivalent. Der Vorteil eines derartigen Begriffsverständnisses liegt in der multiperspektivischen Sichtweise: Krisen haben in der Regel nicht nur eine Ursache, sondern sind mehrstufige Ursache-Wirkungs-Konstellationen und entstehen aus dem Zusammenwirken einer Vielzahl von Faktoren (Multikausalität). Der Nachteil ist eine Tendenz zum Dezisionismus (wer entscheidet, hat recht; und die Entscheidung ist schon aus dem Grund richtig, dass sie getroffen worden ist). Typisch für eine Krise ist jedoch realiter, dass sie auch dann ihren Lauf nimmt, wenn nicht entschieden wird (Aspekt der Selbstorganisation).

Was ist eine rationale oder wenigstens kluge Entscheidung in einer Krise (oder auch in einer Katastrophensituation)? Die (gar nicht so) einfache Antwort darauf lautet: Eine Entscheidung, die eben im Rahmen der Situation (Aspekt der Problemstrukturierung) und nicht irgendwelcher konstruierter Vorstellungen stattfindet! Über Kriterien für gute Krisenentscheidungen wird spätestens seit dem Melierdialog aus Thukydides' Werk *Der Peloponnesische Krieg* (ca. 416 v. Chr.) räsoniert, in dem vier wertbezogene Entscheidungskriterien dargestellt sind (siehe Will 2006, ebenso zum Folgenden):

- Gerechtigkeit;

- Nutzen-/Kostenverhältnis;

- Realisierbarkeit;

- Schönheit (Ehre vs. Schande).

Der Melierdialog ist kein philosophisches Werk, sondern eine von Thukydides nach den Regeln einer Geschichtsschreibung angefertigte Fallstudie über den Peloponnesischen Krieg. Es geht darum, wie man in Krisensituationen möglichst gut, möglichst klug entscheidet. Der Melierdialog entstand aus folgender Situation: Die Athener marschieren – im Krieg mit Sparta liegend – in großer Übermacht vor der Insel Melos auf. Die Insel Melos war zwar eine gegnerische Kolonie, sie war eine Kolonie der Spartaner, hatte sich aber im Krieg zwischen Sparta und Athen für neutral erklärt. Die Athener wollen Melos unterwerfen und zum Beitritt zu ihrem attischen Seebund zwingen. Nachdem die Stadt umzingelt ist, kommen athenische Unterhändler in die Stadt, um die Melier von den Vorteilen einer freiwilligen Unterwerfung und einer Aufgabe ihrer Neutralität zu überzeugen. Dieser Dialog zwischen den Meliern und diesen Emissären Athens ist der Melierdialog. Dieser wird von Thukydides nacherzählt und ist zugleich ein klassisches Exempel politologischer, aber auch allgemeiner Entscheidungsanalyse in Krisensituationen. Im Zuge der Nacherzählung des Dialogs durch Thukydides fließen bestimmte analytische Schlussfolgerungen ein, nämlich Kriterien für eine kluge, angemessene Krisenentscheidung.

Die Melier haben verschiedene Möglichkeiten. Zwei sind besonders zu bedenken. Die eine ist das freiwillige Unterwerfen, die Melier würden dann zum attischen Seebund gehören und müssten unter Verletzung ihrer Neutralität den Athenern im Kampf gegen Sparta helfen. Die andere Möglichkeit ist, dass die Melier bei ihrer Neutralität bleiben und sich Athen nicht freiwillig unterwerfen. In diesem Fall müssen sie davon ausgehen, dass die Athener Melos angreifen und sie der athenischen Übermacht nicht standhalten können. Die Melier entscheiden sich schließlich genau dafür, dieses Extremszenario zu realisieren. Sie möchten neutral bleiben, möchten sich den Athenern nicht freiwillig unterwerfen. Daraufhin belagern die Athener ein halbes Jahr lang Melos, und die Stadt fällt schlussendlich nicht durch Eroberung, sondern durch Verrat eines Mitglieds aus der Bevölkerungsgruppe selbst. Ergebnis ist, dass die Athener die männliche Bevölkerung töten und die Frauen und Kinder in die Sklaverei verkaufen. Im Melierdialog sind, bevor es zur

Verwirklichung, sozusagen zu der Materialisierung dieses Extremszenarios kommt, Textstellen zu finden, in denen Thukydides anhand der oben genannten vier Kriterien erläutert, ob die Melier eine richtige, eine kluge Krisenentscheidung getroffen haben.

Was ist ehrenhaft und gerecht? Es ist natürlich nicht gerecht, sich von einer Übermacht zwingen zu lassen, bzw. es entspricht nicht den Kriterien von Gerechtigkeit, dass eine Übermacht einen zwingt, seinen Neutralitätsstatus aufzugeben. Das heißt, nach dem Kriterium der Gerechtigkeit sprach für die Melier alles dafür, nicht mit den Athenern zu kooperieren und auf ihrer Neutralität zu beharren.

Auf der Grundlage des Kosten-Nutzen-Kriteriums hätten die Melier zu der Einschätzung kommen müssen, dass es ihnen mehr Nutzen bringt, mit den Athenern zu kooperieren. Sie wären zwar gezwungen, sich ihnen in gewisser Weise zu unterwerfen, aber werden dafür in den attischen Seebund aufgenommen, der ihnen Schutz und weitere Vorteile bieten kann. Also würde nach diesem Kriterium in dieser Krise alles für Kooperation sprechen.

Zum Kriterium der Realisierbarkeit: Hätten die Melier tatsächlich erwarten können, dass sie ihre Position der Neutralität gegen die Übermacht Athens durchsetzen können? Thukydides sagt, dass die Melier auf die Gnade der Götter vertrauten. Die Melier selbst haben ihre Entscheidung wahrscheinlich für realisierbar gehalten. Sie beharrten auf ihrem Neutralitätsstatus und weigerten sich, mit den Athenern zu kooperieren. Es ist aber natürlich eine schändliche Entscheidung, sich einer Übermacht kampflos zu ergeben. Vor dem Hintergrund des Kriteriums der Schönheit (Ehre versus Schande) sprach alles dafür, dass die richtige Entscheidung der Melier darin lag, nicht mit den Athenern zu kooperieren. Soweit die Zusammenfassung des Melierdialogs nach Will (2006).

Wichtig ist auch zu erkennen: Die Krise selbst endet nicht bzw. die Krise endet nicht von selbst: Die Entscheidung für ein Ende muss von den Meliern selbst getroffen werden. Sie können nicht durch die Krise „durchtauchen". Wenn man selbst entscheiden muss, braucht man Kriterien, anhand derer man eruieren kann, was nun klug ist oder nicht. Man ist unter Zeitdruck und auch unter einem existenziellen Druck, wie im Fall von Melos sehr gut zu sehen. Die Lehre, die uns Thukydides auch mit auf den Weg gegeben hat, ist, eine Entscheidung zu treffen, die im Rahmen der bestehenden Situation – Stichwort *inventory* – stattfindet und nicht im Rahmen irgendwelcher konstruierter Vorstellungen. In diesem Sinne haben die Melier einen fundamentalen Entscheidungsfehler begangen: Sie haben ihre Entscheidung im Rahmen gewisser Wunschvorstellungen getroffen, nämlich, dass die Götter über sie Gnade walten lassen würden. Die Melier haben somit innerhalb einer bestimmten Konstruktion der Wirklichkeit entschieden, die den Tatsachen nicht gerecht geworden ist (Göttergnade ist keine erwartbare Realität).

Dieses Beispiel verdeutlicht sehr anschaulich, dass man in Krisensituationen als Mensch dazu neigt, oft andere Dinge zu sehen als die Realität – oder dass man jedenfalls die Realität gerne im Sinne von Hoffnungsdenken wahrnimmt. Die Erfahrung zeigt, dass Entscheidungen in Krisen- und Katastrophenfällen einer Reihe weiterer rationalitätsbegrenzender Randbedingungen unterliegen (siehe Allison/Zelikow 1999):

- Zeitrestriktion;

- Überlastung durch Informationsflut und Verantwortungsstress;

- selektive Wahrnehmung;

- Flucht in Stereotype;

- kognitive Rigidität (z.B. Tunneleffekt, siehe unten);

- Fixierung auf einen kurzen Zeithorizont;

- ungenügende Wirkungskontrolle;

- organisatorische Reaktion: Rückzug auf situationsunsensible Routinen oder bürokratische Politik.

Besonders beachtenswert ist der spezielle *kompensatorische Tunneleffekt* bei politischen Krisenentscheidungen in Katastrophenfällen: Die jeweils letzteingetretene Katastrophe wird zum politischen Maßstab aller Katastrophen der Zukunft und zum Maßstab der eigenen Handlungsfähigkeit; denn Ausnahmeereignisse finden nicht täglich statt. Man kann seine Handlungs- und Problemlösungsfähigkeit unter Beweis stellen, dies sofort symbolisieren und daraus Legitimität schöpfen.

Mit der Forderung, im umfassenden Katastrophenmanagement über die Verhinderung der Vergangenheit hinauszudenken, ist der Aspekt von *leadership* (Boin u.a. 2005) angesprochen. Zu kritischen Funktionsbereichen *leadership*-basierten Krisenmanagements gehören (ebd.: 10-15):

- Sinndeutung (*sense making*): Führungspersönlichkeiten müssen entscheiden, welche Art von Zustand ab welchem Grad eine Krise darstellt und worum es in der Krise vorrangig geht; denn Krisen bestehen aus widersprüchlichen Entwicklungen und Signalen, die interpretationsfähig und -bedürftig sind.

- Krisenentscheidung und Koordinierung innerhalb des Entscheidungssystems (*decision-making*): Führungspersönlichkeiten müssen sich der von ihnen gedeuteten Krise eigenverantwortlich stellen und Entscheidungen treffen. Diese Entscheidungen können unterschiedliche Formen annehmen, zum Beispiel die inhaltliche Entscheidung, mit der versucht wird, die Krise zu bewältigen; die Entscheidung, dass die Krise nicht entscheidungsbedürftig ist; die Entscheidung, keine Entscheidung zu treffen usw.

- Bedeutungspolitik (*meaning making*): Führungspersönlichkeiten reduzieren in der von ihnen als Krise gedeuteten Situation die Informationskomplexität und die Informationsunsicherheit. Sie kontrollieren in gewissem Sinn das öffentliche Bild der Krise.

- Beendigung der Krise (*terminating*): Führungspersönlichkeiten sind dafür verantwortlich, die Krise zum rechten Zeitpunkt zu beenden und zum politischen Routinegeschäft zurückzukehren; denn Krisen können kein Dauerzustand sein. Die Herausforderung besteht darin, die Krise nicht zu beenden, bevor sie bewältigt ist, jedoch auch nicht so lange hinzuziehen, bis sich eine von der Krisensituation verselbstständigte nachhaltige Konfrontation entwickelt hat.

- Lernen (*learning*): Führungspersönlichkeiten müssen aus der Krise Erfahrungen ableiten und dafür sorgen, dass auch die nachgeordneten Arbeitsebenen dies tun; denn vor allem werden Krisen Teil der kollektiven politischen Geschichte und eine Quelle historischer Analogiebildung für künftige politische Führungspersönlichkeiten.

Zum Bereich der Krisenentscheidung im Sinne eines umfassenden Ansatzes gehört auch der Umgang mit Frühwarnzeichen, der oft herrschenden Organisationsroutinen sowie den folgenden Faktoren zum Opfer fällt, die Roselieb (1999) am Beispiel der „Elch-Test"-Krise bei Mercedes-Benz (siehe Kapitel 4.2) illustriert hat:

- Fehlinterpretation der Situation;

- Schuldzuweisung an externe Faktoren;

- *Business as usual* oder Symptomismus (man erklärt die Erscheinung/Vorboten der Krise zu ihren kausalen Ursachen);

- Festklammern an vergangene Erfolge (*anchoring*).

Die Probleme in der Frühwarnung/Früherkennung (dazu z.B. Clausen/Dombrowsky 1984; Henckel von Donnersmarck/Schatz 1999; Roselieb 1999) sind aber auch allein schon der Sache nach gegeben: Krisen und Katastrophen sind meistens Mischfälle, d.h., in einem Phänomen laufen verschiedene Arten kognitiver und konativer Prozesse nebeneinander ab, wie zum Beispiel:

- Analyse-Synthese-Problematik: Verschiedene Problemanalysen und Urteile von Experten/-innen müssen zeitnah in ein abgestimmtes Gesamtbild zusammengeführt werden;

- Widerstreitende Sinndeutungen und Konflikte zwischen Expertensystemen;

- Gruppen- und Statusdenken im Gegensatz zu problemlösendem Denken;

- Unklarheit über die unmittelbaren Ziele und ihre Erreichbarkeit sowie die dafür zu verwendenden (knappen) Mittel.

Zum Aspekt „Ziele" ist festzuhalten, dass das Ziel von Frühwarnung und entsprechendem präventivem Handeln nicht (mehr) die Verhinderung, sondern der Erhöhung der Möglichkeiten der Schadensminderung während des Ereignisses ist. Deshalb ist es für funktionierende Frühwarnung wichtig, nicht nur Informationen (über Risiken), sondern auch Handlungstendenzen zu übertragen. Dies ist die sogenannte Problematik der *Transmission,* die über das Konzept der Kommunikation von Warnungen mit den Komponenten Information, Mitteilung und Verstehen hinausgeht und auf die Schaffung einer gesamtgesellschaftlichen Risikokultur abzielt (z.B. Hagemeier-Klose 2010). Verkehrsschilder wie „Achtung: Wildwechsel!" und „Achtung: Steinschlag!" illustrieren das. Sie sind Frühwarnzeichen, die aber Wildwechsel und Steinschlag nicht verhindern, und ihre allein kognitive Würdigung durch die vorbeifahrenden Autofahrer hat keinen Effekt, wenn diese nicht auch konativ reagieren und zum Beispiel die Augen ganz öffnen den Fuß vom Gas nehmen. Um eine optimale Transformation von Frühwarnung zu erreichen, müssen vor allem die folgenden Faktoren gegeben sein (Henckel von Donnersmarck/Schatz 1999; Matthies 2000):

- Mit der Vorhersage ein *Glaubwürdigkeitsversprechen* verbunden sein (vgl. den bekannten Peter-und-der-Wolf-Effekt).

- Es muss der *Kontext* mitgeliefert werden, mit dem der Empfänger die Information verstehen und in sein Umfeld einordnen kann.

- Es muss eine *Verhaltenserwartung* mittransportiert werden (Was will derjenige von uns, der ein Verkehrsschild „Achtung: Steinschlag!" aufstellt?).

- Es müssen *organisatorische bzw. politische Hemmnisse ausgeräumt* sein und möglichst konsensuale *Risikoeinschätzungen* bestehen.

- Es müssen *psychologische Hemmnisse ausgeräumt* sein (u.a. skeptischer Reflex gegenüber Frühwarnungen, Präferenz für Konzentration auf manifeste Probleme).

- Es müssen *bürokratische Hemmnisse ausgeräumt* sein (u.a. Alltags-Routine, Status-quo-Orientierung, Rivalitäten verschiedener Behörden und Dienste).

- Frühwarnung muss zudem *wirkungsvoll und nachhaltig kommuniziert* werden, sie gehört wesentlich zum kommunikativen Krisen- und Katastrophenmanagement im Sinne eines umfassenden Ansatzes.

Frühwarnzeichen werden insbesondere auch dafür benötigt, den Erfolg (oder Misserfolg) von Prävention und den Bedarf an Prävention einzuschätzen. Einige Klassifizierungsmöglichkeiten von Präventionskonzepten und -maßnahmen sind (Matthies 2000):

- *Reichweite:* Strukturelle Prävention (Generalprävention) vs. prozedurale Prävention (Spezialprävention).

- *Zieldimension:* Primärprävention (Ereigniseintritt verhindern), Sekundärprävention (Ereigniswirkung abschwächen), Tertiärprävention (Ereignisbewältigung und Verhinderung eines „Rückfalls").

- *Gegenstand:* Prävention auf Auslöser- oder Betroffenenseite (z.B. Schutz kritischer Infrastruktur vs. Vulnerabilität und Resilienz).

Die Konjunktur, die Frühwarnung und Prävention hatten, ist in den letzten zehn Jahren mehr und mehr auf Resilienz übergegangen, der *Kapitel 10* gewidmet ist.

5 Verfahren und Vernetzung des Katastrophenmanagements im EU-Vergleich

5.1 Rahmenbedingungen

Der EU-Vertrag von Lissabon (unterzeichnet 2007, in Kraft getreten 2009) führte zu einem Europäisierungsschub im Bereich Zivil- und Katastrophenschutz. Der Vertrag über die Arbeitsweise der Europäischen Union (der den EG-Vertrag als Vertrag über die vormalige erste, supranationale Säule der EU ablöste) sieht vor, dass die Union für „Maßnahmen mit europäischer Zielsetzung" unter anderem im Bereich Katastrophenschutz zuständig ist und hier mitgliedstaatliche Maßnahmen unterstützen, koordinieren oder ergänzen kann (Artikel 6, ausführlich Titel XXIII/Artikel 196). Demnach fördert die Union die Zusammenarbeit zwischen den Mitgliedstaaten, um die Systeme zur Verhütung von Naturkatastrophen oder von vom Menschen verursachten Katastrophen und zum Schutz vor solchen Katastrophen wirksamer zu gestalten. Die Tätigkeit der Union hat vertragsgemäß folgende Ziele:

- Die *Unterstützung und Ergänzung* der Tätigkeit der Mitgliedstaaten auf nationaler, regionaler und kommunaler Ebene im Hinblick auf die Risikoprävention, auf die Ausbildung der in den Mitgliedstaaten am Katastrophenschutz Beteiligten und auf Einsätze im Falle von Naturkatastrophen oder vom Menschen verursachten Katastrophen in der Union.

- Die *Förderung einer schnellen und effizienten Zusammenarbeit* in der Union zwischen den einzelstaatlichen Katastrophenschutzstellen.

- Die Verbesserung der *Kohärenz* der Katastrophenschutzmaßnahmen auf internationaler Ebene.

Dies zeigt bereits, dass eine Konvergenz internationaler und nationaler Dimensionen des Katastrophenmanagements stattfindet, ebenso wie eine – politisch noch weiter zu klärende – Konvergenz internationaler und Inlandsaufgaben.

Das Zusammenwirken verschiedener Akteure im Krisen- und Katastrophenmanagement hängt nicht nur von ineinandergreifenden Strategien und materiellen Fähigkeiten, sondern auch von der Sicherheitskultur und der sogenannten *interoperability of minds* der Entscheidungsträger/-innen und der Einsatzkräfte ab (Siedschlag/ Jerković 2018). Im Zuge des Vertragswerks von Lissabon ergaben sich weitere Solidaritätspflichten und Koordinationskompetenzen auf EU-Ebene, die auch Folgen für das Krisen- und Katastrophenmanagement auf nationaler Ebene haben. Zugleich wurden die kulturellen Kontexte für nationales Handeln in diesem Bereich noch vielfältiger, von einzelnen Organisationskulturen angefangen bis hin zur Ebene nationaler Sicherheitskultur. Dies greift eine wichtige internationale Entwicklungslinie auf:

Die Generalversammlung der Vereinten Nationen hatte die 1990er-Jahre zur *International Decade for Natural Disaster Reduction* (IDNDR) erklärt. Ziel der Initiative war, international koordinierte Bemühungen zur Reduktion von materiellen Verlusten ebenso wie sozialen und ökonomischen Einbußen resultierend aus Naturkatastrophen mit speziellem Fokus auch auf die Entwicklungsländer zu fördern und voranzutreiben. Eine der Hauptmissionen lag darin, die Vorsorgekapazitäten der UN-Mitgliedstaaten zu verbessern sowie Richtlinien zur Anwendung wissenschaftlicher und technologischer Erkenntnisse zu etablieren. Kritische Wissenslücken zur Verringerung von Verlusten von Menschenleben und Eigentum sollten langfristig geschlossen werden und (neue) Informationen zur Einschätzung, Vorhersage und Vorsorge von Naturkatastrophen sollten verbreitet bzw. neue Maßnahmen (Technologietransfer, technische Assistenz, Ausbildung etc.) entwickelt werden. Von den teilnehmenden Regierungen wurde die Formulierung nationaler Katastrophenvorsorgeprogramme in Bezug auf Wirtschaft, Flächennutzung und Versicherungspolitik ebenso erwartet wie die Einbindung öffentlicher und privater Sektoren. Außerdem sollte die öffentliche Bewusstseinsbildung und die kommunale Vorsorgepolitik gestärkt werden und Maßnahmen zur Verringerung der Vulnerabilität öffentlicher Gesundheitseinrichtungen, sozialer Strukturen und Versorgungsinfrastrukturen getroffen werden.

In diesem Zusammenhang wird wiederum deutlich, dass COVID-19 im Bereich des planerisch durchaus Vorstellbaren und Antizipierten lag. Aus sozialwissenschaftlicher Sicht besteht die katastrophale Qualität dieser Pandemie eben auch darin, dass über Jahrzehnte hinweg verfolgte Risikomanagementstrategien entweder nicht (mehr) praxisbereit waren, nicht kohärent angewandt wurden oder nicht wie vorgesehen griffen (Ruiu 2020; Siedschlag 2020).

Die *International Strategy for Disaster Reduction* (ISDR; nunmehr *United Nations Office for Disaster Risk Reduction*, UNDRR, http://www.undrr.org) wurde 1999 als Nachfolgeprogramm der IDNDR und als strategisches Rahmenprogramm der Vereinten Nationen zur Reduktion der Katastrophenrisiken und daraus entstehender Auswirkungen und Verluste sowie zur Entwicklung resilienter Nationen und Gemeinschaften gegründet. Das ISDR/UNDRR-System umfasst eine Vielzahl von Organisationen, Staaten, finanziellen, technischen und gesellschaftlichen Institutionen, das versucht, die Entwicklung von Politik und Strategien zur Verringerung von Katastrophenpotenzialen zu unterstützen, anzuleiten und ein gemeinsames Verständnis für die Thematik in der Öffentlichkeit, bei Behörden sowie weiteren relevanten Akteuren zu fördern.

Gemeinsame Charakteristika von Naturkatastrophen und anthropogenen Katastrophen wie etwa Technologieunfällen finden sich nicht nur in den Auswirkungen und Folgen, sondern vielmehr schon in Vermeidungsaktivitäten und der Intensität und Sorgfalt bei der Vorbereitung auf den Katastrophenfall (Schwab/Bower/Eschelbach 2007: 5). Unkontrollierbare Katastrophenverläufe und Auswirkungen liegen oft auch in inkompetenter Handhabe, unzureichender Planung und Vorbereitung, fehlerhafter Ausstattung und/oder Fehlverhalten begründet. Dies kann einerseits direkt zur Katastrophe führen, andererseits kann es auch das Katastrophenmanagement unter Umständen katastrophal versagen lassen. In ihrer Mitteilung zu einem „Gemeinschaftskonzept zur Verhütung von Naturkatastrophen und von Menschen verursachten Katastrophen" hat die Europäische Kommission (2009) daher unter anderem wissensbasierte Präventionsstrategien angeregt, zum Beispiel Bestandsaufnahmen und Studien über bewährte Praktiken; die Verbesserung der Koordinierung von Forschungsarbeiten; die Koordinierung von Akteuren und Strategien innerhalb des gesamten Katastrophenmanagementzyklus (z.B. die Erweiterung von *lessons learned* auf Prävention); und einen besseren Einsatz existierender Instrumente (z.B. Inventarisierungen).

In Anbetracht des steigenden Trends von Ereignissen mit großen gesellschaftlichen Auswirkungen und damit verbundenen wirtschaftlichen Einbußen bzw. des Anstiegs des Schadenspotenzials lässt sich auch auf staatlicher Ebene ein verbreiteter Trend zur Verbesserung des nationalen Katastrophenmanagements auf der Grundlage eines systemischen Ansatzes mit mehreren Komponenten bzw. zur politischen Verantwortung und somit strategischen Ausrichtung des Katastrophenmanagements als politisches Ziel beobachten (z.B. Bundesministerium des Innern 2009; Bundesministerium für Inneres 2009; Cabinet Office 2010b, 2010c; HM Government 2013; National Security Bureau 2014; Obrusnik 2005; Republic of Poland 2003, 2007; Swedish Civil Contingency Agency 2010; Swedish Ministry of Defence 2005). Katastrophenmanagement gilt zumeist als Staatsaufgabe und wird als Teil der öffentlichen Sicherheit und staatlichen Vorsorgeleistung gesehen. Internationale Vernetzung wird dabei jedoch immer wichtiger. Dies gilt insbesondere innerhalb der Europäischen Union – einerseits vor dem Hintergrund des schon genannten „Zivilschutzartikels" 196 des Vertrags über die Arbeitsweise der Europäischen Union, andererseits vor dem Hintergrund von Artikel 222, der „Solidaritätsklausel". Demnach verpflichten sich die EU-Mitgliedstaaten, alle ihr zur Verfügung stehenden Mittel, einschließlich militärischer Mittel, bereitzustellen, wenn

ein Mitgliedstaat von einem Terroranschlag oder Katastrophen natürlichen oder menschlichen Ursprungs betroffen ist. Zur Steige-
rung der Effizienz ist es notwendig, regelmäßige Einschätzungen
der Bedrohungen vorzunehmen, denen die Union ausgesetzt ist,
was nicht nur neue Herausforderungen an *security governance* stellt,
sondern grundsätzlich auch Aufgabenbereiche für Sicherheitsforschung impliziert.

Dieses Kapitel vergleicht das staatliche Katastrophenmanagement ausgewählter EU-Mitgliedstaaten (Deutschland, Frankreich,
Großbritannien – vor dem „Brexit", Polen, Tschechische Republik,
Schweden, Ungarn und Österreich), ihre Katastrophenmanage-
mentstrukturen und -organisationen sowie die jeweiligen politisch-
strategischen Grundhaltungen. In den meisten staatlichen Ansätzen
wird unter Katastrophenmanagement jener Teil des Katastrophenmanagementzyklus verstanden, bei dem die Bewältigung im Vordergrund steht, also der Einsatz und die unmittelbare Hilfeleistung,
wobei insbesondere die öffentliche Katastrophenmanagementorganisation hier die größte Rolle spielt. Inwieweit einzelne Staaten ihre
Verantwortung auch in den übrigen Phasen des Katastrophenma-
nagementkreislaufs sehen, ist oft eine Frage der politischen und ökonomischen Entwicklung oder eine Frage historischer Ereignisse. Die
Terminologie entstammt größtenteils maßgeblichen englischspra-
chigen Dokumentationen und wurde entsprechend beibehalten.

Auf der Webseite des Europäischen Ausschusses der Regionen
steht ein „*Comparison Tool*" zur Verfügung, mittels dessen man
selbst Politikfeldvergleiche im Katastrophenmanagement (sowie einer Vielzahl weiterer Felder) zwischen allen dort erfassten, über die
Mitglieder der EU hinausreichenden Staaten vornehmen kann.
Dazu wählt man auf https://portal.cor.europa.eu/divisionpowers/
Pages/Comparer.aspx die beiden jeweils zu vergleichenden Länder
sowie als zu vergleichenden Politikbereich „*Civil Protection*" aus.

5.2 Politisch-strategische Kontexte

Kennzeichnend für *Großbritannien* ist der *Emergency Powers Act,* eine sehr frühe gesetzliche Regelung mit Bezug zu, Katastrophenmanagement aus den 1920er-Jahren. Das *deutsche* Zivilschutz- und Katastrophenhilfegesetz (ZSKG 1997/2020) wird durch länderspezifische Regelungen für den Katastrophenschutz, die Notfallrettung, den Krankentransport, den Brandschutz und die Feuerwehr ergänzt. Der Schwerpunkt *Deutschlands* liegt seit 2005 vor allem auf dem Schutz kritischer Infrastrukturen (Bundesministerium des Innern 2005, 2007, 2008, 2009), während die intensive und primär strategische Ausrichtung *Großbritanniens* seit 2005 auf die Organisation und Struktur eines integrierten Katastrophenmanagements und detaillierte Regelungen zur Katastrophenvorbereitung und -bewältigung deutlich wird (Cabinet Office 2010b, 2010c). Resilienz- und Kontinuitätsprogramme zum Schutz kritischer Infrastrukturen mit Bezug auf Naturgefahren sind in *Großbritannien* relativ neu (Cabinet Office 2010d, 2010e, 2011).

In *Österreich* ist der Katastrophenschutz bundesverfassungsrechtlich nicht dem Bund zugewiesen und fällt daher in die Kompetenzverteilung der Bundesländer (nach Artikeln 10-15 des Bundesverfassungsgesetzes), auf Basis dessen jedes Bundesland ein eigenes Katastrophenhilfegesetz erlassen hat. Im Jahr 2004 wurde das staatliche Krisen- und Katastrophenmanagement neu organisiert (SKKM – Staatliches Krisen- und Katastrophenmanagement), vom Bundeskanzleramt auf das Bundesministerium für Inneres (BM.I) übertragen und mit dem Zivilschutz und der internationalen Katastrophenhilfe zusammengefasst („SKKM Strategie 2020": Bundesministerium für Inneres 2009). Die in verschiedenen Ressorts angesiedelten Koordinationsgremien wurden dabei in einem übergeordneten Koordinationsausschuss unter dem Vorsitz des Generaldirektors für die öffentliche Sicherheit zusammengefasst, dem die Koordination im Anlassfall von Großlagen und die Grundsatzplanung, gemeinsam mit rechtlichen, technischen und operationellen Fachgruppen, obliegt.

Das *tschechische* Krisenmanagementgesetz von 2002 legte neben dem staatlichen Notfallsystem eine allgemeine Katastrophenrisiko-reduktion und Hochwasserschutz, -prävention und -bewältigung fest. Die *tschechische* Sicherheitsstrategie 2011 (Czech Ministry of Foreign Affairs 2011) verankerte sowohl den proaktiven Ansatz als auch die Organisation des Katastrophenmanagements. Daneben ist die „Allgemeine Strategie zur Hochwasservorsorge 2000" (Obrusnik 2005) ein weiterhin grundlegendes Papier.

In *Ungarn* wurde in den 1990er-Jahren der Fokus auf Katastrophenschutz und Schutz vor den Auswirkungen gerichtet und mit dem Zivilschutzgesetz rechtlich verankert. Es folgte eine Reihe von Verordnungen zur Zivilschutzorganisation und schließlich das Katastrophenmanagementgesetz 1999. Damit wurde das Katastrophenmanagement in Ungarn im internationalen Vergleich früh gesetzlich geregelt. Neben der nationalen Sicherheitsstrategie wurde im Jahr 2003 auch eine eigene Katastrophenmanagementstrategie formuliert, womit auch hier Ungarn ein Vorreiter war: Eigene Strategiepapiere zum Katastrophenmanagement gab es in der Form in den Vergleichsländern keine, manche thematisierten etwa zeitgleich das Katastrophenmanagement in den Sicherheitsstrategien (Polen, Schweden, Tschechische Republik). In der nationalen Sicherheitsstrategie von 2012 integrierte Ungarn die verschiedenen Ansätze zu einem

„comprehensive, whole of government approach. Accordingly, close and effective cooperation and coordination between the defence, national security, law enforcement, justice, disaster prevention and civilian crisis management institutions, along with the related adaptable frameworks must be strengthened." (Ministry of Foreign Affairs of Hungary 2012: 20)

Die proaktiven Bewältigungs- und Vorbereitungsaktivitäten *Polens* wurden erstmals in der Sicherheitsstrategie (Republic of Poland 2003, 2007) festgehalten. Gesetzliche Regelungen wie der *Act on State of Natural Disaster* von 2002 und der *Crisis Management Act* von 2007 wurden entsprechend erweitert.

Frankreichs Sicherheitsstrategie von 2008 definierte einen neuen umfassenden Ansatz, der über der nach wie vor starken Nuklear- und Verteidigungsorientierung hinausging und sich auch auf eine Modernisierung im Katastrophenmanagement (operativ, technologisch) richtete (Center for Security Studies 2008). Schutz der Bevölkerung, der kritischen Infrastrukturen, Modernisierungsmaßnahmen und insbesondere groß dimensionierter Ausbau technologischer Fähigkeiten (v.a. weltraumgestützte Überwachung und Frühwarnung sowie Krisenkommunikationstechnologien) standen dabei im Mittelpunkt.

In *Schweden* ist Katastrophenmanagement ebenfalls seit vielen Jahren sowohl in der Verteidigungs- als auch in der Sicherheitsstrategie als zentrales Element enthalten (Swedish Ministry of Defence 2005). Es besteht in einer traditionell offensiven und proaktiven Vorsorgepolitik mit starker gesellschaftlicher Orientierung (Swedish Civil Contingency Agency 2010). Mit den gesetzlichen Regelungen in der Gesundheits- und Rettungsdienstleistung wurde dem Gesundheitssektor bereits in den frühen 1980er-Jahren eine bedeutende Rolle auch in Sicherheitsfragen zuerkannt. Der *Civil Protection Act* von 2002 unterstrich in der Ära nach 9/11 die Bedeutung der Vorbereitung, der Risikoanalyse und der Prävention.

5.3   Staatliche Katastrophenmanagementsysteme

5.3.1   Deutschland

Nach Artikel 73 des Grundgesetzes für die Bundesrepublik Deutschland von 1949 ist der Zivilschutz in Friedenszeiten, also der zivile Katastrophenschutz, Aufgabe der Länder und rechtlich über Landesgesetze geregelt. Die Notfallplanung und der operative Katastrophenschutz werden daher von den Ländern und deren Strukturen und Behörden getragen. Bundesrecht und Bundesverantwortung kommen im sogenannten Spannungsfall und im Verteidigungsfall zum Tragen. 9/11 und die Hochwasserkatastrophen von

2002 führten zu einer Neuformulierung der Krisen- und Katastrophenschutzstrategie, die durch eine gemeinsame Koordinierung durch Bundesbehörden und Länder charakterisiert ist, wie das dann auch in Bezug auf COVID-19 relevant geworden ist. Die Detailregelungen der Bundeszuständigkeiten, die 2009 teilweise neu gefasst wurden, finden sich im Zivilschutz- und Katastrophenhilfegesetz (ZSKG 1997/2009). Das Bundesamt für Bevölkerungsschutz und Katastrophenhilfe (BBK) wurde 2004 gegründet.

„Neu dabei ist, dass das neue Bundesamt für Bevölkerungsschutz und Katastrophenhilfe alle Bereiche der Zivilen Sicherheitsvorsorge fachübergreifend berücksichtigen und zu einem wirksamen Schutzsystem für die Bevölkerung und ihre Lebensgrundlagen verknüpfen soll. Somit ist es nicht nur Fachbehörde des BMI [Bundesministerium des Innern], sondern berät und unterstützt kompetent auch die anderen Bundes- und Landesbehörden bei der Erfüllung ihrer Aufgaben.

[…]

Die Bundesrepublik Deutschland besitzt damit ein zentrales Organisationselement für die Zivile Sicherheit, das alle einschlägigen Aufgaben an einer Stelle bündelt.

Damit gibt es nun eine Behörde

- zur Erfüllung der Aufgaben des Bundes im Bevölkerungsschutz,
- zur Koordinierung des Schutzes kritischer Infrastrukturen,
- zur Zusammenfassung, Bewertung und Darstellung verschiedenster Informationsquellen zu einer einheitlichen Gefahrenlage,
- zur Koordination der Kommunikation des Bundes mit Ländern und Gemeinden, der Privatwirtschaft und der Bevölkerung über Vorsorgeplanung und aktuelle Bedrohungen,
- zur Unterstützung des Managements von Einsatzkräften des Bundes und anderer öffentlicher und privater Ressourcen bei großflächigen Gefahrenlagen,
- zur Koordinierung des Schutzes der Bevölkerung gegen Massenvernichtungswaffen,
- zur bedrohungsgerechten Ausbildung der Führungskräfte aller Verwaltungsebenen im Bevölkerungsschutz,
- für die nationale Koordinierung innerhalb des europäischen Integrationsprozesses im Bereich der Zivilen Sicherheitsvorsorge und,

- für die Koordinierung von Bund, Ländern, Feuerwehren und privaten Hilfsorganisationen bei der Wahrnehmung internationaler humanitärer Aufgaben und in der zivil-militärischen Zusammenarbeit."
(Bundesamt für Bevölkerungsschutz und Katastrophenhilfe 2020b)

Die operative Verantwortung für den Bevölkerungsschutz liegt bei den Ländern und ist dementsprechend in spezifischen Katastrophenschutzgesetzen geregelt. Alle zuständigen Behörden der Regierungsbezirke, Landkreise und kreisfreien Städte tragen zur Katastrophenschutzplanung sowie zur Administration und Ressourcenbereitstellung während und nach Katastrophen bei. Unterstützt werden die Länder und lokalen Behörden vom Bund und den fachlich zuständigen Ressorts sowie vom Bundesamt für Bevölkerungsschutz und Katastrophenhilfe (BBK), vom Technischen Hilfswerk (THW), von der Bundespolizei und bei länderübergreifenden Katastrophenfällen (z.B. dem Elbe-Hochwasser 1998 und der COVID-19-Pandemie) gegebenenfalls innerhalb der engen Grenzen, die das Grundgesetz zulässt, durch die Bundeswehr.

Die deutsche Sicherheitsarchitektur betrachtet den Bevölkerungsschutz als eine ihrer fünf wesentlichen Säulen (neben Streitkräften, Nachrichtendiensten, Polizei und kritischen Infrastrukturen). In der Strategie zum Schutz der Bevölkerung (Bundesamt für Bevölkerungsschutz und Katastrophenhilfe 2010) wurde diese Schutzaufgabe als neue Gemeinschaftsaufgabe definiert, wobei ein einheitliches, ursachenunabhängiges Schutzsystem auf Basis der bisherigen vertikalen Gliederung (Bund – Länder – Kommunen) angestrebt wird. Aus der deutschen Katastrophenmanagementpolitik ging bisher weniger ein proaktiver Vorsorge- und Vermeidungsansatz als ein Schwerpunkt auf der Vorbereitung der Katastrophenbewältigung und den Wiederaufbau hervor, wobei ein umfassender Ansatz vor allem in der strategischen Konzipierung erkennbar ist. Einen neuen Schwerpunkt bildete nun in der Einbindung von Unternehmern und Betreibern kritischer Infrastrukturen in das staatliche Katastrophenmanagement auf mehreren Ebenen.

5.3.2 Tschechische Republik

Die Adaption des tschechischen Krisenmanagementsystems und des integrierten Rettungssystems wurde 2001 gesetzlich im Krisenmanagementgesetz verankert. Die Krisenführung, Koordinierung und Kontrolle liegen im Innen- und im Verteidigungsministerium. Wesentliche Pfeiler sind das integrative Rettungssystem bzw. der Feuerwehrrettungskorpus. Operative Organisationen und Zivilschutzbehörden sind Teil dieses integrierten Systems und operieren als eine Einheit bei allen Katastrophenarten. Andere Behörden werden nach Bedarf und Katastrophentyp hinzugezogen. Charakteristisch für das tschechische Katastrophenmanagement sind multisektorale Koordinierung und Zusammenarbeit in der *disaster risk reduction* – vor und während der Krise sowie auf den ersten Stufen der Bewältigung. Die Elemente des Sicherheitssystems beruhen auf zentraler Koordinierung und Kontrolle in einer hierarchischen Struktur.

Die „Allgemeine Strategie zur Hochwasservorsorge" wurde im Jahr 2000 als Folgedokument nach Adaption des Krisenmanagementsystems formuliert und hat sich bereits bei den Hochwasserkatastrophen von 2002 bewährt. In der Sicherheitsstrategie 2011 (Czech Ministry of Foreign Affairs 2011) wurden der Fokus auf Prävention von Angriffen, Katastrophen, Krisen und Konflikten mit proaktivem Ansatz in Außen-, Verteidigungs,- Wirtschafts-, innerer Sicherheits- und öffentlicher Informationspolitik fortgeschrieben und die Organisation des Katastrophenmanagements als Teil eines – auf der Basis von *lessons learned* – anpassungsfähigen Ansatzes der umfassenden Sicherheitsvorsorge verankert.

5.3.3 Ungarn

Die Neuorganisation der ungarischen Zivilverteidigung nach dem Kalten Krieg konzentrierte sich auf die Ausweitung der Aufgaben auf Naturkatastrophen u.Ä. (siehe insgesamt: BM OKF Főügyelet 2009). Im Jahr 1990 wurde im Bundesministerium für Inneres der Fokus auf den Katastrophenschutz (Primärprävention) und den

Schutz vor den Auswirkungen von Katastrophen (Sekundärprävention) gelegt.

Das Zivilschutzgesetz von 1996 definierte den Zivilschutz als umfassende gemeinschaftliche und gesellschaftliche Aufgabe zwischen Bevölkerung, lokalen Regierungsbehörden, Nichtregierungsorganisationen (NGOs), Verteidigungskräften und der Sicherheitspolizei. Das integrierte Katastrophenmanagementsystem vereint Prävention und Reaktion in Bezug auf Naturkatastrophen, Unfälle, Nuklearsicherheit, Anlagensicherheit und zivile Sicherheit. Im ungarischen Katastrophenmanagementgesetz von 2000 wurde das Katastrophenmanagement als nationale Angelegenheit nach dem Subsidiaritätsprinzip und mit Kooperationsverantwortung geregelt.

Ein einheitliches Rahmenprogramm umfasst Aufgaben und Verantwortlichkeiten auf Staats- und Regierungsebene sowie Gemeindeaufgaben in Prävention, Reaktion, Bewältigung und Wiederaufbau. Das *National Directorate General for Disaster Management* (NDGDM) im *Department for International Relations* fungiert als die zentrale Agentur des integrierten Katastrophenmanagementsystems und koordiniert die Planung, Kontrolle, Aufgabenbewältigung und Beteiligung an internationalen Kooperationen (Lindmayer 2010). Für die Implementierung sind staatliche Organisationen und Regierungseinheiten zuständig (Verteidigungs- und Schutzkomitees), unter Einbindung von Freiwilligenorganisationen und Geschäftseinheiten. Eine an den *whole-community approach* der *Federal Emergency Management Agency* (FEMA) in den U.S.A. erinnernde Besonderheit stellt die aktive Einbindung der Einzelbürger/-innen dar.

Dem Koordinierungskomitee auf Regierungsebene obliegt die Entscheidungsvorbereitung und Definition einheitlicher Schutzanforderungen bei Katastrophenerklärungen der Regierung im Fall von Großschadensereignissen und Krisen nationalen Ausmaßes. Der Bundesminister für Inneres hat die operative Verantwortung für die Verteidigungs- und Schutzkomitees der 19 Landkreise und der

Hauptstadt Budapest, für das Zusammenwirken mit Militärorganen, öffentlichen Verwaltungsbehörden, Vollstreckungsbehörden sowie Freiwilligenorganisationen und bewilligt regionale Katastrophenmanagementpläne (Vorbereitung und Schutzaufgaben). Zu den Aufgaben zählen auch Vorbereitung und Training der Vorstände und Bürgermeister/-innen und die Bevölkerungsevakuierung. Auf lokaler Ebene sind die Bürgermeister/-innen für die Koordinierung im Katastrophenfall, die Vorbereitung externer Schutzpläne, Ressourcenorganisation und Lagerung, Evakuierungsmanagement sowie regelmäßige Übungen und Schulungen zuständig. Die Vorbereitung der Bevölkerung und der Wirtschaft auf mögliche meteorologische Extremereignisse ist ein strategisches Ziel, wobei die Klimapolitik als integrierter Teil der Sozial-, Wirtschafts-, Sicherheits- und Umweltpolitik ausgewiesen ist (Cecei-Mórotz 2009).

5.3.4 Polen

Die Zivilschutzplanung in Polen ist integrierter Bestandteil des Krisenmanagementsystems. Dieses wurde auf Basis des Krisenmanagementgesetzes von 2007 neu entwickelt und folgt dem *all-hazards approach*. Das Krisenmanagementgesetz von 2007 regelte Zusammensetzung und Aufgaben des Krisenmanagementsystems auf allen Ebenen (Staatsadministration, territoriale Eigenregierungseinheiten). Grundstein ist der Ministerrat, der für die innere Sicherheit und die öffentliche Ordnung zuständig ist und von einem regierungsamtlichen Krisenmanagementteam unterstützt wird. Parlament und Präsident werden nur bei Großkatastrophen involviert.

Die Repräsentanten/-innen der Regierung in den Provinzen (Woiwoden) sind verantwortlich für die *all-hazards*-Prävention und die Unterstützung unterer Behördenebenen, wenn es die Ressourcenlage erfordert. Krisenmanagementteams auf jeder Verwaltungsebene unterstützen die jeweiligen Behörden. Ein eigenes Sicherheitszentrum der Regierung (*Rządowe Centrum Bezpieczeństwa*) koordiniert das Krisen- und Katastrophenmanagement, inklusive der Bereitstellung eines Methodenkatalogs zur Reaktion auf Bedrohungen und ihre Vermeidung, Risikoanalyse und Vorsorge- und Gegenstrategien.

Die Verantwortung auf Gemeindeebene liegt in erster Linie im Feuerschutz und der Aufrechterhaltung der öffentlichen Ordnung, dem Gefahrenmonitoring, der Frühwarnung sowie der Alarmierung und Koordinierung von Rettungseinsätzen und Evakuierungen. Der Wójt (Bürgermeister/-in) definiert die Zivilschutzaufgaben. Privatpersonen und Stakeholder (Anlageneigentümer, Verbände kritischer Infrastrukturen und diverse Institutionen) werden insbesondere im Vorsorgebereich und Training verpflichtend eingebunden.

Polens Krisen- und Katastrophenmanagementsystem ist charakterisiert durch proaktive Bewältigungs- und Vorbereitungsaktivitäten. Bereits die Sicherheitsstrategie von 2007 enthielt umfassende Ausführungen über die innere Sicherheit und das Krisen- und Katastrophenmanagement und legte die Entwicklung eines integrierten nationalen Sicherheitssystems fest (Republic of Poland 2007). Die Anpassung gesetzlicher Regelungen wurde als zentrale Aufgabe definiert, auch in Bezug auf die Bauindustrie, die Raumplanung und Wohnungsbeschaffung zur Prävention von technischen und Naturkatastrophen. Unterweisung und Information der Bevölkerung wurden als Aufgabe des nationalen Bildungssystems sowie der öffentlichen Medien, Nichtregierungsorganisationen (NGOs) und lokalen Regierungseinheiten ausgewiesen. Als weitere Ziele genannt wurden die Schaffung eines integrierten Rettungssystems und die Aufrüstung der mobilen Medizinsysteme zur Erhöhung der Bewältigungskapazitäten.

5.3.5 Frankreich

Der Staatspräsident besitzt das verfassungsmäßige Recht, den nationalen Notstand auszurufen, was besondere Exekutivvollmachten eröffnet. Den rechtlichen Rahmen für den Zivilschutz sowie das Krisen- und Katastrophenmanagements bildet das Gesetz 2004-811 vom 13. August 2004; auf nationaler Ebene zuständig ist das Direktorat für Zivilschutz und Sicherheit im Innenministerium (*Direction de la Défense et de la Sécurité Civiles*) (Ministère des Affaires Étrangères et Européennes 2008). Operative Zentren auf drei Ebenen kennzeichnen das französische System des Katastrophenmanagements bzw. der zivilen Sicherheit (Ministère des Affaires Étrangères et Européennes 2008; Ministère de l'Intérieur 2020; European Commission 2017).

Ein interministerielles Krisenmanagement-Operationszentrum (*Centre Opérationnel de Gestion Interministérielle des Crises*, COGIC) unterstützt das Innenministerium auf nationaler Ebene und ist zuständig für die Vorbereitung und Koordinierung von Rettungseinsätzen und des Katastrophenmanagements. Die zonenbezogene (großräumige regionale) Ressourcenkoordinierung untersteht dem Zonenpräfekten und wird von einem interregionalen operativen Koordinierungszentrum für die zivile Sicherheit unterstützt, ebenso wie vom jeweiligen *Centre Opérationnel de Zone* (COZ), welches auch das zivil-militärische Zusammenwirken im Katastrophenmanagement in der jeweiligen geographischen Region koordiniert. Das *Centre Opérationnel Départemental* (COD) agiert auf Département-Ebene und ist zuständig für die Ersthilfe. Koordinierung und Verteilung der Notfallressourcen unterstehen dem Département-Präfekten. Der Gemeindeebene kommt nur eine untergeordnete Rolle zu. Hier agieren die Bürgermeister/-innen im Bereich der Risiko-Prävention und in der Ressourcen- und Hilfsverteilung gemeinsam mit dem Präfekten des Départements. Einen wesentlichen Pfeiler in den Aktivitäten zur öffentlichen Sicherheit stellt die Feuerwehr dar. Die lokalen Behörden finanzieren zudem die Feuerwehr- und Rettungsdienstleistungen auf Département-Ebene.

Aus der nationalen Verteidigungs- und Sicherheitsstrategie (Weißbuch) 2008 ging ein umfassender Sicherheitsansatz hervor, der alle Bedrohungen der Nation und zivile Katastrophen thematisiert (Center for Security Studies 2008). Als relevante Schlüsselziele wurden der Schutz der kritischen Infrastruktur, die Erhöhung der Resilienz von Land, See, Luft- und Weltraum, die Stärkung der Behörden und Gendarmerie und Förderung und Modernisierung der Kommunikations- und Informationsinstrumente genannt. Ein Schwerpunkt wurde auf Sicherheitstechnologien wie Satelliten zu Überwachungszwecken und Drohnen gelegt. Die Modernisierung des Krisenmanagementsystems, vor allem auf nationalem und regionalem Niveau, wurde ebenso angestoßen wie Trainingsprogramme, die auf chemische, biologische, nukleare und radiologische Szenarien zugeschnitten sind.

5.3.6 Großbritannien (vor dem „Brexit")

Die folgende Darstellung wurde in Bezug auf die Sachverhalte vor dem EU-Austritt („Brexit") am 31. Dezember 2020 verfasst. Das britische Katastrophenmanagementsystem ist charakterisiert durch eine komplexe Strukturierung, wobei die wesentliche Grundlage ein *multi-agency approach* nach dem Subsidiaritätsprinzip darstellt und auf acht Leitprinzipien (Antizipation, Vorbereitung, Subsidiarität, Weisung, Information, Integration, Kooperation, Kontinuität) beruht. Das *Civil Contingencies Secretariat* unter Führung des *Civil Contingencies Committee* im *Cabinet Office* ist zuständig für die Planung des Katastrophenmanagements in England und Wales. In Schottland und Nord-Irland unterliegt diese Aufgabe autonomen Verwaltungsträgern mit übertragener Funktion. Die Aufgaben sind umfassend und entsprechen den acht Leitprinzipien.

Die Verantwortlichkeiten, operativen, taktischen und strategischen Zuständigkeiten wurden im Detail in Aktionsrahmenprogrammen festgelegt (HM Government 2006, 2013). Einen umfassenden rechtlichen Rahmen für den Zivilschutz lieferte der *Civil Contingencies Act* (CCA, 2004), der auf die Erhöhung der Resilienz aller beteiligten Organisationseinheiten und die verpflichtende organisationsübergreifende Zusammenarbeit in Bezug auf Austausch an Informationen und Plänen (*multi-agency plans*) abzielte. Zudem wurden die Ausweitung der Katastrophenorganisation auf die regionale Ebene und Verwaltungsträger mit übertragener Funktion (Schott-

142

land, Wales, Nord-Irland) sowie eine temporäre Gesetzgebung für betroffene Gebiete definiert.

Das Fundament der britischen Katastrophenbewältigung bildet die lokale Ebene – im operativen, taktischen und strategischen Bereich. Übersteigt die Lage die lokalen Kapazitäten, schalten sich Koordinierungsgruppen auf regionaler Ebene (*Regional Coordination Groups*) ein und aktivieren das *Regional Operation Centre*. Das *Regional Civil Contingencies Committee* wird bei besonders heiklen oder überregionalen Lagen einberufen. Bei ernsten Notfällen wie Terrorangriffen, ausgedehnten Hochwasserlagen im städtischen Raum, ausgedehntem Ausfall der Serviceeinrichtungen, Seuchen oder bei schweren Katastrophen (wie großen Naturkatastrophen oder Industrieunfällen) wird die Koordinierung von einem *Lead Government Department* übernommen. Die Aktivierung der *Cabinet Office Briefing Rooms* zieht die Einberufung einer Reihe von hierarchisch angelegten Operationszellen und Medienkoordinierung auf oberster Ebene nach sich.

Das *National Risk Assessment* überwacht die potenziellen Notfälle mittels jährlicher regierungsbehördenübergreifender, vertraulicher Risikobewertungen. Die veröffentlichte Version dessen ist das jährlich erscheinende *National Risk Register*. Die letzten Dekaden waren von einer starken Ausrichtung des Krisenmanagements und des Schutzes kritischer Infrastrukturen auf terroristische Aspekte geprägt. Des Neueren galten Klimawandel und Folgeauswirkungen wie Hochwasser als die größte Bedrohung der Nation und der kritischen Infrastrukturen. Entsprechende organisatorische Anpassungen wurden mit der Etablierung eines *Natural Hazard Teams* für die Katastrophenmanagementplanung zusätzlich zum *Centre for the Protection of National Infrastructure* (seit 2007) durchgeführt.

Als Reaktion auf unterschiedliche Krisen nach der Jahrtausendwende (Maul- und Klauenseuche, ausgedehnte Hochwasserkatastrophen, etc.) adaptierte Großbritannien die veraltete Gesetzeslage aus der Weltkriegszeit und der Zeit des Kalten Kriegs und verfolgte eine offensive Politik im strategischen Bereich. Eine große Dichte an

Strategiepapieren, Anweisungen, Anleitungen, Empfehlungen, Resilienzprogrammen, Notfallplänen usw. zeugt von einer öffentlichen, proaktiven Vorbereitungspolitik mit klarer Aufgabenverteilungen und klaren Strukturierungen. Ein neuer Schwerpunkt wurde mit der Etablierung des zentral im *Civil Contingencies Secretariat* positionierten *Natural Hazards Team* auf die strategische, sektorenübergreifende Resilienzerhöhung kritischer Infrastrukturen gegenüber Naturgefahren gelegt und das *Critical Infrastructure Resilience Programme* (*CIRP*) eingerichtet. Trotz der aufwändigen Bemühungen und der offensiven rechtlichen Vorgabe wurde in Fachkreisen die Subsidiaritätsstruktur im Katastrophenmanagement kritisiert und eine einheitliche nationale Zivilschutzstruktur als effizienter betrachtet.

5.3.7 Schweden

Das schwedische System ist durch offensive und proaktive Vorsorgepolitik und Katastrophenmanagementplanung (*„Civil emergency planning"* bzw. *„Swedish emergency preparedness system"*) und eine klare Kompetenz- und Verantwortungsregelung gekennzeichnet. Die operativen Aufgaben in Prävention und Bewältigung wurden im Zivilschutzgesetz 2002/2004, das den *Rescue Services Act* von 1986 ersetzte (Bergström 2006), gesetzlich verankert. Das neu gestaltete Katastrophenmanagement wurde vor allem in der Sicherheitsstrategie 2005 als zentrales Element detailliert beschrieben. Im Jahr 2008 wurde die Restrukturierung der Zivilschutz- und Katastrophenmanagementagenturen beschlossen, wobei die *Swedish Emergency Management Agency* (SEMA) sowie das *Swedish National Board of Psychological Defence* und die *Swedish Rescue Services Agency* (SRSA) aufgelöst und durch eine zentrale Organisation, die *Swedish Civil Contingencies Agency* (MSB), ersetzt wurden.

Eine Schlüsselrolle im schwedischen Katastrophenmanagement kommt der Gemeindeebene zu: Vereinbarungen zwischen der schwedischen Regierung und der Vereinigung lokaler Behörden sind verpflichtend. Für proaktive Prävention sowie Verbesserung

144

der Gemeindevorbereitungen gibt es ein Belohnungssystem. Vorbereitende Koordinierung und verpflichtende Schulungen sind die Hauptaufgaben der Gemeinden gemeinsam mit der regionalen Ebene. Letztere ist zudem zuständig für den Ausbau der Vernetzung und die Entwicklung von Routineabläufen. Die Bewältigung wird ebenfalls als primäre öffentliche Aufgabe gesehen. Nach dem Subsidiaritätsprinzip fallen den Bezirksverwaltungsbehörden Verantwortungen bei überregionalen Lagen sowie nationale Krisenunterstützung zu. Weitere Aufgaben auf regionaler Ebene sind die Organisation von Übungen, Risiko- und Vulnerabilitätsanalysen und Medienkoordinierung.

Die strategische Entwicklung des Katastrophenmanagements ist Staatsaufgabe (dem Verteidigungsministerium zugewiesen), wobei traditionell ein besonders starker Fokus auf Vorbereitung, Analyse, Training und Schulung gelegt ist. Katastrophenmanagement, Koordinierung und Kooperation wurden zu zentralen Elementen der Sicherheitsstrategie (Swedish Ministry of Defence 2005), wobei die Betonung der gesellschaftlichen Sicherheit sehr stark ist. Aufgaben und Ziele des Zivilschutzes sowie zivil-militärische Kooperationen sind in der Strategie *„Emergency Preparedness and Response Management"* umfassend abgehandelt. Das *Preparedness and Analysis Department* wurde als Notfall- und Katastrophenmanagement-Einheit auf nationaler Ebene eingerichtet. Die operative Verantwortung, die Koordinierung mit einem Schwerpunkt auch in der Medienkoordinierung liegt bei der *Swedish Civil Contingency Agency* (MSB). Die MSB sieht ihre Aufgaben in der Förderung und Unterstützung der gesellschaftlichen Fähigkeiten bei der Vorbereitung und der Vermeidung von Notfällen und Krisen und in der Stakeholder-Unterstützung im Krisenfall (Swedish Civil Contingency Agency 2010). Die Agentur stellt umfangreiche Informationsbroschüren zur Verfügung und bietet Training für Organisationen, Behörden und Bürger/-innen an, mit dem Ziel des Kapazitätsausbaus, der optimalen Vorbereitung zur Bewältigung und des Managements und der Verhinderung von Konsequenzen. Das Ziel der MSB liegt in der Erhöhung von

Sicherheit (im doppelten Sinne von *safety* und von *security*) auf allen Ebenen der Gesellschaft.

5.3.8 Österreich

In Österreich ist der Katastrophenschutz bundesverfassungsrechtlich nicht dem Bund zugewiesen und fällt daher in die Kompetenz der Bundesländer (nach den Artikeln 10-15 des Bundesverfassungsgesetzes), weshalb jedes Bundesland ein eigenes Katastrophenhilfegesetz hat. Im Jahr 2004 wurde das Staatliche Krisen- und Katastrophenmanagement (SKKM) in der *SKKM Strategie 2020* neu organisiert, vom Bundeskanzleramt auf das Bundesministerium für Inneres (BM.I) übertragen und mit dem Zivilschutz und der internationalen Katastrophenhilfe zusammengefasst (Bundesministerium für Inneres 2009). Die in verschiedenen Ressorts angesiedelten Koordinationsgremien wurden dabei in einem übergeordneten Koordinationsausschuss unter dem Vorsitz des Generaldirektors für die öffentliche Sicherheit zusammengefasst, dem die Koordination im Anlassfall von Großlagen und die Grundsatzplanung gemeinsam mit rechtlichen, technischen und operationellen Fachgruppen unterliegen. Im Koordinationsausschuss vertreten sind alle Bundesministerien und Bundesländer, Einsatzorganisationen und Medien. Ressort- oder Koordinationszuständigkeiten entsprechen weiterhin dem Bundesministeriengesetz.

Im Jahr 2006 wurde das Einsatz- und Krisenkoordinationscenter (EKC) eingerichtet, in dem die Bundeswarnzentrale als operationelles Informations- und Koordinationsinstrument angesiedelt ist und als Ansprechstelle für die Bundesländer (Landeswarnzentralen), Nachbarstaaten, die EU und die internationalen Organisationen und Katastrophenhilfe gilt. Ein spezielles Ausbildungsangebot für Führungskräfte im Bereich des Krisen- und Katastrophenschutzmanagements ist in der Sicherheitsakademie der Exekutive integriert (Zivilschutzschule).

Das Staatliche Krisen- und Katastrophenmanagement (SKKM) stützt sich auf die primäre Selbsthilfe lokaler Strukturen und das Prinzip der Subsidiarität (*bottom-up*-Prinzip, Intervention höherer Verwaltungsebenen bei Übersteigung der lokalen Kapazitäten). Die operative Gefahrenabwehr und Katastrophenhilfe wird vorwiegend (zu etwa 85 %) über die Einbeziehung ehrenamtlicher Organisationen in die öffentlichen Hilfeleistungssysteme bzw. hauptamtlicher Einrichtungen (auf Basis spezifischer Gesetze und Satzungen) abgedeckt. Als strategische Zielsetzung konzentriert sich die SKKM, die einen *all-hazards*-Ansatz verfolgt, auf Präventionsmaßnahmen zur Verhinderung von Katastrophen, auf Früherkennung und -warnung, auf bestmögliche Einsatzvorbereitung zur raschen und effizienten Reaktion bzw. Schadensminimierung und rascher Wiederherstellung der Normalsituation.

Als Maßnahmen definiert das SKKM technische Innovation, organisationsübergreifende Ausbildung und Übung, Optimierung von Koordination und rechtlichen Rahmenbedingungen sowie Intensivierung von Risikoanalysen als Grundlage zur Katastrophenschutzplanung, den Erhalt der flächendeckenden ehrenamtlichen Einrichtungen, die Integration von Forschung und Entwicklung sowie der Bevölkerung und der Wirtschaft. Besondere Bedeutung kommt dem Schutz kritischer Infrastruktur zu:

Das österreichische Programm zum Schutz kritischer Infrastrukturen (*Austrian Program for Critical Infrastructure Protection*, APCIP) ist inhaltlich in das Konzept zur Umfassenden Sicherheitsvorsorge eingegliedert (Bundeskanzleramt Österreich/Bundesministerium für Inneres 2015). Der Schutz kritischer Infrastrukturen ist hier als Querschnittsaufgabe durch Außen- und Verteidigungspolitik, Maßnahmen zur inneren Sicherheit, aber auch durch Wirtschafts-, Landwirtschafts-, Gesundheits-, Verkehrs-, Infrastruktur-, Finanz-, Bildungs- und Informationspolitik mit dem Ziel eines gemeinsamen Gesamtkonzepts der zuständigen Resorts und den Infrastrukturbetreibern festgelegt. Das APCIP folgt den Rahmenvorgaben der EU-Richtlinie 2008/114 zu Definition und Schutz europäischer kritischer Infrastrukturen. Orientiert am *all-hazards*-Ansatz ist das APCIP auf die Identifikation der nationalen kritischen Infrastrukturen, deren Schutz durch Präventions- und Schadensbehebungsmaßnahmen und die Reduktion der Verwundbarkeit gegenüber Naturkatastrophen, menschlichem/technischem Versagen, Terrorismus und organisierter Kriminalität ausgerichtet.

Darüber hinaus gibt es in Österreich keine eigenständigen Strategiepapiere oder staatliche Einrichtungen zum Schutz kritischer Infrastrukturen bzw. zum Schutz der Bevölkerung wie etwa in Deutschland oder dem Vereinigten Königreich. Mit dem nationalen Sicherheitsforschungsprogramm KIRAS wird aber eine thematische Konzentration auf Forschungs- und Entwicklungsprojekte verfolgt, die den Schutz von kritischen Infrastrukturen ins Zentrum stellen (Bundesministerium für Verkehr, Innovation und Technologie 2015).

5.4 Diskussion und Schlussfolgerungen

Die aktuellen Katastrophenmanagementansätze weichen insbesondere in der strategischen Definition voneinander ab und sind vorwiegend von der politischen Situation bzw. von der Dimension staatlich relevanter Ereignisse abhängig, aber auch von der jeweiligen Sicherheitskultur geprägt: *Frankreich* verfolgt zwar einen umfassenden Ansatz mit Stärkung der zivilen Fähigkeiten und *Schutz der Nation vor allen Gefahren* (Großkatastrophen aller Art) sowie Schutz kritischer Infrastrukturen und Bevölkerungsschutz, die Erhaltung eines militär- und verteidigungsorientierten Systems mit Fokus auf Nuklearbedrohungen ist dennoch ein weitergeltendes, für das Nationalinteresse und -prestige vorrangiges Ziel. *Ungarn* hatte bereits nach dem Fall des Eisernen Vorhangs die Vorbereitungen auf Nuklearbedrohungen aufgeweitet und einen *all-hazards approach* implementiert. Ebenso wie in Polen, der Tschechischen Republik und Schweden ist das ungarische Katastrophenmanagement in der Sicherheitsstrategie verankert. *Polen* und *Schweden* fallen insbesondere durch eine *proaktive Vorsorgepolitik* auf, wobei Schweden ein offensives *Belohnungsanreizsystem* für entsprechende Betätigungen auf Gemeindeebene bietet. Zudem verfolgt Schweden eine lange Tradition in einer offensiven gesellschaftsorientierten Gesundheits-, Vorsorge- und Rettungsdienstleistungspolitik. In *Deutschland* ist die Betonung des Katastrophenmanagements als eine *umfassende gesellschaftliche Aufgabe* ein verhältnismäßig neues Ziel. Markant ist der politische Konsens über die Rolle des Bevölkerungsschutzes: dieser gilt als eine von fünf gleichwertigen Säulen in der Sicherheitsarchitektur.

Die meisten betrachteten Staaten konzentrieren sich in ihren Vorbereitungsaktivitäten auf *meteorologische Extremereignisse*. Zudem wurden in der jüngeren Zeit neben der Terrorismusbekämpfung auch Anstrengungen in Bezug auf den *Schutz der kritischen Infrastrukturen* vor Naturgefahren unternommen. Ein eigenständiges *Strategiepapier* zum Katastrophenmanagement gibt es in *Ungarn* und in *Österreich*. Seit 9/11 thematisieren die *Tschechische Republik, Polen* und *Schweden* das Katastrophenmanagement in ihren Sicherheitsstrategien. In *Deutschland* und *Großbritannien* wurde Katastrophenmanagement erst um 2005 auf der Ebene nationaler Sicherheitsstrategie reflektiert. In Großbritannien ist eine Konzentration auf operative Konzepte und den Schutz kritischer Infrastrukturen seit 2010 auffällig. Deutschland hat damit schon 2005 begonnen und die Strategie zum Schutz der Bevölkerung von 2002 entsprechend ergänzt.

Verfahrenstechnisch sticht in *Großbritannien* der statutarisch festgelegte *multi-agency*-Ansatz hervor, der auf dem Prinzip der *Subsidiarität* beruht. Der Föderalismus in *Deutschland* und in *Österreich* spiegelt sich neben rechtlichen Regelungen auch im Katastrophenmanagement wider: Während die anderen Länder einen nationalen Ansatz aufweisen, sind in *Deutschland* und *Österreich* die Rechtsgrundlagen länderspezifisch geregelt. Die operative Verantwortung obliegt ebenfalls den Ländern und stützt sich auf die primäre Selbsthilfe lokaler Strukturen, auf dem Prinzip der Subsidiarität) und auf ein starkes Freiwilligenengagement (über 90 % in *Deutschland,* etwa

85 % in *Österreich*). In *Deutschland* wurden der Schutz der Bevölkerung als von nationaler Bedeutung und eine gemeinsame politische Verantwortung von Bund und Ländern für ein gemeinsames Hilfeleistungssystem festgelegt. Staatlich organisierte Systeme finden sich in *Ungarn* und der *Tschechischen Republik.* Letztere baut auf ein *integriertes Rettungssystem* mit dem Feuerwehrrettungskorpus als stärksten Pfeiler. Eine klassische Struktur nach dem *Subsidiaritätsprinzip* findet sich wiederum in *Polen.* Auch *Frankreichs* System beruht auf dem Subsidiaritätsprinzip. Operative Krisen- und Koordinierungszentren wurden sowohl auf Département- als auch Zonen (Regionen)- sowie nationaler Ebene eingerichtet. In *Schweden* obliegt die operative Verantwortung den Gemeinden. Ebenso ist für Schweden eine intensive Informationspolitik charakteristisch.

Ressortübergreifende Planung findet man vor allem in der *Tschechischen Republik:* Typisch ist hier die multisektorale Koordinierung. In *Österreich* wurde im Rahmen des Staatlichen Krisen- und Katastrophenmanagements (SKKM) ein übergeordneter Koordinationsausschuss zur ressortübergreifenden Abstimmung eingerichtet. Deutschland, Polen, Großbritannien und Schweden verfolgen eher einen Ansatz, in dem die fachlich zuständigen Ressorts die Koordinierung und Federführung in gemeinsamen Krisenstäben übernehmen.

Aktivitäten zur *systematischen Integration der Bevölkerung* gibt es in *Ungarn. Deutschland* und *Österreich* zeichnen sich durch eine hohe Freiwilligenbeteiligung aus. In *Frankreich* ist ein Freiwilligendienst geplant und in *Schweden* werden Trainingspläne mit Bürgereinbeziehung entwickelt.

Eine zusammenfassende Übersicht der Katastrophenmanagementorganisation der analysierten Staaten bietet *Tabelle 5.*

Tabelle 5: Übersicht und Besonderheiten ausgewählter staatlicher Katastrophenmanagementsysteme.

Land	Staatliche Organisation	Ressorteinbindung	Nationales, koordinatives Zentrum	Nationale Ausbildung	Fokus	Gesetzliche Regelung
Österreich	Länderverantwortung gemeinsame Koordination mit Bund	Ressort-übergreifende Koordination durch den übergeordneten Koordinationsaus-schuss	Bundesministerium für Inneres (BMI) Gruppe II/B Abteilung II/4 (Zivilschutz, Krisen-Katastrophenschutz-management), Bundes-warnzentrale (BWZ)	Zivilschutzschule in der Sicherheits-akademie (SIAK) der Exekutive	*all hazards*	Länderspezifisch
Deutschland	Länderverantwortung gemeinsame Koordination mit Bund	Sektorbezogene Koordination	Bundesamt für Bevölkerungsschutz und Katastrophenhilfe BBK	Akademie für Krisen-management, Notfallplanung und Zivilschutz AKNZ	Neue Gemeinschafts-augabe	Länderspezifisch
Tschechische Republik	Staatliches, integriertes Rettungssystem Feuerwehrrettungskorps	Multisektorale Koordination und Kollaboration in *Disaster Risk Reduction* , Prävention und Bewältigung	*Czech NC DR Czech National Committee for Disaster Risk Reduction* (NGO)	*Czech NC DR Czech National Committee for Disaster Risk Reduction (NGO):* Koordination der Aktivitäten, Training und Ausbildung	Hochwasser	Einheitlich
Ungarn	Staatliche Schutz- und Verteidigungs-kommittees Regierungskoordinations-kommittee		Nationale Generaldirektion für Katastrophenmanage-ment *(NDGDM National Directorate General for Disaster Management)*		Katastrophen- und Folgenschutz Sozialisierung	Einheitlich
Polen	*Bottom-up -Prinzip:* operative Verant-wortung: Bürgermeister, koordinative Verantwortung: Woiwoden *Emergency Response Boards Government Crisis Management Teams*	Sektorbezogene Koordination			Proaktive Prävention und Vorsorgepolitik Entwicklung eines integrierten nationalen Sicherheitssystems	Einheitlich
Frankreich	*Bottom-up- Prinzip:* Drei neu operative Zentren: CODIS: *Departmental Operations Centre* COZ: *Inter-regional Civil Security Operational Co-ordination Centre* und *Zonal Defence operations Centre* CODIG: Interministerial Centre for Crisis Management		im *Department of Defence and Civil* Safety		Operative Bewältigung von zivilen und Nuklear- und Militär-bedrohungen Stärkung der zivilen aber auch militä-rischen Ressourcen	Keine explizite Katastrophen-management-Regelung bekannt
Groß-britannien	*Bottom-up- Prinzip: Category 1* und *2 responders, Strategic Coordination Group/ Regional Resilience Teams:* zentrale Vernetzungsaufgabe *Regional Coordination Groups Regional Civil Contingencies Committee/Civil Contingencies Committee*	Sektorbezogene Krisenkoordination	*Civil Contingencies Secretariat CSS* mit *Natural Hazards Team* (geplant: *Infrastructure Security* und *Resilience Advisory Council*)	GCERT (Krisenmanagement-ausbildung auf nationaler Ebene) Emergency Planning College EPC Großübungen	Offensive Vorbereitungs-politik: komplexe operative/taktische/ strategische Organisation mit klaren Regelungen basierend auf Kommando, Kontrolle und Koordination Integration von Information/ Kommunikation	Einheitlich
Schweden	*Bottom-up -Prinzip:* Operative Verant-wortung: Gemeinden Bezirksverwaltungen	Sektorübergreifende Maßnahmenwahl in Koordination und Vorbereitung	Notfall- und Katastrophen-managementagentur MSB *(Swedish Civil Contingencies Agency)*	MSB-Colleges (Sandö, Revinge)	Gesellschaft Offensive und proaktive Prävention: Belohnungs-orientiertes Anreizsystem Zentrale Elemente: Vernetzung, Koor-	Einheitlich

6 Mitigationsmanagement – Kritik und *lessons learned* am Beispiel *hazard mitigation* in den USA

6.1 Integriertes Katastrophenmanagement unter Berücksichtigung von Mitigationsinstrumenten

Basierend auf dem umfangreichen und kritischen Werk von Schwab, Bower und Eschelbach (2007) zu *Hazard Mitigation and Preparedness* werden in diesem Kapitel aus Vergleichsgesichtspunkten die Katastrophenmanagementorganisation, -aktivitäten und gesetzlichen bzw. verpflichtenden Regelungen und Vorgaben in Bezug auf Vorsorge, Vermeidung und Vorbereitung in den Vereinigten Staaten aufgezeigt. Die vorhergehenden Kapitel illustrieren, dass sich international ein modernes Katastrophenmanagement durchgesetzt hat. Weit verbreitet ist jedoch ein Schwerpunkt auf der Bewältigung, während Mitigationspolitiken und -strategien zum vorausschauenden, Katastrophenpotenziale reduzierenden Risikomanagement oft Defizite aufweisen und die Koordination mit Agenden des Katastrophenmanagements mitunter vernachlässigt wird.

In Anbetracht eines integrierten Katastrophenmanagement-Konzepts, das sowohl in der Praxis als auch in der Forschung weithin anerkannt und propagiert wird (z.B. Asghar/Alahakoon/Churilov 2006; Bundesamt für Bevölkerungsschutz 2014; European Security Research and Innovation Forum 2009: 60; Jachs 2011; Proske 2009: 9; Schwab/Bower/Eschelbach 2007: 18), beschränken sich Vorsorgemaßnahmen nicht nur auf die Vorbereitung von Bewältigungskapazitäten. Zur Resilienzsteigerung (siehe *Kapitel 10*) sind langfristige Planungen, Maßnahmen und Regulative unerlässlich. Resiliente Gesellschaften handeln vor einem Ereigniseintritt, wodurch im besten Fall das Ereignis nicht zur Katastrophe führt. Ihre Hauptaktivitäten liegen in der Bereitschaft (*„preparedness"*) und in der Risikominderung (*„mitigation"*), also Vorsorge und Vorbeugung. Mitigationsstrategien umfassen auch Wachstums- und Entwicklungsplanung, Umwelt- und Klimaschutz- und -politik. Entsprechende Programme finden sich jedoch häufig unter gesonderten Zuständigkeiten und werden oft nicht ressortübergreifend koordiniert bzw. mit Katastrophenschutzanliegen abgestimmt. Die COVID-19 Erfahrung hat ein entsprechendes Exempel statuiert (siehe Wardman/Lofstedt 2020).

Die Effizienzsteigerung von Mitigationsprogrammen erfordert eine konkrete Planung. Werkzeuge und Instrumente sind unter anderem Bauordnungen, Entwicklungsregulierung, öffentlicher Land- und Eigentumserwerb, Fiskalpolitik sowie Erhöhung der öffentlichen Wahrnehmung von Risiken und Vorsorgemöglichkeiten.

6.2 Amerikanische Risikovorsorge auf Grundlage des *all-hazards approach*

Die *Federal Emergency Management Agency* (FEMA), die nationale Koordinationsstelle der Vereinigten Staaten von Amerika für heimische Katastrophenhilfe, folgt dem *all-hazards approach*, demgemäß kommunale Mitigations- und Notfallpläne für alle relevanten Risiken erstellt und adaptiert werden müssen. Der amerikanische *all-hazards approach* stützt sich auf die Tatsache, dass die Risiken durch Erdbeben in Kalifornien oder Hurrikanen entlang der Golfküste als potenziell weit höher als das Terrorrisiko sind bzw. Risiken durch Grippeviren oder andere Krankheiten weit höher als das Risiko für chemische, biologische, radiologische oder nukleare (CBNR) Anschläge eingeschätzt werden (Schwab/Bower/Eschelbach 2007: 117f.). Das Risiko-(Gefahren-)Management der USA ist gleichwohl ein komplexes Gefüge aus politischen Strategien, Programmen und Akteuren. Das ist eine Folge der Hierarchie der Regierungsebenen, von Dezentralisierung (prinzipielle Entscheidung staatlicher Funktionen von obersten Staatsorganen, jedoch weitgehender Vollzug nachgeordneter Organe und Körperschaften mit eigenem Verwaltungsspielraum) und von Pluralismus (Koexistenz verschiedener Interessen und ihrer Vertretungsorganisationen).

Bundesaufgaben der *hazard mitigation* liegen (eingeschränkt) in bundestaatenübergreifender Programmgestaltung bei der Landnutzung, in öffentlichen Gesundheits- und Sicherheits- sowie in Heimatschutz-Programmen. Der übergeordnete *Disaster Mitigation Act* (DMA) von 2000 legte fest, dass Katastrophenhilfe und -förderungen nur dann bezogen werden können, wenn entsprechende Risikovorsorge betrieben wurde. Nach wie vor zutreffend ist die Kritik von Schwab, Bower und Eschelbach (2007: 152), dass die Verantwortung auf regionaler und lokaler Ebene im Sinne der Vorsorge zu wenig wahrgenommen wird.

Risikovorsorge auf der bundesstaatlichen Ebene beschränkt sich weithin auf die Polizeigewalt zum Schutz der Gesundheit und Sicherheit und die allgemeine Wohlfahrt. Ansonsten bestehen Inkonsistenzen und eine große Variationsbreite in der Risikoerfahrung sowie in den politischen, fiskalischen und technischen Möglichkeiten. Dementsprechend sind die bundesstaatlichen Regulative sehr inkonsistent. Da Infrastrukturprojekte oft erst durch staatliche Förderungen ermöglicht werden, fallen auch Überlegungen zur Vulnerabilität meist nur gering aus. Lokale Regierungsbehörden können erst nach erfolgter Delegation durch den Bundesstaat agieren. Meist ist die Autonomie groß genug, um die Polizei für Katastrophenschutzfunktionen zu autorisieren, aber multiple rechtliche Zuständigkeiten können die Wirksamkeit der Risikovorsorge ebenso wie des operativen Katastrophenmanagements hemmen (Schwab/Bower/Eschelbach 2007: 155-164).

6.3 Katastrophenschutz: Rechtliche Grundlagen und Regierungsprogramme (nach Schwab/Bower/Eschelbach 2007)

Der *Disaster Assistance Act* aus den 1950er-Jahren legte den Fokus auf das Potenzial nuklearer Kriege und Ausfälle und vernachlässigte infolgedessen grundsätzlich vorsorgende Landregulierung. Der Ausbau von Schutzräumen und Luftschutzbunkern in Privathäusern resultierte jedoch in einer ungeplanten Schutzinfrastruktur vor Tornados und anderen Naturgefahren als Nebenprodukt. Die Serie großer Naturkatastrophen der 1960er-Jahre und der Mangel an Versicherungen gegen Katastrophen in großen Dimensionen mündete in der Etablierung des *National Flood Insurance Program* (NFIP) bzw. in den *National Flood Insurance Act* 1968. Vorläufig auf freiwilliger Basis wurden u.a. Mitigationsaktivitäten auf Gemeindeebene zur Reduktion des Hochwasserrisikos begonnen und dann im Jahr 1972 gesetzlich verankert. Die *Federal Disaster Relief Acts* von 1969/70 untermauerten die Rolle der Bundesregierung als primäre Quelle der Finanzierung des Katastrophenschutzes. Ausgelöst durch den Unfall im Atomkraftwerk *Three Mile Island* (1979) etablierte der damalige Präsident Jimmy Carter noch im selben Jahr die *Federal Emergency Management Agency* (FEMA). Ihre große Gründungsaufgabe bestand darin, die zerstreuten, bereits bestehenden Agenturen sowie Programme, Operationen und Politiken in eine zusammenhängende Funktionsordnung zu bringen, was einige politische und weltanschauliche Differenzen sowie logistische Probleme zur Folge hatte und daher zunächst fast zwangsläufig in einer großen Ineffizienz resultierte.

In den 1980er- und 1990er-Jahren explodierten die nationalen Hilfsgelder infolge der Regelungen des *R.T. Stafford Disaster Relief and Emergency Association Act* (1988). Das *Hazard Mitigation Grant Program* (HMGP) stellte erstmals Gelder für Mitigation und Vorsorgestrategien zur Verfügung. Miss-Stände der FEMA bei der Katastrophenbewältigung zwischen 1989 und 1993 führten zu Reformen ihrer Binnenorganisation. Das Hochwasser des Jahres 1993 im mittleren Westen wurde ausschlaggebend für ein Umsiedlungsprogramm, das heute als ein nachhaltiges und kosteneffizientes Mitigationsinstrument gesehen wird. Die erste *National Mitigation Strategy* von 1995 definierte Mitigation als den Eckpfeiler des Katastrophenschutzes, mit der Erhöhung der öffentlichen Wahrnehmung und der Verringerung der Todesfälle und Verletzungen als Ziel. In der Folge wurden alle Gemeindesektoren in den Katastrophenschutz und in

Mitigationsaktivitäten einbezogen und *public-private partnerships* gefördert.

Der *Disaster Management Act* (DMA) ersetzte im Jahr 2000 die bisherigen Programme und legte das Schwergewicht auf Planung für die Phase vor Schadenseintritt sowie auf Naturgefahren. Infolge von 9/11 wurde im Jahr 2003 das *Department of Homeland Security* (DHS), in das die FEMA eingegliedert wurde, geschaffen und der Schwerpunkt weg von Naturgefahren hin auf Terrorismus und Sekundärgefahren verlagert. Der Hurrikan Katrina (2005) brachte die FEMA in starke Kritik wegen schlechter Koordination und fehlerhafter Kommunikation (siehe z.B. Cooper/Block 2006), so dass der neue Schwerpunkt auf Planung für die Phase vor Ereigniseintritt und Verbesserung der Vorbereitung als noch nicht ausreichend umgesetzt erschien.

Die Vorgaben des *State Hazard Mitigation Planning* (SHMP) für Vorsorgemaßnahmen der Bundesstaaten beinhalten Risikobewertung, Gefahrenidentifikation, Profilerstellung, Verwundbarkeitsanalysen, Schadensschätzungen, Ressourcenevaluierung und -identifizierung sowie Mitigationsstrategien und -aktivitäten. Dies erfordert ein hohes Maß an Koordination, Kooperation und Integration sowie Training, Information und Planungsassistenz. Wird kein SHMP vorbereitet, kann der betreffende Bundesstaat im Katastrophenfall lediglich Notfallhilfe für diverse Sofortmaßnahmen (z.B. Aufräumarbeiten) beziehen, hat jedoch keinen Anspruch auf Subventionen aus den diversen existierenden Fonds.

Im *National Response Plan* (NRP) von 2004 (jetzt: *National Response Framework*, NRF) trafen 27 Regierungsagenturen und das amerikanische Rote Kreuz eine verbindliche Übereinkunft und 15 legten Notfall-/Bereitschaftsfunktionen fest: Transport, Kommunikation, Öffentlichkeitsarbeit, Ingenieurswesen, Feuerschutz, Notfallmanagement, Massenunterbringung, humanitäre Dienste, Ressourcenunterstützung, Gesundheits- und medizinische Versorgung, städtische Such- und Rettungseinheiten, Öl- und Gefahrenstoffmanagement,

Management landwirtschaftlicher und natürlicher Ressourcen, Energiemanagement, öffentliche Sicherheit, langfristiger Wiederaufbau und Vorsorge sowie außenpolitische Bezüge. Unterstützung gewährleistet das *National Incident Management System* (NIMS), ebenso wie die staatlichen Einrichtungen *National Oceanic and Atmospheric Administration* (NoaA) und das *National Weather Radio* (NWR). Die Bürgermeister/-innen sind für die Koordinierung lokaler Ressourcen zuständig. Die Zuständigkeitsliste der FEMA umfasst Gefahrenidentifikation, Stärkung der Bauordnung, Landnutzung, Flächenwidmung, die Koordination der Notfallpläne, Frühwarnsysteme, Ausrüstungskoordination, Evakuierung und Schadenseinschätzung. Vorsorgeprogramme wie Freiwilligenprogramme und Training für das *American Red Cross* sowie *Community Emergency Response Teams* (CERTs) werden vom *Emergency Management Institute* (EMI) der FEMA durchgeführt.

6.4 Mitigationsinstrumente

Versicherungen transferieren, aber reduzieren das finanzielle Risiko nicht und sind daher nach Schwab, Bower und Eschelbach (2007: 188) als Mitigationsinstrument nur bedingt qualifiziert. Das *National Flood Insurance Program* (NFIP) ist ein sich selbst tragendes Programm, das für staatliche verpfändete Objekte und Hypotheken staatlicher Institutionen eingerichtet wurde, um die wachsenden Kosten der nationalen Katastrophenhilfe zu kontrollieren. Staatlich gesicherte Hochwasserversicherung (die aber als versicherungsstatistisch gesehen nicht robust kritisiert wird) wird Bewohnern/-innen von Gemeinden angeboten, die am Programm durch regulative Entwicklung gemäß etablierten Standards des NFIP teilnehmen. Die Anforderung an die Kommunen war die Aufnahme eines Hochwasserflächenmanagements mit Konstruktionsstandards und der Evaluierung von Gebäuden in 100-jährigen Hochwasserflächen. Neue Gebäude müssen auf oberhalb der erwartbaren Pegel erhöht werden und Konstruktionsstandards müssen für alle Neuentwicklungen in der Hochwasserzone (Neubauten und Wiederaufbau) verordnet werden. Damit erzielte Kosteneinsparungen durch Hochwasserschäden werden auf eine Billion US-$ pro Jahr geschätzt (Schwab/Bower/Eschelbach 2007: 189). Die *Flood Insurance Rate Maps* (FIRMs) (Hochwasserkartierungen) werden teilnehmenden Gemeinden zur Verfügung gestellt, um das lokale Hochwasserrisiko einzuschätzen. Die Digitalisierung ist allerdings eine Herausforderung, was problematisch für künftige Infrastrukturprojekte ist, wenn auf Basis nicht aktueller Kartierungen gearbeitet wird. Außerdem bleiben viele Bürger/-innen in Zonen mit wiederholter Überflutungsgefahr, wenn der Schadensschwellenwert unter 50 Prozent liegt und somit eine Erneuerung gemäß Hochwasserstandards nicht erforderlich ist.

Das *Community Rating System* (CRS) bietet vergünstigte Prämien für Bürger/-innen in Kommunen, die Hochwasserschutz und Vorsorgeaktivitäten betreiben. Klassifizierungen erfolgen nach Öffentlichkeitsinformation, Kartierungsregulativen, Hochwasserschutz und Hochwasservorsorge. Indirekte Risikomanagementprogramme basieren auf Natur- und Umweltschutz sowie der Qualitätssicherung, da dies in einer Risikoreduktion als Nebenprodukt resultieren kann. Demgegenüber liefern staatliche Entwicklungsprojekte wie das *Capital Improvement Program* Anreize für aus Mitigationssicht risikoträchtige Entwicklungsprojekte, da sie Wachstumsstimulanzen in gefährdeten Gebieten setzen.

Als besonders effektives Mitigationsinstrument gilt hingegen die Landnutzungsregulierung, die in der Verantwortung der Gemeinden liegt. Die direkteste Kontrolle über Grundstücksnutzung ermöglicht der öffentliche Erwerb und Besitzmanagement. Aufkauf- und Umsiedlungsprogramme bzw. Abriss mit dem Ziel, Grundstücke aus dem privaten Markt zu ziehen, sind teure Instrumente, werden jedoch langfristig als weniger kostenintensiv betrachtet. Weitere Mitigationsinstrumente sind nach Schwab, Bower und Eschelbach (2007: 253-279):

- Flächenwidmung durch *dow-zoning* gefährdeter Gebiete und extensiver Nutzung dient der räumlichen Kontrolle, ist jedoch begrenzt auf neue Gebäude und vakante Grundstücke. Unterteilungsverordnungen regeln die Grundstücksteilung für die Entwicklung. Vorteile dabei sind die Berücksichtigung von Pufferzonen und Minimaldistanzen zu gefährdeten Gebieten.

- Konstruktionsstandards und *disaster building moratoria* regeln kurzfristige Aufhebung bzw. Verzögerung der Entwicklungspläne. *State building codes* (Bauordnungen, Konstruktionsstandards) dienen dazu, einen Mindeststandard zu etablieren. Die Anwendungseffizienz auf bestehende Objekte ist jedoch gering und lediglich im Zuge von Renovierungen oder Wiederaufbau von Relevanz.

- Land in *fee simple* bewirkt die größte Kontrolle, ist jedoch am teuersten, da ein Einzelbesitzer alle Parzellenrechte hat. Dies kommt in den gefährdetsten Gebieten zur Anwendung und hat Steuerverluste zur Folge, die jedoch niedriger sind als Service- und periodische Rettungs- und Wiederaufbaukosten. Alternativ könnte die Aufteilung der Parzellenrechte eine Bebauung verhindern.

- *Purchase of development rights* hat hohe Kontrollwirkung ohne Instandhaltungsverantwortung und wird in der Regel bei forst- und landwirtschaftlichen Flächen eingesetzt. Dieses Instrument verhindert den Wechsel in Nutzung mit höheren Risiken.

- *Transfer of development rights* ist ein komplexes System: Entwicklungsrechte können übertragen oder in Unterstützungsflächen verkauft werden. Sofern solche Flächen in risikofreien Gebieten verfügbar sind, ist dies eine sehr effiziente Maßnahme.

- Besteuerung und Vergebührung beeinflussen die Leistbarkeit und Attraktivität für Entwicklungsprojekte. Dies wird vor allem für Energieprojekte und Denkmalschutz eingesetzt.

- *Real property taxes*: Differenzielles bzw. spezifisches Einschätzungssystem von Bauprojekten wie zum Beispiel Flutungsdämme, Retentionsbecken etc.; kommt jedoch nur zu geringem Einsatz.

- *Spending for hazard mitigation* über *capital improvement programs:* Öffentliche Investition in staatliche Gebäude und Infrastrukturen, wenn Resilienzstandards erfüllt werden. Dieses Instrument wird nur eingeschränkt eingesetzt, hätte jedoch mehr Potenzial.

- Resiliente Kommunen sind definiert durch die Lage der Infrastrukturen, die durch entsprechende *post-disaster reconstruction* grundlegend beeinflusst werden kann und damit auch die künftige Vulnerabilität mitbestimmt.

- Erziehung und Information als integraler Teil des Gefahrenmanagements auf allen Ebenen.

- *Local government planning comprehesive frameworks* zum Gesamtmanagement aller Aspekte wie Landnutzung, umfassende Ansätze, Vorsorgeplanung, Notfallplanung, Vorbereitung von Bewältigungsmaßnahmen, Trainings und *real life scenarios.*

Unter klassischen Mitigationswerkzeugen aus dem Bereich des Naturgefahrenmanagements nennen Schwab, Bower und Eschelbach (2007: 406-502) die folgenden:

- Ingenieursprojekte zur Modifizierung der Umwelt (Dämme, Deiche, Schutzbauten): Nachteile sind potenzielle Verlagerung der Gefahren von einer Region in die andere, daher ist überregionale Abstimmung unbedingt erforderlich.

- Entwicklungspläne (Landnutzung, Hochwasserzonierung und Zonenregulierung, Besteuerung etc.).

- Gebäude und Besitzschutz durch Bauordnungen, Konstruktionsstandards, Erhöhung der Gebäudeniveaus, Flut- und Windschutzelemente, seismische Nachrüstung etc.

- Schutz der Naturressourcen und -reserven um offenes Gelände und Erholungsräume zu forcieren (Auwaldpufferzonen, Flut- und Habitatschutz, Feuchtgebietkonservierung, Hangstabilisierung, Alternativ-/indirekter Schutz durch Ingenieurbiologie, Verringerung der Flächenversiegelung etc.). Aktuell geht der

Trend weg von harten technischen Lösungen, hin zu alternativen, nachhaltigen indirekten Vorsorgeprogrammen und Schutzmaßnahmen, da der langfristige Effekt ersterer fragwürdig ist. Grüne Infrastruktur gilt als ein strategisches Konzept zur Erhöhung der Lebensqualität und des ökologischen Gleichgewichts. Naturschutz unterstützt die natürlichen Ressourcen, gleichzeitig können die Flächen als Hochwasserrückhaltezonen genutzt werden.

- Information der Öffentlichkeit (Gefahrenkarten, Warnsysteme, Ausbildungsprogramme).

Durch Vernetzung und Koordination zwischen Behörden bzw. diversen Instrumenten könnte die Effizienz der Mitigation bedeutend erhöhen. Als nachteilig ist zu sehen, dass die Bundesstaaten meist einem *single hazard approach* folgen, was sich entsprechend bis zur Politik und den Maßnahmen auf lokaler Ebene fortsetzt (Schwab/Bower/Eschelbach 2007: 261) – hier erscheint die Situation vergleichbar zu der in Europa (siehe *Kapitel 8.2*). Außerdem sind die Schutzmaßnahmen auf eine Ereigniswahrscheinlichkeit von nur 1:100 (im Gegensatz zu Europa, Beispiel Niederlande: 1:10 000) ausgerichtet.

7 Zivil-militärisches Zusammenwirken im Katastrophenmanagement

7.1 Allgemeines und EU-Kontext

Laut Geiger (2010: 25) liegen die Herausforderungen der Interdisziplinarität der Katastrophenforschung in der Bereitstellung methodischer Planungs- und Entscheidungsinstrumente für Behörden sowie Notfall- und Rettungsorganisationen für die Katastrophenbewältigung, wobei der Fokus im Besonderen auf eine konsequent strategische Orientierung zu richten ist. Ebenso wichtig ist allerdings eine Bestandsaufnahme relevanter Modelle für die Vernetzung unterschiedlicher Akteure in Sicherheitsmissionen, zum Beispiel dem Krisen- und Katastrophenmanagement. Insbesondere auch multinationale Zusammenarbeit im Katastrophenschutz unter Rückgriff auf zivile und militärische Fähigkeiten kommt derzeit in den Blickwinkel nicht nur der europäischen Politik, sondern auch der Sicherheitsforschung. Dies ist vor allem in Zusammenhang mit neuen Zuständigkeiten der Europäischen Kommission im Katastrophenschutz gemäß dem bereits eingangs genannten Titel XXIII (Artikel 196) des Vertrags über die Arbeitsweise der Europäischen Union (mit dem 2007 unterzeichneten und 2009 in Kraft getretenen Vertrag von Lissabon geänderter früherer EG-Vertrag) zu sehen:

„Die Union fördert die Zusammenarbeit zwischen den Mitgliedstaaten, um die Systeme zur Verhütung von Naturkatastrophen oder von vom Menschen verursachten Katastrophen und zum Schutz vor solchen Katastrophen wirksamer zu gestalten.

Die Tätigkeit der Union hat folgende Ziele:

a) Unterstützung und Ergänzung der Tätigkeit der Mitgliedstaaten auf nationaler, regionaler und kommunaler Ebene im Hinblick auf die Risikoprävention, auf die Ausbildung der in den Mitgliedstaaten am Katastrophenschutz Beteiligten und auf Einsätze im Falle von Naturkatastrophen oder von vom Menschen verursachten Katastrophen in der Union;

b) Förderung einer schnellen und effizienten Zusammenarbeit in der Union zwischen den einzelstaatlichen Katastrophenschutzstellen;

c) Verbesserung der Kohärenz der Katastrophenschutzmaßnahmen auf internationaler Ebene."

(Art. 196 Abs. 1 des Vertrags über die Europäische Union)

Katastrophenbewältigung ist jedoch bereits des längeren ein Politikfeld, für das aus europäischer Sicht (Europäischer Rat von Feira 2000) gemeinsame Strategien und gemeinsam einsetzbare, aber nationale, Fähigkeiten zu entwickeln sind. Gemäß den grundlegenden Bestimmungen des Vertrags von Amsterdam (1997) gelten auch dafür das Harmonisierungsgebot sowie das Kohärenzgebot. Daraus ergeben sich Herausforderungen für die mitgliedstaatliche Sicherheitsforschung. Der Aspekt der Solidarität ist dabei nicht neu, sondern folgt bereits im Vertrag von Maastricht (1992) getroffenen Bestimmungen. Neu ist allerdings die Relevanz bzw. Anwendung nicht nur in Bezug auf das externe, sondern auch das interne Katastrophenmanagement. Dies führt zu einer im Rahmen der zivilen Sicherheitsforschung zu behandelnden Problematik. Dabei ergibt die nationale Sicherheitsprärogative, wie sie im Vertrag von Lissabon bekräftigt wurde, besonderen Forschungsbedarf hinsichtlich Koordination und Vernetzung:

„Die Union achtet die Gleichheit der Mitgliedstaaten vor den Verträgen und ihre jeweilige nationale Identität, die in ihren grundlegenden politischen und verfassungsmäßigen Strukturen einschließlich der regionalen und lokalen Selbstverwaltung zum Ausdruck kommt. Sie achtet die grundlegenden Funktionen des Staates, insbesondere die Wahrung der territorialen Unversehrtheit, die Aufrechterhaltung der öffentlichen Ordnung und den Schutz der nationalen Sicherheit. Insbesondere die nationale Sicherheit fällt weiterhin in die alleinige Verantwortung der einzelnen Mitgliedstaaten." (Art. 4 Abs. 2 Vertrag über die Europäische Union)

Öffentliche Bedarfsträger betonen in der Regel den Vorrang des Subsidiaritätsprinzips in der Lesart, dass Katastrophenschutz möglichst nahe an den Betroffenen stattfinden müsse. Einsatzorganisationen, wie zum Beispiel das Technische Hilfswerk (THW) in

Deutschland, betonen demgegenüber die weiter zunehmende Notwendigkeit internationaler Zusammenarbeit in der Bewältigung von Naturkatastrophen sowie in der Ausbildung.

Der zivil-militärische Aspekt im EU-internen Krisen- und Katastrophenmanagement ist in der Solidaritätsklausel (Artikel 222 Vertrag über die Arbeitsweise der Europäischen Union) angesprochen. Seit den Anschlägen von Madrid (2004) auf Nahverkehrszüge, die der Anlass für die Einführung der Solidaritätsklausel waren, sind bisher kaum konkrete Pläne und Konzepte zu erkennen. Dies mag auch daran liegen, dass die EU-Mitgliedsstaaten entsprechend der nationalen Sicherheitsprärogative und des Subsidiaritätsprinzips mit ihren Kapazitäten zur Solidaritätsleistung aufgerufen sind. National verfügen die meisten Länder über eigene Koordinierungsgremien, Co-Finanzierungsinstrumente und ressortübergreifende Ausbildungsstätten sowie Führungseinrichtungen. Nur wenige sind indes in der Lage, auch die nichtstaatlichen Akteure (Nichtregierungsorganisationen, die Wirtschaft sowie den Wissenschafts- und Bildungsbereich etc.) in solche Prozesse einzubinden. Es zeigt sich aber, dass diese mit ihren Fähigkeiten und Ressourcen dringend gebraucht werden, um nachhaltige und bedarfsorientierte Wirkung zu erzeugen. Da die bisherigen Schutzsysteme vor allem auf die Abwicklung von lokalen Ereignissen ausgerichtet sind, können nationale Systeme jedoch schnell an die Grenzen ihrer Leistungsfähigkeit gelangen. Besonders deutlich war dies in Österreich etwa beim Einsatz nach den Lawinenunglücken von Galtür und Valzur am 23. Februar 1999 zu erkennen, an dem sich über 50 Hubschrauber aus der Schweiz, Deutschland, Frankreich und den USA beteiligten.

Die Frage des zivil-militärischen Zusammenwirkens im Krisen- und Katastrophenmanagement steht auch in der politischen Debatte und mit ihr verbundenen Politikfeldanalysen im größeren Zusammenhang der Umsetzung des Konzepts eines „umfassenden Ansatzes" bzw. eines *comprehensive approach* in der Sicherheitsvorsorge – als ein Teil von *security governance* (Ehrhard/Kahl 2010). Während dieser Begriff sich zunächst auf externe Missionen und Operationen europäischer und transatlantischer Sicherheitsinstitutionen bezog, werden auch politisch-strategische zivil-militärische Koordinierung (*civil-military co-ordination,* CMCO) und taktische zivil-militärische Zusammenarbeit im Einsatzraum (*civil-military co-operation,* CIMIC) mitunter in den Gesamtkontext des *comprehensive approach* gestellt (z.B. Council of the European Union 2003). *CMCO* als zivil-militärisches Koordinationsinstrument umfasst alle interinstitutionellen Prozesse mit Bezug zu Krisen- und Konfliktprävention und -management. Dies beinhaltet vor allem auch strategisches Management und Controlling während der Routinephasen und die damit verbundenen Interaktionen auf institutioneller Ebene.

Die bestehenden Konzepte *CMCO* und *CIMIC* (siehe *Kapitel 7.3 und 7.4*) werden weiterentwickelt und auch mit Blick auf Anwendung innerhalb der EU implementiert. Institutionell soll auf EU-Ebene das beim Hohen Vertreter der EU für Außen- und Sicherheitspolitik eingerichtete zivil-militärische Planungsdirektorat (*Civil-Military Planning Directorate,* CMPD) für qualitative Weiterentwicklung in der zivil-militärischen Zusammenarbeit im externen Krisen- und Katastrophenmanagement sorgen. Das zivile Element wird vornehmlich von den EU-Organen (Europäische Kommission) getragen und als wichtiges Element der Krisenprävention finanziert. Die militärischen Elemente werden nach wie vor von den Mitgliedstaaten getragen. Ansätze für Vergemeinschaftung fehlen weitgehend, wenn man etwa von der Ständigen Strukturierten Zusammenarbeit absieht. Vergemeinschaftungstendenzen zeigen sich in der themenbezogenen Aktivität des Europäischen Parlaments, das formalrechtlich aber keine entsprechenden Zuständigkeiten besitzt.

Zivil-militärische Vernetzung im Krisen- und Katastrophenmanagement folgt einem ähnlichen Grundsatz wie militärische *network-centric operations*: die Wirkung, nicht die Kräfte steigern, also die vorhandenen Konzepte und Ressourcen bündeln. Weder in der Analyse noch in der Praxis kann man in der Regel ein spezielles Modell zivil-militärischer Vernetzung bewusst wählen; denn zivil-militärische Vernetzung entwickelt sich maßgeblich in ihrer Anwendung und wird, gerade dann, wenn sie erfolgreich ist, ihren Inhalt immer auch aus dem spezifischen Zusammenhang mit dem jeweiligen Umfeld beziehen. So wird auch verständlich, warum es so viele nebeneinanderstehende Konzepte und Doktrinen für zivil-militärisches Zusammenwirken gibt, mit entsprechendem Bedarf an immer wieder erfolgender gegenseitiger Begriffsabklärung.

Entscheidungsprozesse und Verantwortungswege auf gemeinsamen und unterschiedlichen Ebenen müssen miteinander in Einklang gebracht werden; nicht nur Informationen, sondern auch Kommunikationsressourcen müssen auf einen interoperationsfähigen Stand gebracht werden; und schließlich muss zum Beispiel auch die Medienwirkung gemeinsam gemanagt werden; denn wie Akteure bereit sind, sich auf Zusammenwirken oder sogar Vernetzung praktisch einzulassen, hängt auch von dem Bild ab, dass sie von ihren jeweiligen Kooperationspartnern haben – einem Bild, das in unserer Zeit vor allem auch über die Medien geformt wird. *Tabelle 6* illustriert prototypische Perzeptionen ziviler und militärischer Akteure in Bezug auf Zusammenwirken im Krisen- und Katastrophenmanagement (vgl. auch schon Weiss 1999):

Tabelle 6: Zivile und militärische Problemperzeption des Zusammenwirkens.

Zivile Problemperzeption des Zusammenwirkens	Militärische Problemperzeption des Zusammenwirkens
Zivil-militärisches Zusammenwirken sollte flexibel und bedarfsorientiert anpassbar sein	Zivil-militärisches Zusammenwirken sollte institutionalisiert sein
Im Rahmen v.a. eines umfassenden Ansatzes besteht die Gefahr, dass die zivilen Akteure (v.a. NGOs) ihre Position als eigenständige Akteure mit eigenem Mandat verlieren und zu einem lediglichen „Instrument"	Aufgrund ihres regelmäßigen Auftrags, ein sicheres Umfeld zu gewährleisten und für *comprehensive contingency planning* zu sorgen, kommt den militärischen Akteuren eine übergeordnete Aufgabe zu

herabgestuft werden; *comprehensiveness* im Krisenmanagement ist zwar auch ein ziviles Ziel, sollte aber nicht auf der strategischen, sondern nur auf der operativen Ebene verfolgt werden, um allen Beteiligten ihre Akteursqualität zu sichern	
Militärischen Akteuren fehlt oft das *commitment* zur Hilfe für in Not geratene Gesellschaften; sie gehen eher einem technischen Auftrag nach	Zivile Akteure operieren nicht auf der Basis klarer Prioritäten; die Kooperation mit ihnen verschärft deswegen das *mission-creep*-Problem (die schleichende Änderung der Einsatzgrundlagen im laufenden Einsatz); deshalb müssen die militärischen Akteure darauf bedacht sein, langfristige Abhängigkeit ziviler Akteure von militärischen Ressourcen zu vermeiden
Das Militärische ist ein Teil des Problems, nicht ein Teil der Lösung; kurzfristige Vorteile zivil-militärischen Zusammenwirkens müssen deshalb immer mit den befürchteten langfristigen Negativeffekten (z.B. Vertrauensverlust in der lokalen Bevölkerung) aufgewogen werden	Zivile Akteure führen in ihrem Engagement für internationales Krisenmanagement häufig eine *hidden agenda* der eigenen Außenwirkung mit
Militärische Hierarchien führen zu zeitaufwändigen Entscheidungsprozessen, die rasche Hilfe behindert kann	Zivilen Akteuren fehlt das für den nachhaltigen Operationserfolg notwendige *leadership*; sie entscheiden zu sehr auf der Grundlage von Konsensus

Unvereinbare Organisationskulturen	
Offene Organisation, Lernen aus der Umwelt und kreative Anpassung an die Umwelt werden als Erfolgsvoraussetzung gesehen	Abgeschlossene Organisation, Abschotten gegen die Umwelt und Beherrschung der Umwelt werden als Erfolgsvoraussetzung gesehen
Zieldivergenzen	
Generell: Berücksichtigung soziale Kontexte und Akzeptanzaspekte (z.B. bei Schutzmaßnahmen und Evakuierungen), dialogorientierte Lösungen Im internationalen Einsatz: Wiedervereinigung gespaltener Gruppen, Aufbau von Strukturen	Generell: Fähigkeitsorientierter Ansatz des Infra-struktur-/Objektschutzes, auftrags-/beauftragungsorientierte Lösungen Im internationalen Einsatz: Trennen von Streitparteien, teilweise Zerstörung von Strukturen, Schaffung von Sicherheitszonen, Schutz

Das Konzept des zivil-militärischen Zusammenwirkens im Krisenmanagement wurde erstmals im Rahmen der Herausforderungen des *peacekeeping* der neuen Generation definiert: Militärische Kräfte sahen sich immer mehr auch mit der Aufgabe konfrontiert, neben ihren Kernaufgaben zur Bewältigung der humanitären Folgen von Kriegen und Gewaltkonflikten beizutragen. Die Tatsache, dass militärische Akteure einerseits immer mehr mit zivilen Aufgaben (z.B. Polizeiaufgaben) konfrontiert und somit multifunktional wurden, und andererseits mit relevanten Akteuren (v.a. Zivilbehörden und NGOs) außerhalb der militärischen Befehlskette wirkungsvoll zusammenarbeiten mussten, führte zum Entstehen des Begriffs und der taktischen Doktrin *civil-military co-operation* (CIMIC). In seinem ursprünglichen, im NATO-Rahmen erstmals 1997 definierten Sinn bedeutet CIMIC als taktische Doktrin

„the co-ordination and co-operation, in support of the mission, between the NATO Commander and civil actors, including national population and local authorities, as well as international, national and non-governmental organisations and agencies." (NATO International Military Staff 2002: §4)

Erläuternd hieß es dazu in einem späteren Dokument:

„The immediate purpose of CIMIC is to establish and maintain the full co-operation of the NATO commander and the civilian authorities, organisations, agencies and population within a commander's area of operations in order to allow him to fulfil his mission. This may include direct support to the implementation of a civil plan. The long-term purpose of CIMIC is to help create and sustain conditions that will support the achievement of Alliance objectives in operations." (North Atlantic Treaty Organization 2003: 1-2 - 1-3)

Inzwischen haben sich zwar diverse Modelle und Module für zivil-militärisches Zusammenwirken herausgebildet, die aber nur selten gemeinsame Nahstellen besitzen, an denen sie einfach miteinander verbunden werden könnten. Dies unterstreicht nochmals die Bedeutung zivil-militärischer Vernetzung als *komplexe Managementaufgabe*. Selbst auf der Ebene von CIMIC als taktische Doktrin gibt es nicht immer klare und operative Schnittstellen, so dass es beispielsweise bei der NATO hieß:

„Further, NATO commanders must take into account the presence of increasingly large numbers of international and non-governmental civilian organisations. These demanding circumstances may be further complicated by difference in culture and mandate between the military and civilian organizations concerned." (NATO International Military Staff 2002: §8)

Im Rahmen der EU besteht hier bereits eine strategische Herausforderung: Sie verfügt anders als die NATO über eigene zivile Mittel, so dass CIMIC im Rahmen von EU-Operationen nicht nur Zusammenwirken mit externen zivilen Akteuren beinhaltet, sondern auch Zusammenwirken der eigenen zivilen Komponenten mit den eigenen militärischen Komponenten. Zwar lehnt sich die CIMC-Definition der EU beinahe wortgetreu an die NATO-Definition an, aber mit dem wichtigen Unterschied, dass EU-CIMIC nicht der Unterstützung eines militärischen Befehlshabers dient, sondern der Unterstützung der jeweiligen gesamten EU-Aktivität (die militärisch, zivil oder zivil-militärisch sein kann):

„Civil-Military Co-operation (CIMIC) is the co-ordination and co-operation, in support of the mission, between military components of EU-led Crisis Management Operations and civil actors (external to the EU), including national population and local authorities, as well as international, national and non-governmental organisations and agencies." (Council of the European Union 2002: §20)

7.2 Abgrenzungsmerkmale ziviler und militärischer Charakteristika des Krisen- und Katastrophenmanagements

Um vor diesem mannigfaltigen Hintergrund die Charakteristik gemeinsamen zivil-militärischen Vorgehens zu skizzieren, ist es sinnvoll, prototypisch einige grundlegende Abgrenzungsmerkmale von zivilem gegenüber militärischem Wirken im Krisen- und Katastrophenmanagement festzuhalten, ebenso wie jeweilige Vorbehalte gegen das Zusammenwirken. *Tabelle 7* stellt diese Aspekte im Überblick dar (vgl. auch die Zusammenstellung bei Haltiner 2001).

Tabelle 7: Prototypische zivile und militärische Wirkungsmerkmale und Koordinationsfelder.

Charakteristika des zivilen Krisenmanagements	Charakteristika des militärischen Krisenmanagements
Sicherheit zunächst als Voraussetzung für das eigene Tätigwerden	Schaffung von Sicherheit als elementarer Anfangsauftrag
Dezentralisierung und informelle Koordination/Netzwerkbildung als Funktionsprinzip	Hierarchische Organisation/Befehlsstrang als Funktionsprinzip
Humanität und Responsivität: Einstellen auf die konkreten Bedürfnisse der Situation und die damit z.B. verbundenen menschlichen Bedürfnisse	Professionalität und Effizienz: Universelle Handlungskultur und Routine, unabhängig von den konkreten Bedingungen

Neutralität und Unparteilichkeit – auch als Prinzipien, um die eigene Sicherheit zu wahren	Missionsorientiertes Vorgehen
Vermeiden von Konfrontation	Routinemäßige Akzeptanz von und routinemäßiger Umgang mit Konfrontation
Wenig systematische Planung, langer Zeithorizont, Ausrichtung auf Nachhaltigkeit und Einvernehmlichkeit	Systematische Planung nach allgemeinen Gesichtspunkten; frühe Ausrichtung auf *exit*-Strategien
Keine systematische Informationsverwaltung, kein systematischer Informationsaustausch	Fähigkeit, aber oft mangelnde Bereitschaft zum (auch zivil-militärisch) vernetzten Informationsmanagement
Endogene, situationsangepasste Erfolgsstandards	Exogene, generalisierte Erfolgsstandards
Umfassender Ansatz mit Einbindung von *stakeholdern* auf unterschiedlichen Ebenen	Standardisierter Umgang mit klaren Situationen; komplexe Situationen können mit den verfügbaren Standardoperationsverfahren schlecht bewältigt werden

Tabelle 7 illustriert die Tatsache, dass es keine Kopplungspunkte gibt, an denen man einfach zivil-militärisch ineinandergreifen kann. Das Zusammenwirken ist, so zeigt sich hier nochmals, eine komplexe Managementaufgabe. Militärische und zivile Akteure müssen, um diese Aufgabe zu bewältigen, im Sinne einer Partnerschaft zusammenarbeiten, die sich über alle Phasen des Krisen- und Katastrophenmanagements (*mitigation, preparedness, response* und *recovery*) erstrecken muss. Obwohl es dabei wichtig ist, die jeweiligen Spezifika zivilen und militärischen Vorgehens ebenso zu verstehen wie strukturelle und kulturelle Hemmfaktoren für zivil-militärisches Zusammenwirken zu berücksichtigen, darf man nicht vergessen, dass die Herausforderungen für zivil-militärische Vernetzung weniger in den Unterschieden zwischen zivilen und militärischen Akteuren oder Zielen des Krisenmanagements liegen, sondern in dem

realitätsbedingten Managementbedarf, den die komplexen Krisen unserer Zeit erzeugen.

Im Folgenden werden zwei Modelle für zivil-militärisches Zusammenwirken im Katastrophenmanagement beispielhaft näher behandelt.

7.3 Beispiel *Civil-Military Co-operation* (CIMIC)

CIMIC (*civil-military co-operation*) als taktische Doktrin der Einsatzunterstützung verliert in komplexen Krisen- und/oder Katastrophenlagen rasch an ihrer zunächst reizvollen terminologischen Trennschärfe. Nach Garon (2005) lassen sich aus unterschiedlichen praktizierten CIMIC-Verfahren vier Grundmodelle ableiten (*Tabelle 8*).

Tabelle 8: Vier Grundmodelle von *civil-military coordination* (CIMIC).

Modell	Funktions-prinzip	Operations-ziel/Anwen-dungsgebiet des Modells	Zivil-militä-risches Mi-schungsver-hältnis	Koordinie-rungsbedarf und -inte-resse	Typischer Anwen-dungsfall
Komplementä-rer Ansatz	Voneinander unabhängige zivile und militärische Komponente des Krisen-managements	Stabilisierung des Einsatz-gebiets bzw. der Katastro-phensituation	Militärische und zivile Akteure ar-beiten isoliert in ihren spe-zialisierten Handlungs-feldern und nutzen sich von Fall zu Fall gegensei-tig, um ein Ziel ihres Auftrags zu erreichen	Wechselsei-tige Interes-sen zwischen militärischen und zivilen Organisatio-nen	Katastro-phenhilfe; traditionelles *peacekeeping* (Blauhelme), kurzzeitige militärische Stabilisie-rungsoperati-onen
Integrierter Ansatz	Kollektivi-tät/*civil mili-tary affairs*	Konzertiertes Zusammen-wirken aller externen Ak-teure, wenn eine gemein-same Auffas-sung über die	Zunächst ge-meinsame Entsendung ziviler und militärischer Kräfte unter Führung ei-ner	Beinhaltet kein Konzept für den Ein-bezug lokaler Verantwor-tungsträger Ressorts und deren vor Ort	Krisen, in de-nen ein mili-tärischer Er-folg nicht im Vordergrund steht, sondern eine umfas-sende Krisen-

173

		Situationsanalyse und die zu erreichenden Ziele besteht Der Ansatz selbst verfolgt das Ziel eines gemeinsamen Verständnisses zwischen zivilen und militärischen Akteuren	militärischen Operationszelle	eingesetzte Verantwortliche müssen ebenfalls bereit sein, sich zu koordinieren und ihre jeweilige funktionale Expertise einzubringen	bewältigung notwendig und erwünscht ist (z.b. Katastrophenfälle im Inland und innerhalb der EU)
Unterstützungsansatz	*Bottom-up*	Wahrung der analytischen und entscheidungs-mäßigen Letzt-verantwortung ziviler Akteure; Vorrang humanitärer Zielsetzungen, kein Durchsetzen, sondern endogene Entwicklung von Konfliktlösungen	Militär leistet fallweise logistische Hilfe und sorgt für ein sicheres Umfeld	*Nolens-volens*-Zweckbündnis; entspricht nicht den in den meisten europäischen Staaten vorherrschenden CIMIC-Doktrinen	*Peacebuilding*-Szenarien, in denen die Auffassung besteht, dass die Ziele von zivilen Akteuren, v.a. NGOs, umgesetzt werden sollen und nur von Fall zu Fall militärischer Unterstützung bedürfen
Zentralisierter Ansatz	*Top-down*	*Joint action*; nicht variierende Umsetzung politisch-strategischer Vorgaben zum zivil-militärischen Zusammenwirken Politische Vorgabe einer für alle Krisenmanagementakteure verbindlichen Sichtweise der Krise.	Strategisch vorgegebene Verhaltensrichtlinie wird von allen beteiligten Akteuren bis zur untersten taktischen Ebene hinab ausgeführt	Umsetzung zentralisierter, auf strategischer Ebene getroffener politisch-militärischer Entscheidungen	Szenarien, in denen *unity of effort* absolut notwendig ist, z.B. auch Katastrophenhilfe

Da CIMIC im Grunde in jedem Einsatz neu aufgebaut werden muss, wurde vorgeschlagen, ein an den Einzelfall anpassbares CIMIC-Leitmodell zu entwickeln, das unter anderem folgende entscheidende Punkte beinhalten sollte (Euro-Atlantic Disaster Response Coordination Centre 2002):

- Definition klarer Verantwortlichkeiten vor Ort, die Entscheidungsbefugnisse nicht zivil-militärisch übergreifend zusammenfassen, sondern entlang im jeweiligen Fall sinnvoller Linien trennen/aufteilen sollten. In Bezug auf die Führung von CIMIC-Operationen sollte deshalb nicht *command & control*, sondern von *collaboration* gesprochen werden.

- Sorgfältige Situationsanalysen und Analysen der Bedarfslage vor Ort, sowohl am Anfang der Operation als auch operationsbegleitend: Das Ziel der Operation ist nicht, dass zivil-militärische Zusammenarbeit stattfindet, sondern dass eine Krisenlage nachhaltig bewältigt wird.

- Auf dieser Analyse aufbauend, sollte eine konkrete CIMIC-Strategie für die jeweilige Operation ausgearbeitet werden. Dabei ist das Ziel, das durch CIMIC erreicht werden soll, klar zu definieren. Daraus lassen sich dann auch die Prinzipien für die jeweilige Zusammenarbeit ableiten.

- Der Erfolg dieser Strategie hängt davon ab, dass kulturelle und kommunikative Interoperabilität aller beteiligten Akteure besteht.

- CIMIC muss regelmäßig mit breiter Teilnehmerschaft geübt werden.

7.4   Beispiel *Civil-Military Co-ordination* (CMCoord)

Das für Katastrophenhilfe im Rahmen der UNO entwickelte CMCoord-Modell (*civil-military co-ordination*)[3] ist eine interessante Option aus dem UN-Kontext nicht für Vernetzung, sondern für eine regelrechte „Ent-Netzung" zivil-militärischen Zusammenwirkens im humanitären Krisenmanagement auf der Ebene von *initial crisis response* und *first entry*. Es soll in Situationen, in denen das Erfordernis an erster Stelle steht, die Neutralität der zivilen Komponente einer internationalen Krisenreaktion strikt zu wahren, einen koordinierten (aber nicht kooperativen) Parallelismus zwischen zivilem und militärischem Krisenmanagement verwirklichen. An erster Stelle steht die gemeinsame Hilfeleistung für die Opfer einer humanitären Katastrophe. Auch wenn hierbei oft die zum Beispiel technische oder umfeldsichernde Hilfe militärischer Akteure unerlässlich ist, soll zugleich die Neutralität der zivilen Helfer strikt gewahrt bleiben: Einerseits, um sie keinen durch ein wahrgenommenes Zusammenwirken mit militärischen Kräften möglicherweise entstehenden Bedrohungen für ihre eigene Sicherheit auszusetzen; andererseits, um ihren Zugang zu den Hilfsbedürftigen nicht einzuschränken.

CMCoord verfolgt in diesem Sinn das Ziel, einen humanitären Freiraum (*humanitarian space*) zu errichten. Die Koordinierung erfolgt zuvorderst durch zivil-militärischen Informationsaustausch, sorgfältige Arbeitsteilung und nur dort, wo es sinnvoll und machbar erscheint, auch durch gemeinsame Planung. Das Modell erscheint für Inlandsanwendung zunächst wenig relevant, könnte aber möglicherweise im Zuge der Behandlung der immer häufiger diskutierten Thematik der Schaffung strategischer Einbindungskontexte für die Bevölkerung in das Katastrophenmanagement vor Ort eine Rolle spielen.

---

[3] https://www.unocha.org/es/themes/humanitarian-civil-military-coordination.

CMCoord trägt umgekehrt aber inzwischen auch der Erfahrung Rechnung, dass militärische Kräfte in der Anfangsphase eines Eingreifens in *complex emergencies* sehr zurückhaltend in ihrer Bereitschaft sind, zivile Akteure in ihre Operationsplanung einzuschließen. Aus EU-Perspektive kann die CMCoord-Option aus dem Grund nicht erstrebenswert erscheinen, dass eine zusammenfassende Sichtweise der Krise und eine diese umfassende Sicht berücksichtigende Planung nicht das Ziel, sondern allenfalls ein späterer Konvergenzpunkt von praktizierter CMCoord sind. Auch wenn CMCoord dem Ansatz der „Ent-Netzung" nach durchaus als eine Option auf der strategischen Ebene zu sehen ist, entfaltet sie sich immer erst in der praktischen Umsetzung vor Ort, was zwar einem universellen Prinzip (Neutralität der zivilen Komponente), aber keinem Managementkonzept für den in Frage stehenden Krisenfall folgt.

7.5 Fazit

Es ist zu beachten, dass die beispielhaft angeführten Modelle und Optionen zwar Realtypen, aber doch idealisiert sind und sich nicht durchwegs im Verhältnis zueinander bewerten lassen; denn die jeweiligen Krisensituationen führen in der Regel erfahrungsgemäß zu spezifischen Mischtypen und erfordern zum Beispiel auch Anpassungen an politische Spielräume und Interessenlagen. Vor dem Hintergrund des Leitbildes eines *comprehensive approach* können aber die folgenden Anforderungen an zivil-militärische Vernetzung im Krisen- und Katastrophenmanagement gestellt werden:

- Zivil-militärische Vernetzung soll eine Strategie sein und kein (z.B. politisches) Etikett.

- Der Nutzen der gesamten Intervention sowie der Mehrwert der zivil-militärischen Vernetzung müssen vorab definiert sein: einerseits, um einen statischen Erfolgsmaßstab zu gewinnen; andererseits, weil sich die Bewertungen über den Charakter, die Legitimität und die Erfolgsbedingungen im Laufe der Durchführung typischerweise verändern.

- Zivil-militärische Vernetzung muss auch bereits eine Aufgabe/ein Charakteristikum der primären Prävention bzw. der Mitigation sein.

- Zivil-militärische Vernetzung muss die Definition des politischen Ziels für die Zeit nach dem Einsatz beinhalten. Dies betrifft auch die *recovery*-Phase im Katastrophenmanagement.

- Notwendiger Rahmen für zivil-militärische Vernetzung ist deshalb stets ein politisches Konzept.

- Zivil-militärische Vernetzung sollte im Idealfall einem Modell folgen, das auf allen vertikalen Entscheidungsebenen zur Anwendung kommen oder zumindest eine Nahstelle zwischen mehreren vertikalen Entscheidungsebenen schaffen kann.

- Zivil-militärische Vernetzung muss gleichzeitig so aufgebaut sein, dass sie jedenfalls mit einem Teil ihres Potenzials auch in Situationen zivil-militärischer Zielwertdifferenzen genutzt werden kann.

- Zivil-militärische Vernetzung muss auch letztlich in der Lage sein, im Rahmen der langfristigen Ziele lokale Akteure (z.B. auch Gemeinschaften/Organisationsformen von einer Katastrophe betroffener Bürger/-innen) aktiv in die durchgeführten Maßnahmen einzubeziehen.

Zivil-militärisches Zusammenwirken im Krisen- und Katastrophenmanagement wird sich überdies nur dann als ein bedarfsgerecht anwendbares Krisenmanagement-Modell umsetzen lassen, wenn die Kohärenz der verschiedenen Ziele und Maßnahmen sich aus einer operationalisierbaren Managementstrategie ergibt, die versucht, nicht nur Ziele, Fähigkeiten und Zuständigkeiten, sondern auch *Organisationskulturen* miteinander vereinbar zu machen.

Vernetzungsmodelle für zivil-militärisches Zusammenwirken im Krisen- und Katastrophenmanagement sollten künftig die Dimension der *public-private partnerships* im Schutz kritischer Infrastruktur wesentlich mit einbeziehen. In diesem Zusammenhang betont Freudenberg (2008) die Tatsache, dass Industriegesellschaften und kritische Infrastrukturen vom Staat häufig an privatwirtschaftliche Unternehmen abgegeben worden sind. Sicherheitspartnerschaften zwischen Staat und Unternehmen sind daher notwendig, um gesamtgesellschaftliche, wirtschaftliche und administrative Abläufe zu schützen und/oder wiederherzustellen. Dieser Sachverhalt ebenso wie die hohe Verwundbarkeit erfordern vernetzte Antworten im Krisen- und Katastrophenmanagement bei komplexen Bedrohungen. Das Sicherheitsverständnis darf sich dabei nicht in der militärischen oder der technischen Sicherheit erschöpfen, sondern die heutige Sicherheitspolitik hat soziale und ökonomische Bedeutung. Für Staat und Unternehmen gilt es, langfristige sicherheitspolitische Strategien festzulegen und eine konzeptionelle Weiterentwicklung von Grundlagen für zeitgemäßes Katastrophenmanagement zu betreiben.

8 Bevölkerungsverhalten und bevölkerungszentrierte Kommunikation

8.1 Panikmythos

Das vermeintliche generalisierte Panikrisiko, das Behörden oft dazu bringt, in der bevölkerungszentrierten Kommunikation zurückhaltend und im Einkanalton persuasionsorientiert, statt interaktiv zu verfahren, wird vor allem auch von der Risikoforschung nicht gestützt. Risiken sollen ihr zufolge breit und detailliert kommuniziert werden. Ungläubigkeit gegenüber Warnsignalen und amtlichen Informationen, nicht aber Massenpanik gilt in der Forschung seit langem als das Hauptproblem für das Katastrophenmanagement (z.b. Withey 1962; aktuell Drabek 2010: 60). Eine frühere Aufarbeitung vorhandener Fallstudien hat allerdings gezeigt, dass Fehlalarme die Glaubwürdigkeit von Information nicht unbedingt herabsetzen und dass es zur Wahrung der Glaubwürdigkeit besser ist, zu oft zu warnen als zu selten: Trotz einer Fehlalarmquote von 70 Prozent im Fall von Hurrikan-Evakuierungen wurden Evakuierungsanordnungen zu 70 Prozent befolgt (Mileti/Sorensen 1990: Kapitel 3: 6).

Dass Panikreaktionen in der Bevölkerung insbesondere bei Ausfall kritischer Infrastruktur weit verbreitet seien, ist ebenfalls ein Konstrukt (Quarantelli 2002), das weder frühere noch jüngere Fallstudien bestätigen (Zusammenstellung einschlägiger Nachweise bei Lorenz 2010: 46; Perrow 2007). Das Panikparadigma ergab sich mehr aus von der Sozialtheorie (z.b. Smelser 1963, der noch davon ausging, dass Gefahrensituationen selbstorganisierte soziale Kontrolle zersetzen und deshalb starker, entschlossener elitärer Führung bedürfen) abgeleiteten Annahmen als aus wirklichkeitswissenschaftlichen Analysen, die seit jeher eher auf selbstorganisierte Prosozialität und emergenten Altruismus hinweisen (z.b. die Literaturdiskussion bei Mawson 2005, Aguirre/Wenger/Vigo 1998 sowie Glass/Schoch-Spana 2006, die empfehlen, behördliche Kommunikationsstrategien genau auf die Amplifikation dieser Tendenzen und nicht auf das Panikkonstrukt hin zu spezialisieren). Allerdings darf man nicht vergessen, dass auch das Panikdogma nicht von einer Irrationalität und Irritabilität der breiten Bevölkerung ausging, sondern Panik als rationale Wahlhandlung konzipierte: einer individuellen Entscheidung, eine als bedrohlich wahrgenommene Situation zu verlassen, die von dem Ausmaß der wahrgenommenen Bedrohung, der individualpsychologischen Rückzugstendenz und Kosten/Nutzen-Erwägungen angesichts der realen oder empfundenen Kosten eines Rückzugs/einer Evakuierung abhängt (Ikle u.a. 1957).

Eine Hurrikan-Fallstudie konnte zeigen, dass entstandene Panik (massenhafte Selbstevakuierung) primär darauf zurückzuführen war, dass die betroffene Bevölkerung nicht klar identifizieren konnte, in welcher Risikozone sie lebte und ob sie von behördlichen Evakuierungsanordnungen betroffen war oder nicht (Zhang/Prater/Lindell 2004). In diesem Fall war Panik sogar ein Ergebnis unpräziser oder schlecht verständlicher vorausgegangener behördlicher Risikokommunikation in der Normalphase. Schon lange wird die vermeintliche Generalproblematik Panik deshalb als ein „Mythos", oder pragmatischer übersetzt ein „Märchen", bezeichnet – sowohl in der Forschung (z.B. Wenger u.a. 1975; Johnson 1987; Perrow 2007) als auch in Berufszeitschriften für Einsatzkräfte (z.B. Keating 1982). Dennoch ist der Panikmythos in der Praxis nach wie vor weit verbreitet, auch in entsprechenden aktuellen Strategiebüchern zur resilienzsteigernden öffentlichen Kommunikation (z.B. Coppola/Maloney 2009; kritisch dagegen Jachs 2011: 55f.).

Der Mythos bezieht sich wissenschaftlich gesehen auf die ältere Katastrophenforschung, die den Beginn das Massenmedienzeitalters reflektierte (Janis 1962): Als Hauptrisiko bei der Mitteilung von Katastrophenwarnungen an die Bevölkerung galt damals die Erzeugung von übersteigerter „überlegter Angst" (*reflective fear*) – gerade nicht, weil Informationen fehlen, sondern weil man zu viel oder die falschen Informationen medial vermittelt hat und die Reduktion von Komplexität nicht gelang. Diese Hypothese und ihre wissenschaftliche Grundlage sind aus heutiger Sicht stark zu hinterfragen. Es gibt keine informativen Schlüsselreize, die bei den Bürgern/-innen spontan einen unpassenden kognitiven und emotionalen Prozess auslösen. Vielmehr konnte gezeigt werden, dass die kognitive Verarbeitung von risikobezogenen Informationen in Stufen erfolgt, die auch wiederholt durchlaufen werden können (Lindell/Perry 2004: 30):

- Konfrontation mit einer Mitteilung;

- Aufmerksamkeit oder Nichtaufmerksamkeit für die Mitteilung;

- Verstehen oder Nicht-/Fehlverstehen der Mitteilung;

- Akzeptanz oder Nichtakzeptanz der Mitteilung;

- Handeln oder Nichthandeln bzw. vom Sender nicht intendiertes Handeln.

Bereits Clausen und Dombrowsky (1984: 298f.) hatten nahegelegt, dass das aus Behördensicht oft fälschlicherweise mit „Panik" belegte Auseinanderklaffen zwischen der „internen Rationalität" der Informationssuche und -bewertung der Betroffenen und der Lagebewertung gemäß der „externen Rationalität" der Behörden vor allem auch daher kommt, dass die Betroffenen mit knappen, kontextarmen Warnungen (wie Sirenen) nichts anfangen können und deshalb mit eigener Informationssuche beginnen.

Die kontroverse Fachdiskussion zu dieser Thematik markiert auch einen der wesentlichen Unterschiede zwischen dem soziologischen Mainstream der Katastrophenforschung mit Blick auf die gesamte Sozialorganisation (z.B. Clausen/Dombrowski 1983; Drabek 2010; McEntire 2007) und dem eher politologisch orientierten Mainstream der Krisenforschung (z.B. Boin/t'Hart 2006; Smith/Elliott 2006). Dieser politologische Mainstream fokussiert den politischen Sektor und politisches Entscheidungshandeln unter legitimitätsbedrohender Unsicherheit angesichts dringender Reaktionsnotwendigkeit auf die überraschende Bedrohung von Grundwerten, was auch zu ungewohnter zum Beispiel interorganisatorischer Kooperation zwingt und durch begleitende symbolische Akte der Bedeutungskonstruktion gekennzeichnet ist.

8.2 Kommunikation mit der Bevölkerung

„Achtung, hier spricht Ihre Feuerwehr. Es ist zu einem Schadensereignis gekommen, bei dem Schadstoffe freigesetzt wurden, die potenziell gesundheitsschädlich sein können..." – diese von einem Ausrüstungslieferanten für Sicherheitslösungen auf einer Fachmesse angebotene „Kommunikationslösung" mit einer steril-hochdeutschen Stimme zeigt, wie man es nicht machen sollte: paternalistisch, ausgrenzend, behördenterminologisch und unspezifisch, für die betroffene Bevölkerung nicht in ihre Lebensumstände einordbar (dazu insbesondere die historische analytische Erzählung von Barry [2004] zur weltweiten Influenzaepidemie von 1918). Immerhin ist das Beispiel eine gute Illustrierung der Ritualismusthese von Needleman (1987), wonach Risikoinformation häufig formalen Anforderungen folgt, ohne substanzielle Information zu liefern. Dieser symbolische Informationsaustausch konzentriert sich auf die Absicherung des Kommunikationskontexts, in diesem Fall der Helfer-Opfer-Rollenverteilung und der Externalisierung der Gefahr an prälegitime Expertensysteme (im obigen Beispiel: „Ihre Feuerwehr").

Im Zusammenhang mit COVID-19 ist Ähnliches festzustellen: hier wird die Gesamtsituation politisch an ein selektives Expertensystem, die Infektiologie und Virologie ausgelagert, die zugleich für das gesamte öffentliche Gesundheitswesen – und, so ergibt sich bisweilen der Eindruck, für den gesamten Rest der Welt – spricht. Abwägungen zwischen Sicherheit und Freiheit in der politischen Verwaltung der COVID-19-Katastrophe sind aus diesem Grund relativ ausgeschlossen; denn die Bedeutungszuschreibung ist auf eine „epidemische Lage von nationaler Tragweite"[4] zugespitzt und zugleich beschränkt, so dass wenig diskursive und pragmatische Anschlussfähigkeit an die sozialwissenschaftliche Sicherheitsforschung und

---

[4] Zum Beispiel nach §5 des deutschen Infektionsschutzgesetzes.

die Katastrophenforschung bestehen, die viel beizusteuern hätten, deren – sofern vorliegenden – Beiträge sich aber weitestgehend auf empirische Studien des Sicherheitsmonitoring, etwa zu Risikowahrnehmung und Bewältigungsstrategien der Bevölkerung (z.b. Gerhold 2020; Schulze u.a. 2020) beschränken. Eine der Ausnahmen bilden aus risikowissenschaftlicher Perspektive Wardman und Lofstedt (2020).

Bis Anfang der 1990er-Jahre wurde katastrophenbezogene Kommunikation mit der Bevölkerung nahezu ausschließlich als informationsgestützte staatliche Intervention aufgefasst, betrieben und beforscht, welche die Menschen dazu motivieren sollte, behördlich erwünschte Schutzmaßnahmen umzusetzen (paradigmatisch: Weinstein 1987) bzw. staatliche Informationspolitik zu akzeptieren (siehe den Überblick bei Clausen/Dombrowsky 1990). Seitdem gilt zumindest in der Forschung der gesamte, pfadabhängige kommunikative Kontext zwischen Regierung und Bevölkerung als wesentliche Voraussetzung für effektive Katastrophenschutzkommunikation. Dieses neue Paradigma wurde vor allem von der deutschen Katastrophensoziologie begründet (Clausen/Dombrowsky 1983; Ruhrmann/Kohring 1996). Gängige Handbücher wie Haddow, Bullock und Coppola (2008: 227-250) setzten zwar noch ganz auf die unilaterale Informationsverbreitung, betonten aber bereits, dass die Öffentlichkeit in allen Phasen des Notfallmanagements (*mitigation, preparedness, response und recovery*) zeitnah und präzise mit Informationen versorgt werden muss – vor allem auch, um die Legitimität der involvierten Institutionen zu stützen (ebd.: 228).

Die Katastrophenforschung empfiehlt auch angesichts dessen inzwischen dezidiert, nicht mehr auf die *eine* von *dem* glaubwürdigen Verantwortlichen offiziell an alle ausgegebene Information zu setzen, sondern an die Bevölkerung vielmehr über mannigfaltige Kommunikationskanäle Nachrichten aus mehreren und unterschiedlichen Informationsquellen zu geben (Mileti u.a. 2011: 29). Auch das „*milling*", das gebetsmühlenartige wiederholte Diskutieren von Informationen in *face-to-face*-Gruppen, wird als förderlich erachtet (ebd.: 28). Schon Tiryakian (1959) wusste, dass Angst und auch Panik – wenn sie denn auftritt – vor allem infolge von Unsicherheit über das Schicksal Nahestehender sowie infolge von Informationsunsicherheit entstehen – also daraus, dass keine ausreichende (und *nicht* zu viel, verwirrende bzw. verunsichernde) Kommunikation stattfindet. Bürgerzentrierte Kommunikation im Katastrophenmanagement sollte insgesamt darauf ausgelegt sein, der Bevölkerung ergebnisoffene Sinndeutungshilfe zu geben (das gilt auch im Fall von COVID-19, siehe Wiedemann/Dorl 2020). Detailinformation sollte durchaus gegeben werden, am besten durch eine aktive Rolle von Experten/-innen mit spezifischem Detailwissen, die vor allem bei ungewöhnlichen oder unbekannten Risiken eine die Lage entmystifizierende öffentliche Kommunikation unterstützen sollten (Covello u.a. 2001), jedoch nicht regierungsamtlichen Alarmismus, wie bei COVID-19 zu beobachten (Wiedemann/Dorl 2020).

Die Katastrophenforschung vertritt wie erwähnt klassischerweise die Auffassung, dass insbesondere Ungläubigkeit gegenüber Warnsignalen und amtlichen Informationen (nicht aber Massenpanik) ein Hauptproblem für das Krisen- und Katastrophenschutzmanagement ist (z.B. Withey 1982; aktuell Drabek 2010) darstellt. Internationalem Erfahrungsstand nach haben Charakteristika der Informationsquelle (wie Kommunikatorenvertrauen) ihre stärkste Wirkung auf die Glaubwürdigkeit der Information und das Befolgen mitgeteilter Handlungsempfehlungen in Fällen, in denen die Bevölkerung (z.B. aufgrund geringer empfundener persönlicher Relevanz) wenig motiviert ist, Informationen aufzunehmen und sich mit ihnen auseinander zu setzen, und in der die Bevölkerung nur schlecht in der Lage ist, die Informationen zu beurteilen und zu verarbeiten (z.B. wegen großer ereignisbedingter Ablenkung, hohen Zeitdrucks oder schlechter sachlicher Verständlichkeit der Mitteilung) (Lindell/Perry 2004: 30). Die resultierenden Praxisempfehlungen lassen sich zusammenfassen in dem Slogan: *Kommunikation spezifizieren, lokalisieren und personalisieren!*

Die gegenüber weiterhin häufiger gängiger Praxis zu empfehlende durchaus spezifische und präzise Gestaltung der bevölkerungszentrierten Kommunikation ergibt sich insbesondere aus der Erfahrung der Katastrophenforschung, dass dies die Glaubwürdigkeit der mitgeteilten Informationen erhöht (Drabek 2010: 60). Auf europäische Länder bezogene Fallstudien wie die Untersuchung einer Katastrophenschutzübung durch de Jong und Helsloot (2010: 158) bestätigen diesen zunächst amerikanischen Befund. Die Personalisierung der Kommunikation ist auch ein klassischer empirisch nachgewiesener Erfolgsfaktor für die Wirkung von Warnungen (siehe bereits Bates u.a. 1963 sowie Mileti/Sorensen 1990). Allerdings sollte die Erkenntnis der psychologischen Forschung mehr Berücksichtigung finden, dass Personalisierung zugleich zu Selbstreflexion der Bürger/-innen als mögliche Opfer führt und keine rein kognitiven, sondern auch emotionale Prozesse bzw. Reaktionen auslöst – allerdings eben nicht Verunsicherung und Panik, sondern Stress-Symptome (Dixon/Rehling/Shiwach 1993). Jedoch kann zu viel Personalisierung durch präventive Kommunikation quasi als intim empfundene Risikovertrautheit schaffen – wie im Falle von Rauchen oder HIV – was dazu führt, dass Warnungen ignoriert werden (Bazerman/Watkins 2004).

Vor allem auch deshalb muss die Kommunikation bevölkerungszentriert und bürgerbedarfsgerecht sein (Perry/Greene/Lindell 1980): Man darf den Betroffenen nicht vorschreiben, was sie wissen wollen sollen. Vielmehr gilt es anzuerkennen und in der Praxis entsprechend zu berücksichtigen: „Wichtige Akteure im System des Katastrophenmanagements sind schließlich auch die Bürger als Privatpersonen" (Jachs 2011: 90). Örtlich übliche und mit sozialem Glaubwürdigkeitsvorschuss ausgestattete Kommunikationswege sollten genutzt werden – je nachdem vom Internet über SMS, Radio, Fernsehen usw. bis hin zur Verteilung von Hand.

In Fallstudien wurde festgestellt, dass es einen allgemeinen Mechanismus der Informationssuche, Bewertung und Entscheidung über Handlungskonsequenzen gibt, der mehrere Entscheidungsstadien umfasst, dabei insbesondere auch die individuelle Beantwortung folgender Fragen (Lindell/Perry 2004: 50-65), auf die glaubwürdige Kommunikation ausreichend präzise Antworten geben muss:

- Besteht eine reale Bedrohung, der ich meine Aufmerksamkeit schenken muss?
- Ist es für mich nötig, Schutzmaßnahmen zu ergreifen?
- Muss ich diese Schutzmaßnahmen *zum jetzigen Zeitpunkt* ergreifen?
- Welche Informationen benötige ich, um Fragen wie diese für mich zu beantworten?
- Welche dieser Informationen benötige ich *zum jetzigen Zeitpunkt*?

Kommunikationskonzepte für den Krisen- und Katastrophenfall sind zudem nicht als Notfall- oder Extremthemen zu behandeln, sondern langfristig zu bearbeiten. Im Sinne der Risiko- und Krisenforschung sollen sie vor allem auch generalisierbare Sinndeutungshilfe für die Bevölkerung liefern (Boin u.a. 2005: 10-15; Wiedemann/Dorl 2020). Krisenkommunikation beginnt deshalb bereits vor der Krise, wenn sie wirksam sein soll, ansonsten gerät sie im Ereignisfall rasch zu einer PR-Kampagne, welche die öffentliche Glaubwürdigkeit der Kommunikatoren (weiter) reduziert. Angestrebt werden sollte daher eine bevölkerungszentrierte Kommunikation, die nicht nur auf Ruhigstellung abzielt. Während in Ländern wie der Schweiz eine klare Strategie für die Krisen- und Katastrophenkommunikation von staatlicher Seite erkennbar ist, wird in anderen Ländern eher Management von Fall zu Fall betrieben. Kommunikation von Risken und Kommunikation im Krisen- und Katastrophenschutzmanagement sind aus Sicht der praxisbezogenen Forschung aber als Prozesse und nicht als anlassfallbezogene Einzelhandlungen zu verstehen, insbesondere dann, wenn sie im Rahmen von Resilienzsteigerung zur Entwicklung einer adäquaten Selbstschutzkultur in der Bevölkerung beitragen sollen (vgl. bereits Fitz-patrick/Mileti 1994).

Die in Bezug auf den Zusammenhang zwischen Information und Verhalten der Bevölkerung hat die Forschung die teils noch verfolgte Unterscheidung zwischen *natural* und *man-made* (oder *anthropogenic*) *disaster* schon vor mehreren Jahren fallen gelassen (Perry 1985). Herrschende Meinung ist, dass beides (*natural* und *man-made/anthropogenic*) ineinander verschwimmt, da zum Beispiel Naturrisiken heute typischerweise erst in ihrem spezifischen sozialen Umfeld zu Katastrophen werden und auch soziale Ursachen haben, zum Beispiel Hochwasser (*vulnerability gap*, Bangladesh), Lawinen (Galtür) und eben auch COVID-19 (Après Ski Hotspot im Frühjahr 2020 in Ischgl).

Ein umfassender Ansatz des kommunikativen Zugangs zu den Bürgern/-innen im Katastrophenmanagement bedeutet daher nicht, einzelne Kanäle, Gruppen oder Ansprüche umfassend zu bedienen, sondern eine umfassende Problemperspektive einzunehmen und verschiedene Kommunikationskanäle zu berücksichtigen. Insgesamt geht die Forschung klassischerweise von einer komplexen, multiplen Kanalnutzung (verschiedene soziale Kontakte und Informations-/Kommunikationsmedien aus, die vor allem vom empfundenen Informationsbedarf der Bevölkerung bestimmt ist (Drabek 1986; Lindell/Perry 1992).

Ebenso wenig ist es empfehlenswert, einen übermäßig differenzierten Ansatz zu verfolgen, zum Beispiel genau nach Schadensereignissen und Ursachen für das katastrophale Ausmaß der Situation zu differenzieren. Die US-amerikanische Katastrophenforschung empfiehlt insbesondere lokalen Behörden schon seit 20 Jahren einen *all-hazards approach* für Bevölkerungsschutzkonzepte, auch was den Kommunikationsaspekt angeht (Drabek/Hoetmer 1991). Allerdings stehen insbesondere Länderbehörden – nicht nur in Österreich – der Orientierung an generellen Konzepten für Kommunikation im Katastrophenfall und einem gefahrenübergreifenden Ansatz skeptisch gegenüber. Dies liegt unter anderem auch an dem wichtigen sicherheitskulturellen Faktor, dass ein Rekurs auf die Besonderheit regionaler Risiken und Gefährdungen ein Distinktionsmerkmal und auch politisches Kapital im Land-Länder- sowie im Bund-Länder-Verhältnis darstellt. Ein erfahrungsgemäß von Landes- und Bundesbehörden gegen einen umfassenden Ansatz bevölkerungszentrierter Kommunikation vorgebrachtes Argument ist die Frage der Übertragbarkeit des betreffenden internationalen Wissenstands auf nationale, regionale und lokale Verhältnisse.

Das entspricht den Annahmen der *Cultural Theory of Risk* von Douglas und Wildavsky (1982), wonach unterschiedliche Wahrnehmungen und Konzeptionen von Risiko, Gefährdung und Bedrohung bzw. deren adäquater Einschätzung und Prävention auch mit Weltanschauungen zu tun haben; umgekehrt verstärken kontextpassende Risken, Gefährdungen und Bedrohungen herrschende Grundüberzeugungen und Vorgehensweisen: Die Identifizierung von Gefahren, Risken und ihrem Management ist auch ein kulturelles Unterscheidungsmerkmal – ebenso wie die Strategien, die eingesetzt werden, um den kulturellen Herausforderungen zu begegnen. Politische Kulturen fußen unter anderem auf der Definition von Unsicherheiten (z.b. Naturgefahren, soziale Radikalisierung, Kriminalität usw.) und entsprechenden Funktionen der Bundesländer als Sicherheitslieferanten. Die ist sozialwissenschaftlich gesehen ein normaler Zustand, der aber eine Herausforderung an einen Ansatz umfassenden Krisen- und Katastrophenschutzmanagements in gesamtstaatlicher Perspektive stellt.

Kommunikationsstrategien müssen zudem der Angstkultur einer Gesellschaft Rechnung tragen. Studien zu (Un-)Sicherheits- und Bedrohungsperzeption der EU-Bevölkerung zeigen, dass in Ländern mit ausgeprägter sozialer (kollektivistischer) Angstkultur – wie Österreich, die Niederlande oder Schweden – kommunikationsgestützte Interventionsstrategien (z.B. Hintergrundinformationen zu Gefährdungen und Risiken, Informationen zu Prävention) typischerweise die Unsicherheitswahrnehmung reduzieren; dagegen erhöhen kommunikationsgestützte Interventionsstrategien in Ländern mit ausgeprägter persönlicher (individualistischer) Angstkultur – wie etwa Bulgarien oder Italien – typischerweise die Unsicherheitswahrnehmung, was die Diskrepanz zwischen faktischer und gefühlter (Un-)Sicherheit ebenfalls vergrößert (Jerković/Siedschlag 2010). Zu beachten ist dabei auch, dass die Anpassung von Information an lokale Bedürfnisse – einschließlich des Ersatzes genereller Quellen durch verfügbare lokale Quellen – deren Glaubwürdigkeit in der Bevölkerung deutlich erhöht (Vanderford u.a. 2007: 16f.). Leitkriterium ist hier wiederum die Anschlussfähigkeit an jeweils gelebte alltägliche Mitteilungsformen. Dieses Beispiel zeigt außerdem, dass ein umfassender Ansatz nicht mit *one size fits all* verwechselt werden darf. Ein *one size fits all*-Ansatz der bevölkerungszentrierten Kommunikation in Katastrophenfällen erscheint überdies allein schon deshalb nicht ratsam, weil Menschen Risikoeinschätzungen sozial validieren sowie nach sozialer Unterstützung ihrer Bewertung von Risikobotschaften und deren Wahrheitsgehalt streben (z.B. Perry 1985).

Ein weiterer wichtiger Faktor in einem umfassenden Ansatz bevölkerungszentrierter Kommunikation im Katastrophenmanagement sollte die längerfristige Wirkung der mitgeteilten Informationen sein. Hierbei muss von Situation zu Situation ein Prioritätenkonflikt gelöst werden; denn Personalisierung und Spezifizierung effektiveren zwar das unmittelbare Selbstschutzverhalten der Bevölkerung, können aber zu negativen psychologischen Langzeitfolgen führen. In ihrer Diskussion psychologischer Bezüge der Katastrophenforschung verweisen Gibbs und Montagnino (2007) auf eine Studie von Lee (2005), die zeigte, dass die Informationen, die afroamerikanische und lateinamerikanische Schüler/-innen aus ihrem sozialen Umfeld über den Hurrikan Andrew (Florida, 1992) zuteilwurden, wesentlich vom westlichen Informationsstil abwichen und fatalistisch geprägt waren. Gibbs und Montagnino erklärten diesen Befund mit der Neigung bestimmter Kulturen, Naturkatastrophen höheren Mächten zuzuschreiben. Vorteilhaft an dieser Weltanschauung bzw. sogar an diesem Informationsdefizit erweise sich die damit verbundene geringere Anfälligkeit gegenüber psychischen Reaktionen und posttraumatischen Folgen, da die individuelle Macht generell als sehr gering empfunden werde. Die Kehrseite liegt allerdings in zu vermutender geringerer Resilienz und weniger Selbstschutzmotivation in der Ausnahmesituation selbst.

Außerdem wichtig im Rahmen eines umfassenden Ansatzes ist die Lösung der Frage, wann und wie die Beendigung der Ausnahmesituation und die Rückkehr zum Normalzustand kommuniziert bzw. kommunikativ begleitet werden sollte. Hier bietet Monitoring von *citizen-to-citizen*-Kommunikation in den neuen sozialen Medien neue Möglichkeiten, Echtzeithinweise darauf zu erhalten, auf welcher Stufe des Managementzyklus der Katastrophe sich die Betroffenen selbst sehen: noch in der Bewältigungsphase oder schon im Wiederaufbau? Gegen eine (allzu) rasche formelle und kommunikative Beendigung der Katastrophensituation sprechen das Bedürfnis der Menschen nach emotionaler Aufarbeitung sowie der eigentliche Lernprozess, den man in einer Krise idealerweise durchläuft und welcher ebenfalls bisherige Sichtweisen auf Normalität verändert.

Die in Praxishandreichungen gängige Empfehlung, rasch auf einen kommunikativen Übergang zurück in die Normalität zu setzen, ist kritisch zu beurteilen. Dies gilt auch angesichts der Erfahrung der Bedeutung von „Erinnerungskultur" in der Akzeptanz des Geschehenen und der Ereignisfolgen, einschließlich Priorisierungen beim Wiederaufbau:

„Bei einigen Überlebenden entwickelt sich nach der Katastrophe, zumindest eine Zeitlang, eine Verehrung der Vergangenheit. Sie bauen Reliquien aus Resten, die sie nach dem Ereignis in den Ruinen gefunden haben und besuchen häufig früher für sie relevante Orte" (Geenen 2010: 205).

8.3 Komponenten eines umfassenden Kommunikationsansatzes im Überblick

Ein umfassender Ansatz des kommunikativen Zugangs zur Bevölkerung im Katastrophenmanagement bedeutet nicht, einzelne Kanäle, Gruppen oder Ansprüche umfassend zu bedienen, sondern eine umfassende Problemperspektive einzunehmen und verschiedene Kommunikationskanäle zu berücksichtigen. Insgesamt geht die Forschung klassischerweise von einer komplexen, multiplen Kanalnutzung (verschiedene soziale Kontakte und Informations-/ Kommunikationsmedien) aus, die vor allem vom empfundenen Informationsbedarf der Bevölkerung bestimmt ist (Drabek 1986; Lindell/Perry 1992).

Allerdings erscheint es nicht empfehlenswert, einen übermäßig differenzierten Ansatz zu verfolgen, zum Beispiel genau nach Schadensereignissen und Ursachen für das katastrophale Ausmaß der Situation zu unterscheiden. Auch in Bezug auf die Untersuchung des Zusammenhangs zwischen Informationsweitergabe und Verhalten der Bevölkerung hat die Forschung die Unterscheidung zwischen *natural* und *man-made/anthropogenic disaster* wie erwähnt schon vor mehreren Jahren mehrheitlich fallen gelassen. Im deutschen Sprachraum ist die Analyse der (nationalen und regionalen) „Gefahrenlandschaft" (Jachs 2011: 107) dagegen noch gängig. Die US-amerikanische Katastrophenforschung empfiehlt demgegenüber insbesondere den örtlichen Behörden bereits seit Jahrzehnten einen *all-hazards approach* für Bevölkerungsschutzkonzepte, auch, was den Kommunikationsaspekt angeht (Drabek/Hoetmer 1991).

Hervorzuheben ist das Erfordernis, über multiple Kanäle hinweg konsistente Botschaften zu senden und einen Rückmeldekanal vorzusehen, über den Bürger/-innen den Behörden spezifischen Informationsbedarf mitteilen können. In Bezug auf Kommunikation im Krisen- und Katastrophenschutzmanagement führt die Wahl eines *umfassenden Ansatzes* als Leitkonzept zusammenfassend gesagt zu den folgenden Anforderungen:

- Glaubwürdigkeit und Vertrauen sind die Basis der Kommunikation in Katastrophenfällen. Dies erfordert Anschlussfähigkeit an bereits geleistete alltägliche Öffentlichkeitsarbeit. Es erfordert auch die Koordinierung von Äußerungen. Es sollten keine verschiedenen Signale von verschiedenen Seiten und von Vertretern/-innen ein und desselben Akteurs gesendet werden, und es sollte mit anderen glaubwürdigen Kommunikatoren zusammengearbeitet werden, anstatt eine singuläre Informationspolitik zu betreiben.

- Es sollte eine integrative anstatt einer defensiven Informationspolitik betrieben werden. Dies heißt auch, dass die Öffentlichkeit ab der Phase der primären Prävention als legitimer Partner in die Risiko- und Katastrophenkommunikation einbezogen werden sollte, ebenso wie in die Ereignisbewältigung an sich. Kommunikation sollte auch darauf ausgelegt sein, Einbindungsmöglichkeiten von Nichtspezialisten/-innen und nichttraditionellen Partnern in die *first response* zu eröffnen oder zu unterstützen.

- Die Kommunikation sollte im Sinne des *all-hazards approach* primär generisch und nicht differenziert nach Risiken, Sektoren kritischer Infrastruktur usw. erfolgen.

- Globalinformation sollte auf Länder- und Kommunenebene schrittweise entsprechend heruntergebrochen werden. Auch Behörden sollten die Bevölkerung vermehrt direkt ansprechen und Fragen beantworten, zum Beispiel über interaktiv gestaltete Internetpräsenzen.

- Reduktion von Komplexität nachdem KISS-Prinzip (*„Keep It Short and Simple"*), ein früherer Grundsatz der Krisenkommunikationsforschung und -beratung, darf deshalb nicht verabsolutiert werden. Gleichwohl gilt weiterhin: frühe, sachgerechte und glaubwürdige Kommunikation reduziert den Raum für Gerüchte und Spekulationen.

- Kommunikation sollte dem Bedürfnis der Bevölkerung nach Sicherheit auch und gerade unter Bedingungen nachkommen, wo verlässliche Information ein knappes Gut ist. Öffentliche Kommunikation muss daher relevante Information bereitstellen, die dabei hilft, Vorwissen und bereits gemachte Erfahrungen mit Krisen und Risiken (*lessons learned, best practices* usw.) zu (re-)aktivieren.

- Menschen sollten dauerhaft in Bezug auf abstrakte, verdrängte Gefahren angesprochen werden. Dies sollte durch die Vermittlung von Faktenwissen geschehen, um die Urteilsbildung der Bevölkerung zu fundieren, und nicht, um fertige Einschätzungen zu verankern. Im Informationsmanagement sollte daher ergebnisoffene Sinndeutungshilfe für die Bevölkerung an erster Stelle stehen.

- Idealerweise sollte sich anlassfallbezogene Kommunikation aus einem bereits bestehenden risikodiskursiven Kontext zwischen Regierung, Bevölkerung, Bedarfsträgern und Betreibern ableiten.

- Behördliche Kommunikation sollte Informationen liefern, die helfen, die Selbsthilfefähigkeit der Betroffenen und die Resilienz in kommunalen Kontexten zu fördern.

8.4 Zur Rolle der neuen Medien

Lange wurde Kommunikation über neue Medien gar nicht explizit thematisiert, sondern nur die empirische Bestätigung der gängigen Vermutung berichtet, dass die Mediennutzung in unterschiedlichen Bevölkerungsgruppen und unterschiedlichen Katastrophenfällen unterschiedlich ist (z.B. Lindell/Perry 2004: 67-118). Insgesamt geht die Forschung seit jeher von einer komplexen, multiplen Kanalnutzung (verschiedene soziale Kontakte und Informations-/Kommunikationsmedien aus, die vor allem vom empfundenen Informationsbedarf der Betroffenen und Interessierten bestimmt ist (Drabek 1986; Lindell/Perry 1992). Noch die umfassende Studie von Lindell und Perry zur Kommunikation in Bezug auf Naturgefahren aus dem Jahr 2004 wertete das Internet in Bezug auf seine Relevanz für das Katastrophenschutzmanagement als reines Einkanal-Medium zur Verbreitung von Informationen an die Bevölkerung, das insbesondere bei Katastrophen mit knapper Vorwarnzeit nicht dazu geeignet sei, eine besondere informationspolitische Rolle zu spielen (Lindell/Perry 2004: 79). Dies macht klar, wie groß der bestehende Forschungs- und vor allem Fallstudienbedarf im Themenbereich Web 2.0 und Katastrophenschutzmanagement ist.

Der Begriff *Web 2.0* bezeichnet nicht eine bestimmte Gruppe von Anwendungen oder Software und auch kein spezifisches Nutzungsverhalten. Vielmehr ist Web 2.0 ein abstrakter Oberbegriff für eine durch neue technologische Möglichkeiten bedingte Entwicklung einer interaktiveren und partizipativeren Internetkultur, insbesondere aufgrund neuer Möglichkeiten der Gestaltung von Internetinhalten, ohne dafür über weitergehende technische/technologische Kenntnisse verfügen zu müssen. Der Begriff Web 2.0 erfasst darüber hinaus vernetzte Kommunikations- und Arbeitsprozesse, die zu neuen Internetprodukten und -inhalten führen (O'Reilly 2005).

Während heutzutage der Staat mit den traditionellen Massenmedien, insbesondere auch den öffentlich-rechtlichen Fernsehanstalten, eine Art Partnerschaft in der bevölkerungszentrierten Kommunikation im Katastrophenmanagement eingegangen ist, werden die neuen Medien und insbesondere die internetgestützten sozialen Netzwerke (wie Facebook und Twitter) jedoch oft weiterhin mit Argwohn beäugt. Die Möglichkeit, dass sich dort jeder zum Sender und Meinungsmacher erheben könne, schaffe in der Bevölkerung große Verunsicherungspotenziale und Kommunikation über Katastrophen könne rasch aus dem Ruder laufen, Selbstschutzempfehlungen oder Anordnungen der Behörden kämen durch das digitale Hintergrundrauschen der wild und ziellos miteinander kommunizierenden Menschenmengen womöglich gar nicht mehr durch (Haddow/Bullock/Coppola 2008: 237). Ein besonderer Risikofaktor wird von Bedarfsträgern in der Nutzung der neuen Informations- und Kommunikationsmedien gesehen, da echtzeitnahe Information hier unprofessionell moderiert vertrieben werde (ein Vorbehalt, der sich auch zunächst in der Katastrophenforschung fand; siehe Quarantelli 1997).

Auf die USA bezogene Studien fanden indessen keinen Glaubwürdigkeitsnachteil über das Internet verbreiteter öffentlicher Informationen im Vergleich zu von Medien und einzelnen Gruppen oder Personen über das Internet verbreiteten Informationen; eher wurden öffentliche Informationen von der Bevölkerung sogar bevorzugt zur Kenntnis genommen und berücksichtigt (Latonero/Shklovski 2010). Untersuchungen in Zusammenhang mit dem Hurrikan Katrina haben gezeigt, dass die betroffene Bevölkerung oft unzufrieden mit dem Informationsangebot der traditionellen Medien zu den Konsequenzen einer Katastrophe und zur Planung für den Wiederaufbau ist und auf neue soziale Netzwerke zurückgreift, um sich die interessierenden Informationen zu beschaffen (Shklovski u.a. 2010).

Die umfassende Studie von Lindell/Perry (2004) zur Naturgefahren-Kommunikation in multiethnischen Gemeinschaften wertete das Internet in Bezug auf seine Relevanz für das Katastrophenmanagement als reines Einkanal-Medium zur Verbreitung von Informationen an die Bevölkerung, das insbesondere bei Katastrophen mit knapper Vorwarnzeit nicht dazu geeignet sei, eine besondere informationspolitische Rolle zu spielen. Fallstudien legten sodann aber eine Neubewertung nahe (Siedschlag/Jerković 2011):

- Das Potenzial von Blogs und Twitter für Quasi-Echtzeitanalysen fußt laut aktuellen Studien auf einem inzwischen nur noch bestehenden Zeitverzug von etwa 15 Minuten zum Referenzereignis.

- Im Internet stehende Sachinformationen haben bisher ein hohes Potenzial für Selbstkorrektur unter Beweis gestellt: Fehler und bewusst gesetzte Falschinformation werden erfahrungsgemäß relativ rasch ausgesteuert.

- Meinungsmache in Sicherheitsfragen steht in der Internetnutzung nicht an erster Stelle, sondern vor allem wird das Internet zu Beschaffung und zum Austausch von Fakteninformation sozial genutzt.

- Das Gefühl der Selbstkontrolle bei der Informationssuche im Internet steigert in der Regel außerdem das individuelle Sicherheitsempfinden.

Das *U.S. Department of Homeland Security* (DHS), zu dessen operativen Komponenten die *Federal Emergency Management Agency* (FEMA) gehört, ist eine der wenigen Organisationen, die ihren Ansatz in Bezug auf die Nutzung neuer sozialer Medien umfassend dargestellt und damit auch katalogisiert weiterer Forschung zugänglich gemacht haben (U.S. Department of Homeland Security 2013). Allerdings haben auf die USA bezogene Studien gezeigt, dass Organisationen des Katastrophenschutzes, die das Internet zur Ansprache der Bevölkerung nutzen, in der Regel Einkanalkommunikation bevorzugen und interaktive Anwendungen wie Bloggen nicht verwenden (Sutton 2009). Auch noch in der amerikanischen Regierungs- und Behördenkommunikation im Rahmen von COVID-19 tritt diese Tendenz deutlich zutage.

Einer weiteren Hurrikan-Katrina-Fallstudie zufolge nutzte die betroffene Bevölkerung aber insbesondere Blogs, um sich zu informieren, um Meinungen über die politische Katastrophenbewältigung auszutauschen, um zu beraten, wie sich aktueller materieller Bedarf des alltäglichen Leben decken lässt, und um konkrete Hilfe zu erbitten oder anzubieten. Die oft befürchtete soziale Unruhestiftung und Emotionalisierung stand nicht im Vordergrund (Macias/Hilyard/Freimuth 2009), ist aber heutzutage im Zuge der zunehmenden Mis- und Desinformationsproblematik ein ernstzunehmendes Problem im kommunikativen Katastrophenmanagement.

Das relativ große Vertrauen der Behördenkommunikation in die traditionellen Massenmedien wird von der Forschung nicht gestützt. Vielmehr führt sie an, dass Massenmedien in ihrer Berichterstattung Katastrophenereignisse inhaltlich meist sensationalistisch, ungenau oder sogar falsch darstellen und dadurch zur Unterminierung des wichtigen Faktors Institutionenvertrauen in der Bevölkerung beitragen (Rodríguez u.a. 2006: 477 u. 482). EU-Bürger/-innen vertrauen in Bezug auf Hintergrundinformationen zu Katastrophen wie bereits zuvor erwähnt deutlich mehr der Wissenschaft (53 %), als sie dem Journalismus (29 %) oder auch ihrer eigenen Regierung (33 %) und EU-Institutionen (26 %) Vertrauen schenken (European Commission 2009: 31). Auch internationale Erfahrungen legten nahe, insbesondere neue Informations- und Kommunikationsmedien zu nutzen, damit verantwortliche Organisationen ihr Bemühen unterstreichen können, die Bevölkerung auf schnellen Kanälen zeitnah umfänglich zu informieren (NGIS Australia 2009: 20):

- Die kommunizierten Informationen sollten mit einer Verlässlichkeitsbewertung (z.B. durch Farbcodierung) versehen werden.

- Es sollte darauf geachtet werden, in einem sachlich breiten Ansatz zu kommunizieren.

- Die Informationspolitik sowie Art der Nutzung neuer Informations- und Kommunikationsmedien sollte nicht auf bestimmte Arten von Katastrophen oder spezifischen Schutzbedarf für bestimmte Sektoren kritischer Infrastruktur beschränkt werden.

Klassische Untersuchungen aus der Zeit vor dem Internet führten zu dem Ergebnis, dass Informationsaustausch über elektronische Medien (Telefon, Radio, Fernsehen) die Glaubwürdigkeit der Nachricht und die Wahrscheinlichkeit, enthaltene Empfehlungen zu Selbstschutzmaßnahmen zu befolgen, erhöht (Nigg 1987: 110f.). Entsprechendes wurde für Kommunikation über traditionelle soziale Netzwerke (Familie, Verwandtschaft, Kreis der Kollegen/-innen, aber auch Vereine und Freiwilligenorganisationen) festgestellt, ebenso wie für Regierungskommunikation (Perry 1983: 36 u. 41). Daran anknüpfend wäre auf die heutige Zeit übertragen die Hypothese zu prüfen, dass Katastrophenschutzkommunikation dann am besten ankommt, wenn sie von Regierungsstellen über elektronische Medien in neuen sozialen Netzwerken verbreitet wird. Allerdings ist es problematisch, dass Fallstudien zufolge insbesondere in Bezug auf gesundheitsbezogene Risiken die Mehrheit der Bevölkerung erwartet, dass Katastrophenschutzkommunikation über das Internet erfolgt (Kittler u.a. 2004; Rizo u.a. 2005). Problematisch kann außerdem die merkliche Erwartung der Bevölkerung sein, dass das Internet ein katastrophenfestes Informations- und Kommunikationsmedium ist und nicht ausfallen wird (de Jong/Helsloot 2010: 157). In der Praxis des Katastrophenmanagements haben sich neue Medien längst etabliert (ausführlich White 2011), vor allem sogenannte Kollaborationstools, die das rasche Zusammenführen relevanter Quasi-Echtzeitinformationen durch *crowd sourcing* ermöglichen, allen voran die *open-source*-Projekte *Sahana* (http://sahanafoundation.org) und das Webtool *Ushahidi* (http://www.ushahidi.com).

8.5   Ersthelfer/-innen- und Freiwilligenkultur

Gibbs und Montagnino (2007), Marmar u.a. (2006) und weitere weisen darauf hin, dass Ersthelfer/-innen im Besonderen anfällig für posttraumatische Belastungsstörungen und andere Negativfolgen von Katastrophen sind; denn Katastrophenarbeiter sind häufig längerfristiger der Katastrophe ausgesetzt als die Opfer. Als außergewöhnlich belastend gilt der Umgang mit toten Körpern. Auf der anderen Seite sind die empfundene Hilflosigkeit und der Kontrollverlust sehr hoch, wenn die Suche nach Opfern erfolglos ist. Ungefähr 13 Prozent entwickeln im Laufe ihres Lebens eine posttraumatische Belastungsstörung (Balaban u.a. 2006). Des Weiteren sind Ersthelfer/-innen besonders alkoholismusgefährdet, da sie dies häufig als Möglichkeit ansehen, mit den Belastungen ihres Berufs umgehen zu können (Alexander 2002). Faktoren, die das Auftreten psychologischer Probleme bei Ersthelfern/-innen begünstigen, sind nach Alexander (2002):

- eine durch Menschen verursachte Katastrophe im Gegensatz zu einer umweltbedingten Katastrophe;

- das Gefühl, in der Gefahrenzone nicht sicher zu sein;

- empathische Gefühle gegenüber den Überlebenden;

- das Gefühl der Hilflosigkeit sowie die Intensität der traumatischen Szenen.

Faktoren, die vor dem Auftreten psychologischer Probleme schützen, sind ebenfalls nach Alexander (2002):

- eine gute Organisation;

- eine klare Definition der Verpflichtungen;

- Aufmerksamkeit gegenüber den eigenen physiologischen Bedürfnissen;

- Teamwork sowie das Gefühl der Anerkennung.

Zugleich darf nicht vergessen werden, dass Ersthelfer/-innen an ihrem Beruf auch viele positive Aspekte sehen. Aufgrund der Tragödien, mit denen sie in ihrer Arbeit konfrontiert sind, entwickeln viele eine andere Sicht auf ihr Leben und schätzen Werte wie den Familienzusammenhalt besonders hoch (Alexander 2002). Außerdem sehen viele Ersthelfer/-innen ihren Beruf als eine Möglichkeit zu persönlichem Wachstum an (Chopko/Schwartz 2009).

Als ersthelferzentrierte Prävention wird vor allem das *„critical incident stress debriefing"* (CISD) empfohlen, ein von Mitchell (1982) entwickeltes Kriseninterventionsmodell, das als striktes Format für Opfer, Familienangehörige und vor allem Ersthelfer und Rettungsarbeiter (Feuerwehr, Rettung, Polizei) angewandt wird. Unter anderem geht es darum, Gefühle kognitiv zu bearbeiten und ihrer Verneinung oder Verdrängung vorzubeugen. Das Modell beinhaltet sieben Phasen: Einführung, Katastrophenfakten, Gedanken über das Passierte, Gefühle über das Passierte, Symptome, Information und Ausbildung zu Stress und Stressmanagement sowie den Rückblick auf das *debriefing* und ggf. die Vereinbarung eines Follow-up (nach Mitchell/Everly 2001). Notfallarbeiterinnen suchen etwa dreimal häufiger die Möglichkeit der Nachbesprechung (*debriefing*) als ihre männlichen Kollegen. Dies hat vermutlich mit den geschlechterspezifischen Diskrepanzen der Wahrnehmung und des Umgangs zu tun (männliche individuelle Lösungsfindung bzw. Unterdrückung psychologischen Leids vs. weibliche Suche nach sozialer Unterstützung etc.).

Ein weiterer wichtiger Aspekt ist die Freiwilligenkultur. Freiwilligenkultur fußt nicht in erster Linie wie oft angenommen auf speziellen nationalen Gegebenheiten, die aus der spezifischen politischen Kultur und gesellschaftlichem Altruismus stammen, sondern auf einer Reihe genereller Motivationsfaktoren. Auf jeden Fall haben sich keine Anhaltspunkte für die Bedeutung einer nationalen Kultur des Altruismus gefunden, sondern die erstrangige Motivation ist lokal bedingt, mit dem Streben, anderen zu helfen (Clizbe 2004). Dieses Streben muss aber nicht unbedingt altruistisch motiviert sein. Um die Motivation der Freiwilligen muss vielmehr beständig geworben werden, und dabei ist es wichtig, das gesamte Motivationsspektrum anzusprechen (Chinnman/Wandersman 1999). Weiterbildung sollte überdies in kontinuierlichem, interaktivem und sozialem Format unter Nutzung der neuen Medien angeboten werden (Brand u.a. 2008). In der Literatur werden folgende Motivationsfaktoren hervorgehoben (Brand u.a. 2008; Clarke/Wilson 1961; Clizbe 2004):

• Freiwilligenethik: Bedürfnis, anderen zu helfen;

• Kompetenzerwerb, um Nahestehenden (Familie und Nachbarn) helfen zu können;

• Produktives Leben: Proaktiv mit Notfällen umgehen können;

• Solidarische und Statusvorteile: Gruppenmitgliedschaft, Ansehen, soziale Anerkennung;

• Materielle Vorteile und genaue Information: Selbst erleben, wie die Situation – im Vergleich zur massenmedialen Vermittlung – wirklich ist;

• Zielvorteile: Einen Vorsprung im Bestreben erlangen, die eigene lokale/regionale Gemeinschaft sicherer zu machen.

9 Schutz kritischer Infrastrukturen

9.1 Risiken für kritische Infrastrukturen

Um die Vielzahl der Entstehungsmechanismen von Risiken, Sekundäreffekte und die Komplexität der Folgerisiken adäquat einschätzen zu können, wurden isolierte Betrachtungsweisen zunehmend von multidisziplinären Perspektiven und transversalen Einschätzungsmethoden abgelöst. Dieser integrierte Ansatz ist Entscheidungs- und Planungsgrundlage. Strategieentwicklung, Schutzzieldefinition, Prioritätensetzung und Schutzniveaufestlegung bauen auf die Risikoidentifikation und -bewertung auf. Um den Anforderungen für das Katastrophenmanagement und den Schutz kritischer Infrastrukturen gerecht zu werden, ist jedoch eine weitere Vereinheitlichung der Risikoidentifikation und der Risikobewertung (*risk assessment*) erforderlich. Ansätze und Perspektiven der integrierten Risikobewertung sollten noch mehr ausgeweitet werden und Kommunikation, Akzeptanzniveau, Sozialfaktoren und -kompetenzen als integrale Bestandteile beinhalten (vgl. OECD 2011).

Die Europäische Kommission forcierte einen EU-gemeinsamen *„all-hazards approach to threat and risk assessment"* und erarbeitete dazu *„risk assessment and mapping guidelines for disaster management"* (European Commission 2010b), die nun auf der Ebene der Mitgliedstaaten angewandt werden sollten, um ein kohärente Risikomanagementpolitik für kritische Infrastrukturen zu erzielen und national relevante bzw. identifizierte Risiken in einem gemeinsamen Maßstab zu bewerten. Im Gesamtergebnis sollte daraus eine kohärente (integrierte) Risikomanagementpolitik entstehen, die Bedrohungs- und Risikoeinschätzungen mit politischer Entscheidungsbildung verbinden sollte. Gleichzeitig schlugen auch nationale und internationale Organisationen mehr oder weniger einheitliche Methoden vor.

Die EU verlegte ihre Zielsetzung schließlich auf die Verwirklichung keiner gemeinsamen Risikomanagementpolitik, sondern die

Umsetzung einer *Disaster Risk Management Policy and Resilience Agenda* (European Commission 2014) im Rahmen der Strategie *EUROPE 2020: A Strategy for Smart, Sustainable and Inclusive Growth* (European Commission 2010a). Entsprechende Zielsetzungen sind im Rahmen von COVID-19 interessant, Revue passieren zu lassen:

„Enhancing the EU's resilience to crises, as well as its capacity to anticipate, prepare and respond to risks, especially cross-border risks, is amongst the objectives of the Europe 2020 strategy: competitiveness and sustainability depend upon effective disaster risk management which helps to avoid losses and strengthens resilience to increasing global shocks and threats. Investing in disaster risk prevention and management is a strong driver of innovation, growth and job creation, opening also new markets and business opportunities." (European Commission 2014: 5)

Der *International Risk Governance Council* (IRGC) (2007) legte die Kritikalität von Infrastrukturen anhand dreier Variablen fest:

- der geographischen Dimension von Ausfällen (von lokal bis international),

- dem Ausmaß bzw. der Magnitude (niedrig bis massiv) und

- dem Zeitfaktor (kurzfristig bis langfristig).

In seinen Vorschlägen für verbesserte *risk governance* bei kritischen Infrastrukturen empfiehlt der IRCG unter anderem rechtliche Mandate für spezifische Systemstrukturen und unabhängiges Monitoring, Überwachung der Infrastrukturen durch externe Institutionen, Vermeidung von Überregulierung sowie Standardisierung und Zertifizierung.

Aus dem Bericht *Global Risks 2011* (World Economic Forum 2011) ließ sich für den Schutz kritischer Infrastrukturen ableiten, dass laut europäischen Experten/-innen Folgerisiken des demografischen Wandels wie Migration und Konflikte besonders zu beachten sind. In Nordamerika wird zudem dem Ausfall kritischer Informationsinfrastruktur ein besonderes Risikopotenzial zugesprochen, wobei gerade Umweltrisiken als besonders prägnant gelten. Auch werden wirtschaftliches Ungleichgewicht und Regierungsversagen sowie der Klimawandel als besonders wichtige Querschnitts- bzw. Interdependenzrisiken eingestuft und lassen Folgerisiken für kritische Infrastrukturen erwarten.

Die *EG-Richtlinie 2008/114/EG* zum Schutz kritischer Infrastrukturen (Europäische Union 2008) stützte sich auf einen umfassenden Ansatz, der alle Risiken abdecken sollte. Terrorismus wurde als besonderes Risiko hervorgehoben. Sektorspezifische Risikoermittlung wurde von den Mitgliedstaaten und Eigentümern kritischer Infrastrukturen erwartet und entsprechende Empfehlungen zur Vorgehensweise dazu wurden in der Richtlinie mitgeteilt. Einem von der Europäische Kommission initiierten Rahmenprogramm für die Katastrophenprävention liegen Risikoidentifikation, -analyse und -bewertung ebenso wie Szenarioentwicklung und Risikomanagementkonzepte als wesentliche Komponenten zugrunde (Commission of the European Communities 2009a). Auf Basis nationaler Risikoanalysen sollte ein sektorenübergreifender Überblick über natürliche und anthropogene Risiken, die Europa mittelfristig zu bewältigen hat, erarbeitet werden.

In der Mitteilung der Europäischen Kommission zum Schutz kritischer Informationsinfrastrukturen (Commission of the European Communities 2009b: 4f.) wurden als Risiken menschlich verursachte Angriffe, Naturkatastrophen, technisches Versagen und *cyber*-Angriffe in den Mittelpunkt gerückt. Fehlendes umfassendes Verständnis und Detailwissen über Entstehung, Ursachen und Dynamiken wurden als Ursache für nach wie vor fehlendes oder eingeschränktes Bewusstsein angesehen. Zudem wurden Fragmentierung und rein nationale, voneinander abweichende Bewältigungsformen als ineffizient betrachtet. Der Mangel an systematischen, grenzüberschreitenden Kooperationen schränke die Effektivität nationaler (Gegen-)Maßnahmen ein (COVID-19 bestätigt auch hier die Richtigkeit der Feststellung und das Fortbestehen der monierten Fragmentierung). Wiederum wurde ein gesamteuropäischer Zugang angestrebt, um Konzepte und Programme zu adaptieren, gemeinsame

Ziele zu verfolgen, die Kooperation der Mitgliedstaaten zu fördern und nationale Politik in eine europäische Dimension zu übertragen. Dazu dient auch der Prozess der Ausweisung sogenannter „europäischer kritischer Infrastrukturen", auf den im nächsten Abschnitt eingegangen wird.

Allerdings hält die Forschung die prädominante Definition und Schutzplanung für kritische Infrastrukturen auf der Basis von Risikoanalysen für zu kurz gegriffen und mahnt deren Ergänzung um sozioökonomische Einschätzungen der Wirkung des Ausfalls von kritischer Infrastruktur sowie um soziopolitische Kriterien für die „Kritikalität" von Infrastruktur an (Di Mauro u.a. 2010). Dem wird in diesem Kapitel durch die Betrachtung gesellschaftspolitischer Auswirkungen des Ausfalls kritischer Infrastruktur (*Kapitel 9.7*) sowie Indikatoren subjektiver Schutzbedürfnisbewertung kritischer Infrastruktur (*Kapitel 9.8*) Rechnung getragen.

9.2 Europäische kritische Infrastrukturen

Europäische kritische Infrastrukturen

„sind als kritische Infrastrukturen ausgewiesene Infrastrukturen, die für die Gemeinschaft von größter Bedeutung sind und deren (Zer-)Störung Auswirkungen auf zwei oder mehr Mitgliedstaaten oder auf einen anderen Mitgliedstaat, als den, in welchem sie sich befinden, hätte. Dies schließt grenz- und Sektor-übergreifende Auswirkungen von Abhängigkeiten zwischen miteinander verbundenen Infrastrukturen ein. Das Verfahren zur Ermittlung und Ausweisung […] und ein gemeinsames Konzept für die Bewertung der Notwendigkeit, den Schutz derartiger Infrastrukturen zu verbessern, werden im Wege einer Richtlinie festgelegt." (Kommission der Europäischen Gemeinschaften 2006: 4f.)

Bereits im Grünbuch des *European Programme for Critical Infrastructure Protection* (EPCIP) (Commission of the European Communities 2005) wurde das Ziel festgelegt, europaweit adäquate und gleichwertige Schutzniveaus für kritische Infrastrukturen, minimale Versagenspunkte und schnelle, bereits getestete Wiederherstellungsverfahren zu garantieren. Des Weiteren wird angestrebt, negative Auswirkungen weitgehend zu minimieren, um die Konkurrenzfähigkeit der Industrie nicht zu beeinträchtigen.

Die Verantwortung für den Schutz kritischer Infrastrukturen liegt grundsätzlich bei den Eigentümern, Betreibern und betreffenden Mitgliedstaaten. Die Mitgliedstaaten werden dazu angeregt, nationale Programme zum Schutz kritischer Infrastrukturen zu erstellen (Ermittlung und Ausweisung, qualitative/quantitative Aspekte), eine Sektorenermittlung, gemeinsame Begriffsbestimmung, die Ausarbeitung allgemeiner Kriterien für europäische kritische Infrastruktur sowie Leitlinien, Praktiken und Abhängigkeitsstudien durchzuführen (Phase 1). Phase 2 beinhaltet die Mängelermittlung, Vorschläge zu Maßnahmen und die EU-Finanzierung. Phase 3 sieht Zusammenarbeit mit Drittländern, die Umsetzung von Mindestschutzmaßnahmen und die Überwachung der Durchführungsmaßnahmen vor (Kommission der Europäischen Gemeinschaften 2006: 10-13).

Für die Erarbeitung nationaler Schutzprogramme empfiehlt die Europäische Kommission, folgende Aspekte zu berücksichtigen:

- Tragweite der (Zer-)Störung (betroffenes geografisches Gebiet bei Ausfall oder Nichtverfügbarkeit der Infrastruktur);

- Schwere und Folgen der (Zer-)Störung;

- Dialog mit Eigentümern und Betreibern;

- Geografische und sektorenspezifische Abhängigkeiten;

- Erstellung von Notfallplänen;

- Erstellung einer gemeinsamen Liste der Sektoren kritischer Infrastruktur.

Das EPCIP-Grünbuch (Commission of the European Communities 2005) nannte bereits folgende Sektoren kritischer Infrastruktur:

- Energie;

- Informations- und Kommunikationstechnologien (IKT);

- Wasser;

- Lebensmittel;

- Gesundheit;

- Finanzen;

- Öffentliche und rechtliche Ordnung und Sicherheit;

- Ziviladministration;

- Transport;

- Chemie- und Nuklearindustrie;

- Weltraum und Forschung.

Die Richtlinie 2008/114/EG des Rats der Europäischen Union über die Ermittlung und Ausweisung europäischer kritischer Infrastrukturen und die Bewertung der Notwendigkeit, ihren Schutz zu verbessern, definierte in Artikel 2 die zugrunde liegenden Infrastrukturbegriffe. Demnach

„bezeichnet der Ausdruck

a) ‚kritische Infrastruktur' die in einem Mitgliedstaat gelegene Anlage, ein System oder ein Teil davon, die von wesentlicher Bedeutung für die Aufrechterhaltung wichtiger gesellschaftlicher Funktionen, der Gesundheit, der Sicherheit und des wirtschaftlichen oder sozialen Wohlergehens der Bevölkerung sind und deren Störung oder Zerstörung erhebliche Auswirkungen auf einen Mitgliedstaat hätte, da diese Funktionen nicht aufrechterhalten werden könnten;

b) ‚europäische kritische Infrastruktur' oder ‚EKI' eine in einem Mitgliedstaat gelegene kritische Infrastruktur, deren Störung oder Zerstörung erhebliche Auswirkungen in mindestens zwei Mitgliedstaaten hätte. Die Tragweite dieser Auswirkungen wird anhand Sektor-übergreifender Kriterien bewertet. Dies schließt die Auswirkungen Sektor übergreifender Abhängigkeiten auf andere Arten von Infrastrukturen ein" (Europäische Union 2008: 3).

Die Richtlinie 2008/114/EG führte ein Verfahren zur Ermittlung und Ausweisung europäischer kritischer Infrastrukturen ein, wobei jeder Mitgliedstaat verpflichtet wird, potenzielle europäische kritische Infrastruktur nach sowohl sektorenübergreifenden als auch sektorenspezifischen Kriterien auszuweisen. Als sektorübergreifende Kriterien wurden genannt:

- Opferzahl;

- wirtschaftliche Folgen;

- Auswirkung auf die Öffentlichkeit, insbesondere:

  - psychisches Leid;

  - Störung des täglichen Lebens;

  - Ausfall wesentlicher Dienstleistungen.

Das Verfahren für die Ermittlung und Identifizierung von kritischen Infrastrukturen beinhaltet gemäß der Richtlinie vier Schritte:

- *Schritt 1:* Vorauswahl der europäischen kritischen Infrastruktur anhand sektorenspezifischer Kriterien;

- *Schritt 2:* Bestimmung des Ausmaßes der Auswirkungen (einzelstaatliche Methoden oder über Sektor-übergreifende Kriterien);

- *Schritt 3:* Daraus resultierende potenzielle europäische kritische Infrastrukturen werden auf die Begriffsbestimmung und Definition geprüft;

- *Schritt 4:* Die sektorübergreifenden Kriterien sind von jedem Mitgliedstaat auf die verbleibenden potenziellen europäischen kritischen Infrastrukturen anzuwenden. Für Infrastrukturen mit wesentlichen Dienstleistungen ist Verfügbarkeit von Alternativen, Ausfall- und Wiederherstellungsdauer zu prüfen.

Die Richtlinie konzentrierte sich auf die Sektoren *Energie* und *Verkehr* als einen ersten Schritt in einem Stufenprozess zur Ermittlung und Ausweisung europäischer kritischer Infrastrukturen (Europäische Union 2008: 1). Zudem wurden die Teilsektoren Strom, Öl, Gas (Energie) und Straßenverkehr, Schienenverkehr, Luftverkehr, Binnenschifffahrt, Hochsee- und Küstenschifffahrt sowie Häfen (Verkehr) differenziert (ebd.: 7).

9.3   OECD-Länderstudie

Im Jahr 2008 legte die Organisation für wirtschaftliche Zusammenarbeit und Entwicklung (*Organisation for Economic Co-operation and Development,* OECD) eine Studie vor, die wegen der länderübergreifenden Analyse der Verwendung des Begriffs „kritische Infrastruktur" und der daraus abgeleiteten Generierung eines begrifflichen Prototyps besonders aufschlussreich ist (Gordon und Dion 2008). Die Bedeutungsbandbreite von *„kritisch"* wird darin folgendermaßen gefasst:

- Essenzielle Unterstützung für das ökonomische und soziale Wohl und Gedeihen (*„well-being"*);

- öffentliche Sicherheit;

- Aufrechterhaltung zentraler Regierungs- und Behördenfunktionalität;

- signifikante Störung der öffentlichen Ordnung;

- hochrangige Beeinträchtigungen des sozialen Lebens;

- enorme Verluste an menschlichem Leben;

- wirtschaftlicher Schaden.

Die Definitionsbreite von Infrastruktur wurde in der Studie als sehr groß angegeben, wobei sich laut der OECD-Studie von Gordon und Dion (2008: 3f.) die meisten Regierungen auf physische Infrastrukturen bezogen. Anlagen, Dienstleistungen und Systeme, Versorgungsketten, Informationstechnologien und Kommunikationsnetzwerke waren hier zumeist eingeschlossen. Als gängig bezeichnet wurden sektorale Perspektiven, wobei neben traditionellen Sektoren (wie Transport, Kommunikation) auch weniger konventionelle „Infrastrukturen" wie Lebensmittel, Gesundheit, Regierung etc. als Sektoren gehandhabt wurden.

Die OECD-Länderstudie verglich Australien, Kanada, Deutschland, Holland, Großbritannien und die Vereinigten Staaten in Bezug auf nationale Schutzpläne kritischer Infrastruktur. Sie stellte nationale Definitionen von kritischer Infrastruktur gegenüber und stellte in einer Übersicht übereinstimmende Sektorenabdeckungen kritischer Infrastrukturpläne der verglichenen Länder zusammen (Gordon/Dion 2008: 4f.):

- Energie (einschließlich Nuklearenergie);

- Informations- und Kommunikationstechnologie;

- Finanzen;

- Gesundheitsfürsorge;

- Lebensmittel;

- Wasser;

- Transport

- Sicherheit als „safety" mit Notfalldiensten ausgewiesen in Australien, Großbritannien und den USA;

- Regierung;

- Chemische Substanzen;

- Verteidigung;

- Industrie.

Einzeln ausgewiesene Sektoren waren Öffentliche Plätze (Australien), Rechtssektor (Niederlande) und Dämme/kommerzielle Einrichtungen/nationale Denkmäler (USA).

9.4 Basisschutzkonzept und Nationale Strategie zum Schutz Kritischer Infrastrukturen (KRITIS) in Deutschland

In Deutschland wird die strategische Ausrichtung des Schutzes kritischer Infrastrukturen seit 2005 aktiv verfolgt. Neben dem Basisschutzkonzept wurden der Nationale Plan (Bundesministerium des Innern 2005) sowie ein Umsetzungsplan zum Schutz der Informationsinfrastrukturen (Bundesministerium des Innern 2007) und die „Nationale Strategie zum Schutz Kritischer Infrastrukturen (KRITIS-Strategie)" (Bundesministerium des Innern 2009) entwickelt. Die KRITIS-Strategie definierte „kritisch" bzw. „Kritikalität" folgendermaßen:

„Infrastrukturen gelten dann als ‚kritisch', wenn sie für die Funktionsfähigkeit moderner Gesellschaften von wichtiger Bedeutung sind und ihr Ausfall oder ihre Beeinträchtigung nachhaltige Störungen im Gesamtsystem zur Folge hat. Ein wichtiges Kriterium dafür ist die Kritikalität als relatives Maß für die Bedeutsamkeit einer Infrastruktur in Bezug auf die Konsequenzen, die eine Störung oder ein Funktionsausfall für die Versorgungssicherheit der Gesellschaft mit wichtigen Gütern und Dienstleistungen hat.

Diese Kritikalität kann systemischen oder symbolischen Charakter haben oder auch beide Charakteristika aufweisen. Eine Infrastruktur besitzt vor allem dann eine systemische Kritikalität, wenn sie aufgrund ihrer strukturellen, funktionellen und technischen Positionierung im Gesamtsystem der Infrastrukturbereiche von besonders hoher interdependenter Relevanz ist. Beispiele dafür sind die Elektrizitäts- sowie Informations- und Telekommunikationsinfrastrukturen, die aufgrund ihrer Vernetzungsgröße und Vernetzungsstärke besonders relevant sind und bei großflächigem und lange anhaltendem Ausfall zu gravierenden Störungen der gesellschaftlichen Abläufe sowie der öffentlichen Sicherheit führen können. Eine symbolische Kritikalität kann eine Infrastruktur dann besitzen, wenn aufgrund ihrer kulturellen oder identitätsstiftenden Bedeutung ihre Zerstörung eine Gesellschaft emotional erschüttern und psychologisch nachhaltig aus dem Gleichgewicht bringen kann.

Kritische Infrastrukturen können aufgrund ihrer technischen, strukturellen und funktionellen Spezifika in unverzichtbare technische Basisinfrastrukturen und unverzichtbare sozioökonomische Dienstleistungsinfrastrukturen unterschieden werden." (Bundesministerium des Innern 2009: 5).

Der vom Innenministerium erstellte Leitfaden für Unternehmen und Behörden (Bundesministerium des Innern 2008: 10) weist die folgenden neun Sektoren sowie Teilsektoren aus:

- Energie (Strom, Atomkraftwerke, Mineralöl, Gas);

- Versorgung (Wasser, Lebensmittel, Gesundheit, Notfallversorgung);

- Informations- und Kommunikationstechnologie;

- Transport und Verkehr (Luftfahrt, Bahn, Straße, Wasserwege);

- Gefahrstoffe (Chemie- und Biostoffe, Rüstungsgüter);

- Finanz-, Geld- und Versicherungswesen;

- Behörden, Verwaltung, Justiz (einschließlich Polizei, Zoll und Bundeswehr);

- Versorgung (Notfall- und Rettungswesen, Wasserversorgung, Entsorgung);

- Medien, Großforschungseinrichtungen und Kulturgüter.

In der Identifikation von Interdependenzen ausgewählter kritischer Infrastrukturen finden sich zudem (Bundesministerium des Innern 2008: 10):

- Forschungseinrichtungen;

- Kulturgut;

- Rundfunk;

- Gesundheitsversorgung;

- Notfall- und Rettungswesen;

- Wasserversorgung, Entsorgung;

- Transport, Verkehr, Logistik, Postwesen;

- Lebensmittelversorgung;

- Informations- und Kommunikationstechnologie;

- Energieversorgung (Elektrizität, Mineralöl, Gas);

- Finanz- und Versicherungswesen;

- Gefahrstoffe;

- Regierung, Behörden.

9.5 Definition österreichischer kritischer Infrastrukturen nach dem *Austrian Programme for Critical Infrastructure Protection* (APCIP) Masterplan

Der EU-Richtlinie 2008/114 zum Schutz kritischer Infrastrukturen folgend entwickelt Österreich ein Programm zum Schutz kritischer Infrastrukturen (*Austrian Programme for Critical Infrastructure Protection*, APCIP). Strategisch verfolgt APCIP die Identifikation der nationalen kritischen Infrastrukturen, deren Schutz durch Präventions- und Schadensbehebungsmaßnahmen und die Reduktion der Verwundbarkeit gegenüber Naturkatastrophen, menschlichem/technischem Versagen, Terrorismus und organisierter Kriminalität (*all-hazards*-Ansatz). Der Masterplan 2014 (Bundeskanzleramt Österreich/Bundesministerium für Inneres 2015) lieferte eine österreichische Definition von kritischen Infrastrukturen:

„Kritische Infrastrukturen im Sinne dieses Masterplans sind jene Infrastrukturen (Systeme, Anlagen, Prozesse, Netzwerke oder Teile davon), die eine wesentliche Bedeutung für die Aufrechterhaltung wichtiger gesellschaftlicher Funktionen haben und deren Störung oder Zerstörung schwerwiegende Auswirkungen auf die Gesundheit, Sicherheit oder das wirtschaftliche und soziale Wohl großer Teile der Bevölkerung oder das effektive Funktionieren von staatlichen Einrichtungen haben würde.." (Bundeskanzleramt Österreich/Bundesministerium für Inneres 2015: 6).

In Anlehnung an das europäische Programm wurden im ursprünglichen MASTERPLAN (2008: 5) elf Sektoren kritischer Infrastrukturen abgeleitet. Als für Österreich von keiner Bedeutung wurden Nuklearindustrie und Raumfahrt angeführt. Als zusätzliche österreichische Schwerpunkte wurden verfassungsmäßige Einrichtungen, Aufrechterhaltung des Sozialsystems und der Verteilungssysteme und Hilfs- und Einsatzkräfte aufgenommen. Eine Anpassung der Liste der Sektoren ist infolge von Risiko- und Kritikalitätsanalysen zu erwarten. Zudem bestehen regionale und lokale Prioritätendifferenzen und damit unterschiedliche Sektorengewichtung zwischen Bundes- und Landesebene. Der MASTERPLAN (2008: 6) definierte folgende quantitative und qualitative Einstufungskriterien:

- Anzahl der betroffenen Bürger/-innen in Bezug auf gesundheitliche und soziale Auswirkung;

- Wirtschaftliche Auswirkungen;

- Auswirkungen auf die Umwelt;

- Psychologische Auswirkungen;

- Räumliche Ausdehnung;

- Zeitliche Dauer;

- Mangelnde Substitutionsmöglichkeiten;

- Interdependenzen.

9.6 Sektoren kritischer Infrastrukturen

Sektoren kritischer Infrastrukturen sind weder selbstverständlich noch augenscheinlich. Eine vergleichende Analyse der Sektorenausweisung kritischer Infrastruktur im europäischen Kontext und in den USA bietet die nachstehende *Tabelle 9*:

Tabelle 9: Sektorenausweisung kritischer Infrastruktur im europäischen Kontext und in den USA.

Sektoren	Teilsektoren	EU-Mitteilung KOM(2004) 702 (Kommission der Europäischen Gemeinschaften 2004a) / EU 2004	EPCIP Grünbuch (Commission of the European Communities 2005, 24) / EU 2005	Richtlinie 2008/114/EG (EU 2008, 7) / EU 2008	OECD Länderstudie (Gordon und Dion 2008, 5) / OECD 2008	KIRAS Programmdokument (BMVIT 2008, 6) / A 2008	MASTERPLAN APCIP (2008, 5) / A 2008	Präsentation Bundeskanzleramt (Pschikal 2010) / A 2010	Schutz KI Deutschland (BMI 2008, 10) / D 2008	BBK-Sommerakademie des AKNZ 2011 / D 2011	Grundstrategie Schweiz (Bundesrat 2009) / CH 2009	Strategisches Rahmenprogramm Großbritannien (Cabinet Office 2010a, 47) / UK 2010	NIPP National Infrastructure Protection Plan (DHS 2009, 3) / USA 2009
Energieanlagen und Netze													
Energie (inkl. Nukleareenergie)													
	Strom/Elektrizität												
	(Erd-)Öl												
	(Erd-)Gas												
Nuklearreaktoren, -material, -abfall													
IKT													
	Internet												
	Informationssysteme/-netze												
	Instrumentations-, Automations- und Überwachungssysteme												
Information-stechnologie													
Kommunikation													
	Telekommunikation												
	Post												
	Rundfunk/Medien												
Versorgung													
Wasser													
	Wasser												
	Wasserversorgung												
Entsorgung													
	Abwasser(-beseitigung)												
	Industrie- und Hausabfälle												
	Kontrollpflichtige Abfälle												
Lebensmittel/Nahrung	Lebensmittel												
	Versorgung/Lebensmittelsicherheit												
	Trinkwasserversorgung												
Landwirtschaft und Lebensmittel													
Ernährung													
	Ernährungswirtschaft												
	Lebensmittelhandel												
Gesundheit/Gesundheits-wesen/-fürsorge	Gesundheit												
	Medizin. Versorgung												
	Ärztliche Betreuung/Spitäler												
	Arzneimittel												
	Impfstoffe												
	Labore												
Gesundheit und Soziales													
Banken/Bankwesen													
Finanzen/Finanzwesen													
Finanzen und Versicherungs-wesen													
	Banken												
	Börsen												
	Versicherungen												
	Finanzdienstleister												
Transport und Verteilungssysteme													
Transport/Verkehr													
	Straßenverkehr												
	Schienenverkehr												
	Luftverkehr												
	Binnenschifffahrt												
	Hochsee- und Küstenschifffahrt												
	Häfen												
	Logistik												
Postwesen und Schifffahrt													

Sektoren	Teilsektoren	EU 2004	EU 2005	EU 2008	OECD 2008	A 2008	A 2008	A 2010	D 2008	D 2011	CH 2009	UK 2010	USA 2009
Ziviladministration													
Behörden													
Behörden, Verwaltung und Justiz													
	Polizei												
	Zoll												
	Bundeswehr												
Regierung/Verfassungsmäßige Einrichtungen													
Staat und Verwaltung													
	Regierung, Verwaltung												
	Parlament												
	Justizeinrichtungen												
	Notfall-/Rettungswesen, Katastrophenschutz												
Chemische Industrie													
Nuklearindustrie													
Erzeugung, Lagerung und Beförderung gefährlicher Güter													
Gefahrstoffe													
	Chemiestoffe												
	Biostoffe												
	Rüstungsgüter												
Chemische Substanzen/Chemikalien													
Rüstungsindustriestandorte													
Industrie													
Öffentliche/rechtliche Ordnung/Sicherheit													
	Blaulichtorganisationen												
	Zivilschutz												
	Armee												
Sicherheit (als „safety")	Notfallversorgung												
Sicherheit/Notfalldienste													
Hilfs- und Einsatzkräfte													
Notfalldienstleistungen/-einrichtungen													
	Polizei												
	Feuerwehr												
	Ambulanz												
	Küstenwache												
Weltraum und Forschung													
Forschungseinrichtungen/wissenschaftliche Infrastrukturen													
Großforschungseinrichtungen													
Medien und Kultur(-güter)	Rundfunk												
	gedruckte/elektronische Presse												
	Kulturgut												
	Symbolträchtige Bauwerke												
Nationale Denkmäler und Symbole													
Kommerzielle Einrichtungen													
Öffentliche Plätze													
Kritische Manufakturen													
Dämme													
Aufrechterhaltung der sozialen Systeme und Verteilungssysteme													
Rechtssektor													

Allgemeine Farblegende:
als Sektoren ausgewiesen
als Teilsektoren ausgewiesen

Legende OECD-Studie (Gordon und Dion 2008):
von allen OECD-Vergleichsländern ausgewiesene Sektoren
von mehreren OECD-Vergleichsländern ausgewiesene Sektoren
von einzelnen OECD-Vergleichsländern ausgewiesene Sektoren

Die Sektorenausweisung ist ein laufender Bewusstseinsprozess auf politischer Ebene, der zeitlichen und räumlichen Schwankungen ausgesetzt und von den Strömungen anderer Länder, von der politischen Situation bzw. von aktuellen/präsenten Krisen und Katastrophen beeinflusst ist, und der auch durch zunehmende Genauigkeit und Detailperspektiven charakterisiert ist. Er ist abhängig von der öffentlichen/internationalen Diskussion und Meinung, von subjektiver/politischer Wahrnehmung und von regionsbezogenen Prioritäten bzw. wirtschaftlichen Werten. International zeichnet sich jedoch ein Trend zu Einstufungsangleichung und homogenen Kritikalität ab. Konsensuale Sektoren sind vorwiegend physisch-technische Infrastrukturen wie Energieinfrastrukturen, Informations- und Kommunikationstechnologien, Wasser- und Transportinfrastrukturen.

Andere Sektoren liefern ein heterogenes Bild sowohl in der Benennung als auch in der Ausweisung. Dazu zählen vorwiegend sozio-kulturelle Infrastrukturen sowie Administration, Behörden und Regierungseinheiten, Sicherheit und Notfalldienstleistungen, wissenschaftliche, kulturelle und kommerzielle Einrichtungen sowie Kultur- und Mediengüter aber auch Gefahrstoffe und chemische Substanzen. Die abweichende Kritikalitätsbewertung beruht hier weitgehend auf nationalen Gegebenheiten bzw. sicherheitskulturellen Unterschieden.

9.7 Gesellschaftspolitische Auswirkungen eines Ausfalls kritischer Infrastrukturen

Ausfälle kritischer Infrastrukturen, wie beispielsweise Störungen und Unfälle im Verkehrswesen, in der Gesundheits-, Notfall- oder Energieversorgung haben Auswirkungen auf die gesellschaftliche Komponente eines Systems. Ein neuer zu beachtender Effekt ist der Ausfall kritischer Infrastruktur infolge eines „Lockdown" (Politslogan) wie bei COVID-19. Dies wird viel zu wenig beachtet und regierungsamtliches Augenmerk nur auf zusätzlichen Schutzbedarf kritischer Infrastruktur im Rahmen der Pandemie gelegt (z.B. Bundesamt für Bevölkerungsschutz und Katastrophenhilfe 2020a).

Tritt ein infrastrukturgefährdendes Ereignis – oder eine Unverfügbarkeit Kritischer Infrastruktur infolge einer Katastrophenmanagement-*Entscheidung*, diese Infrastruktur zeitweise „herunterzufahren" (Politslogan) – ein, können aufgrund von Störungen, Ausfällen, Abschaltungen oder Schließungen Domino- und Kaskadeneffekte auftreten, die das Potenzial besitzen, gesellschaftliche Teilbereiche zum Erliegen zu bringen. Hierdurch können neben unmittelbaren Schäden für die Bevölkerung volkswirtschaftliche Schäden entstehen sowie auch Vertrauensverluste in das politische, wirtschaftliche und soziale System. Da Krisen und Katastrophen stets in Kontexten stattfinden, werden in diesem Abschnitt Fallstudien vorgestellt, die anhand von Interviews von den Betroffenen, von Standortuntersuchungen und Fragebogenerhebung gesellschaftliche Auswirkungen bei Ausfall von kritischen Infrastrukturen behandeln.

Die Studie von Platz (2005) über die Vulnerabilität von Logistikstrukturen im Lebensmittelhandel leistet einen Beitrag zu einer prozessorientierten Risikoanalyse im Lebensmittelhandel. Anhand von Interviews mit Logistikmanagern werden Szenarien wie regionaler Stromausfall, Störung des Güterverkehrs durch Unterbrechung von Autobahnstrecken, Blockade der IT-Infrastruktur durch *denial-of-service*-Attacken auf ihre gesellschaftlichen Auswirkungen und die Art der Betroffenheit der Bevölkerung hin untersucht. Bei einem großflächigen Stromausfall sind sowohl die Bevölkerung in der Region als auch der Handel betroffen. Störungen des Güterverkehrs durch Unterbrechung von Autobahnstrecken und Blockaden der IT-Infrastruktur durch *denial-of-service*-Attacken wirken sich wesentlich auf den Handel aus. Ausnahme stellt die Verknappung der Bargeldversorgung bei einem Ausfall der Zahlungssysteme dar; denn sie ist für die Bevölkerung direkt spürbar. Der Grad und die Art der Betroffenheit der Bevölkerung beeinflussen das Verbraucherverhalten und die Produktnachfrage. Die Nachfrage nach fertigen, in kaltem Zustand verzehrfähigen Nahrungsmitteln steigt bei einem Stromausfall, wobei im Handel die übriggebliebenen ungekühlten verderblichen, nicht verzehrfertigen Nahrungsmittel ein Problem darstellen. Eine erhöhte Nachfrage nach bestimmten Produkten wurde im Falle eines Ausfalls der IT-Netzwerke nicht bemerkt.

Eine Studie des Forschungsforums Öffentliche Sicherheit der Freien Universität Berlin behandelt die Betroffenheit der Bevölkerung bei Störungen oder Ausfälle der Stromversorgung (Birkmann u.a. 2010). Dadurch, dass die kritische Infrastruktur Energieversorgung ein unverzichtbares Bindeglied im komplexen Netzwerk der kritischen Infrastrukturen ist, hat ein Ausfall der Stromeinrichtungen multiple Folgen für die betroffene Bevölkerung. Dazu zählen unter anderem Lahmsetzung der Heiz-, Kühl-, Rundfunk-, TV-, kurz gesagt, alle Arten von elektrischen Geräten, die keine Notstromversorgung haben, Probleme in der Versorgung mit Wasser und Bargeld vom Geldautomaten oder gegebenenfalls Beeinträchtigung der Abwasserentsorgung. Diverse Dienste in Krankenhäusern und im Einzelhandel (Kassensysteme, Beleuchtung etc.), der öffentliche Personennahverkehr und der Individualverkehr in Städten, der durch den Ausfall von Ampeln und Straßenbeleuchtung nicht oder nur eingeschränkt aufrechterhalten werden kann, sind ebenfalls betroffen. Die Auswirkungen eines längerfristigen Stromausfalls auf die Bevölkerung sind unterschiedlich und haben nicht überall dieselbe Dimension. Die Art der Betroffenheit hängt von der Region (Stadt, Land), von der Dauer und der Tageszeit ab, zu welcher sich der Ausfall ereignet.

Eine weitere Studie des Forschungsforums Öffentliche Sicherheit zum Thema „Kritische Infrastrukturen aus der Sicht der Bevölkerung" beschreibt, „welche Gefährdungen für die Bevölkerung mit dem Ausfall kritischer Infrastrukturen, speziell Stromausfällen, verknüpft sind und wie die Öffentlichkeit auf derartige Ereignisse reagiert" (Lorenz 2010: 7). In erster Linie stehen die gesellschaftlichen Auswirkungen im Falle eines Stromausfalls in direktem Verhältnis zur Stromabhängigkeit der betroffenen Bevölkerung. Das heißt, je abhängiger die Bevölkerung von der elektrischen Energie ist, die bei einem eintretenden Ausfall nicht anderswie kompensiert werden kann, desto stärker werden die einzelnen Individuen vom Ereignis betroffen. Allerdings spielen im Ausmaß der Folgen für die Betroffenen gleichfalls Umstände, wie Zeitpunkt und Dauer des Ausfalls eine wichtige Rolle, vor allem, weil die Reaktion der Menschen auf die Versorgungsstörungen entscheidend ist. Dazu einige Fallbeispiele:

„Fallen Stromausfälle mit extremen Wetterereignissen zusammen oder werden von ihnen ,verursacht' (z.b. die *Chicago Heat Wave* 1995, der Eissturm 1998 in Kanada etc.) können noch schneller unhaltbare und bedrohliche Situationen entstehen als unter vergleichsweise milden klimatischen Bedingungen. Abgesehen von direkten gesundheitlichen Beeinträchtigungen aufgrund des Klimas, sind ebenfalls weitere soziale Reaktionen zu bedenken: Zumindest einige Interpretatoren sehen in der Jahreszeit des Auftretens einen entscheidenden Faktor dafür, dass es während des Stromausfalls im kalten November 1965 in New York nicht zu Plünderungen kam, wohl aber während des heißen Juli 1977. In gleicher Weise machen manche Interpretatoren auch die Tageszeit des Auftretens von Stromausfällen für gewisse Verläufe verantwortlich: Während der Stromausfall 1965 am späten Nachmittag um 17:30 Uhr auftrat, ereignete sich der Stromausfall 1977 um 21:35 Uhr […]. Damit soll weder einem Klima- noch einem Tageszeitdeterminismus das Wort geredet werden: Vielmehr sind mit jeder Jahres- und Tageszeit typische soziale Routinen und Prozesse verknüpft. So führten die klimatischen Gegebenheiten dazu, dass sich im einen Falle (November 1965) viele Menschen in ihrem Zuhause befanden und dies nicht unbedingt mehr verlassen wollten, im anderen Falle, dass die Menschen gerade nicht zuhause waren, sondern auf der Straße (Juli 1977). Dass der Stromausfall 1965 am späten Nachmittag auftrat, hatte zur Folge, dass die Menschen bei bestimmten tageszeittypischen Verrichtungen unterbrochen wurden, in diesem Fall waren die Ladenbesitzer noch in ihren Geschäften und blieben aufgrund des zusammengebrochenen öffentlichen Nahverkehrs dort, während in der Nacht 1977 lediglich ,Liquor Stores' noch geöffnet hatten […]. Aus gänzlich anderen Gründen und nicht im Hinblick auf Plünderungen, sondern gesundheitliche Schäden der Betroffenen sieht auch Scanlon (2003) das Auftreten des Stromausfalls im August 2003 am späten Nachmittag als ursächlich für einen vergleichsweise milden Verlauf an: Da der Stromausfall nicht erst nach Sonnenuntergang auftrat, sondern ,schon' am Nachmittag, blieben den Betroffenen noch einige Stunden

Tageslicht zur Vorbereitung auf die folgenden Stunden in der Dunkelheit."
(Lorenz 2010: 42-43).

Die (nächtliche) Dunkelheit, die durch einen Stromausfall eintritt,
wird von der Bevölkerung als unvereinbar mit den täglichen Routinen, als unvertraut, gefährlich, unecht und unduldsam wahrgenommen. Räume und Entfernungen zwischen Dingen werden in der
Dunkelheit anders, als wenn sie beleuchtet sind, empfunden. Psychologische Auswirkungen sind sehr groß – vor allem, wenn diese
zeitlich und räumlich unbegrenzt bzw. für die Betroffenen nicht erkennbar sind: Informationsmangel bei länger anhaltenden Stromausfällen ruft Angst, Furcht, Verunsicherung und Beunruhigung,
sogar Panik, in der Bevölkerung hervor und Angstfantasien werden
begünstigt, wenn die Ursache des Stromausfalls unbekannt bleibt
(Lorenz 2010: 45).

Langfristige Stromausfälle können sogar zum Zusammenbruch
der Gesundheitsversorgung führen. Wie früher schon erwähnt, ge-
nerieren massive Energieausfälle lebensbedrohliche Risiken für
pflegebedürftige Personen in Krankenhäusern, Alten- und Pflege-
heimen sowie Notfallstationen oder -Einrichtungen. Anders als
Krankenhäusern verfügen Pflegeeinrichtungen in der Regel weder
über alternative Stromversorgungen noch über Netzersatzanlagen.
Darüber hinaus ist die Selbsthilfefähigkeit der Patienten/-innen in
Pflegeheime sehr gering, da diese Personen bereits bei alltäglichen
Verrichtungen eingeschränkt und hilfsbedürftig sind. Auch kleine
Arztpraxen und Apotheken sind normalerweise zu 100 Prozent vom
Strombetreiber abhängig. Ein totaler Stromausfall reduziert die Ak-
tivität einer solchen Praxis auf null. Krankenhäuser, als die einzig
verbliebenen medizinischen Einrichtungen mit Notstromversor-
gung, würden somit beim Ausfall der kritischen Infrastruktur Energieversorgung sehr stark belastet sein (Lorenz 2010: 65).

Eine der unmittelbar nächsten Reaktionen aus der Kette der Auswirkungen verursacht durch einen massiven Stromausfall ist der
Ausfall oder die Störung von Kommunikationsmedien. Lorenz
(2010: 49) weist darauf hin, dass bei einem längeren Stromausfall die

Bevölkerung kaum in der Lage wäre, (flächendeckende) telekommunikative Bypass-Strategien zu nutzen. Dadurch wären aber die Menschen mehr aufeinander angewiesen und die Bedeutung der persönlichen Kommunikation in der Nachbarschaft würde mit der Dauer des Stromausfalls steigen. Kürzere Stromausfälle, vor allem in Urlaubsgebieten, würden sogar als lustiges Abenteuer empfunden werden, das pro-soziale, freundschaftliche Gefühle, sogar Begeisterung und Hilfsbereitschaft bei den Betroffenen auslösen würden. Personen, die die Situation genießen und sich über die kurze außergewöhnliche Situation freuen, regen besorgtere Betroffene an, sich zu entspannen. Die Stärkung sozialer Beziehung ist somit eine positive Auswirkung der Ausfälle der kritischen Infrastruktur Energieversorgung.

Wenn sich aber jüngere Personen über einen stundenlangen Stromausfall freuen, kann so ein Geschehen ältere oder krankheitsbedingt stromabhängige Patient/-innen in Privatwohnungen sehr hart treffen. Lorenz ist der Meinung, dass „sowohl der Zusammenbruch der öffentlichen Gesundheitsversorgung als auch der Umgang mit besonders vulnerablen Bevölkerungsgruppen (wie ältere alleinwohnende und hilflose Personen) können gerade bei einem lang anhaltenden Stromausfall zur Nagelprobe für jegliches Krisenmanagement werden" (Lorenz 2001: 68).

Je länger der Stromausfall anhält (Tage oder sogar Wochen lang), desto mehr eskalieren die Knappheit (Trinkwasser, Nahrungsmittel, medizinische Güter etc.) und die Verletzlichkeit in der betroffenen Bevölkerung. Die gewohnte und strukturierte Routine versagt allmählich, der Alltag erlebt verschiedene Formen von Modifikation, wobei kulturelles und rechtliches Handeln in der Bevölkerung abnehmen. Ritualismus, Innovation und Rebellion sind soziale Phänomene, die einem fortschreitenden Stromausfall oder einer größeren Katastrophe folgen. Unter der bedrohenden Knappheit entstehen gesellschaftliche Spannungen, die sich durchaus in Konflikten entladen können; denn der Ausfall der Versorgung mit elektrischer Energie und dadurch die Versorgung mit Bargeld oder der Möglichkeit des elektronischen Zahlungsverkehrs machen den Verkauf von Nahrungsmitteln und sonstigen Gütern praktisch unmöglich. Das Verhalten der Menschen in einer Krise oder Katastrophe ist ein Spiegel ihrer kulturellen und rechtlichen Muster und hängt auch davon ab, wie der Staat in kritische schwer kontrollierbare Fälle zu lösen versucht. Auch an Plünderungen während des Stromschadens muss gedacht werden. Jedoch hält Lorenz (2010: 73) fest, dass Plünderungen ein „Charakteristikum innerstaatlicher sozialer Unruhen und Ausschreitungen" und dadurch tiefgehende und über die Zeit etablierte Konfliktlinien sind, die den engen Horizont und Kontext eines einzelnen kurzfristigen Katastrophenereignisses überschreiten.

Oft sind für großflächige Ausfälle der kritischen Infrastrukturen Naturkatastrophen die Ursache. Eine an der Universität Bielefeld verfasste Dissertationsarbeit zum Thema „Vulnerabilität der kritischen Infrastruktur Wasserversorgung gegenüber Naturkatastrophen" beschreibt, inwiefern das Ausfallen des Wasserzufuhrsystems und die Infektionsgefahr die Bevölkerung beeinflussen kann (Queste 2009). Als Fallstudie wird das Augusthochwasser im Jahr 2002 in Sachen und Sachsenanhalt analysiert. Das Funktionieren der öffentlichen Wasserversorgung kann durch ein Hochwasser beeinträchtigt werden; denn Schäden an Anlagen und am Versorgungsnetz können zu Ausfällen und Einschränkungen der Versorgung führen. Zudem kann die Trinkwasserqualität durch Fäkalbelastung sowie durch bakteriologische oder chemische Kontaminationen der Rohwasserressource oder durch Einträge pathogener Agenzien in das Leitungsnetz beeinflusst werden. Bevölkerungsgruppen wie zum Beispiel kleine Kinder, Personen in höherem Lebensalter, Schwangere oder Immunsupprimierte sind besonders anfällig (oder vulnerabel) für das Auftreten von Infektionskrankheiten. Ein Ausfall der Wasserversorgung kann zusätzlich Hygienemaßnahmen wie Händewaschen und die Fäkalienentsorgung erschweren, wodurch sich die Gefahr für eine Verbreitung hygieneabhängiger Infektionskrankheiten erhöht.

Ausfälle der Stromversorgung als hochwasserbedingte Domino-effekte, die langfristig nicht behoben werden können, stellen eine hohe Bedrohung für die Gesundheit der betroffenen Bevölkerung dar. Der Stromausfall in Krankenhäusern, Alten- und Pflegeheimen sowie Arztpraxen und Apotheken generiert lebensbedrohliche Risiken für die Patient/-innen. Gekühlte Lebensmittel, die durch ein Stromschaden nicht mehr adäquat gelagert werden, stellen potenzielle Krankheitsquellen für Menschen dar. Angemessene *public-health*- und insbesondere Hygienemaßnahmen müssen vorbereitet werden, um bei Wasserversorgungsproblemen schnell eine Ersatz-versorgung angepasst an die Bedürfnisse der Bevölkerung zu etablieren sowie auffällige Häufungen im Krankheitsgeschehen erkennen und Handlungsempfehlungen umsetzen zu können.

Lasley u.a. (2007) führten eine Studie zu *recovery*-Prozessen und gesellschaftlichen Auswirkungen infolge der Ausfälle von kritischen Infrastrukturen, verursacht durch den Hurrikan Katrina am 29. August 2005 in den südöstlichen Teilen der USA, durch. Dabei wurden zwei schwerstbetroffene Küstenstädte, Biloxi und Gulfport in Mississippi, auf der Grundalge einer Vielzahl von Daten, unter anderem Interviews mit den Betroffenen, Regierungsbeamten/-innen und Ersthelfern/-innen, GIS-Daten und sekundäre Daten (z.B. Zeitungsartikel), untersucht und evaluiert. Die Art der Betroffenheit wird in der Studie nach der Art der kritischen Infrastruktur einge-teilt. Nachstehend werden die bedeutendsten Auswirkungen der Infrastrukturausfälle auf die Bevölkerung zusammengefasst:

* *Gesellschaftliche Auswirkungen bei Ausfall der kritischen Infrastruktur Energieversorgung:*

Der größte Stromversorger in der Mississippi-Region, *Mississippi Power*, wurde vom Hurrikan schwerstens betroffen. Alle Kunden des Konzerns, 195 000 Menschen, blieben mindestens fünf Tage lang ohne Elektrizität. Bei 25 Prozent der Haushalte in Biloxi und 14 Pro-zent der Haushalte in Gulfport dauerte der Stromausfall sogar bis zu sechs Monate nach der Naturkatastrophe.

- *Gesellschaftliche Auswirkungen bei Ausfall der kritischen Infrastruktur Telekommunikation:*

Der Verlust der Stromversorgung legte die Kommunikationsverbindungen in beiden Städten völlig lahm. Die zuständigen Behörden berichteten von 20 Millionen fehlgeschlagenen Anrufen, darunter auch die Notrufverbindungen. Wo aber Kommunikation bestand, wurde sie oft als unzureichend wahrgenommen. Dadurch, dass durch den Sturm Leitungen, Leitungsmasten, Mobilfunkmasten und Radioantennen beschädigt wurden, konnten die Einsatzkräfte schwer kommunizieren. Die Internetverbindungen blieben aber stabil und viele Opfer kommunizierten mit dem Roten Kreuz mittels E-Mail oder Internet-Telefonie. Diese Tatsache ist ein Hinweis darauf, dass bei Katastrophen riesigen Ausmaßes die Hightech-Kommunikationsmöglichkeiten schneller und stabiler sind.

- *Gesellschaftliche Auswirkungen bei Ausfall der kritischen Infrastruktur Wasserversorgung:*

Die Wasserversorgung fiel nach dem Hurrikan in beiden Gemeinden total aus. Informationen über die Versorgung mit Trinkwasser und über die Wiederherstellung des Wassersystems waren unzureichend. Schutt und Abwasser lasteten die Wasserrohre aus. Insgesamt wurden 1 000 Trinkwasserversorger durch den Hurrikan betroffen. Untersuchungen des Flutwassers zeigten hohe Konzentrationen von *Escherichia coli* und anderen coliformen Bakterien, die auf Kontaminationen durch Abwasser hindeuteten. Als Gegenmaßnahmen wurden eine Erhöhung der Desinfektionsmittelkonzentration vorgenommen sowie Abkochgebote ausgesprochen.

- *Gesellschaftliche Auswirkungen bei Ausfall der kritischen Infrastruktur Straßen- und Verkehrswesen:*

Aufgrund der Tatsache, dass die meisten Straßen und Brücken in der Region von Biloxi und Gulfport entweder weggespült oder mit Schutt bedeckt waren, waren sie für mehrere Tage unpassierbar und viele Betroffene waren somit an den Unglückstellen isoliert. Durch Verlust oder Beschädigung der Straßenschilder hatten die Einsatzkräfte teilweise große Schwierigkeiten bestimmte Adressen von Opfer zu lokalisieren.

- *Gesellschaftliche Auswirkungen bei Ausfall der kritischen Infrastruktur Gesundheitswesen:*

Zwei große Krankenhäuser in Biloxi und Gulfport wurden während des Hurrikan Katrina schwerstens beschädigt. Die betroffenen Patienten/-innen mussten in andere Pflegeeinrichtungen transportiert werden, die wiederum überfüll und nur teilweise funktionsfähig waren.

Durch jahrelange Untersuchungen hat die Katastrophenforschung gezeigt, dass Naturkatastrophen wie Überflutungen, Hurrikane und Tornados die Gesellschaft nicht nur wirtschaftlich (z.b. durch den physischen Verlust von Strukturen, Betriebsschließungen usw.) beeinflussen, sondern bei den Betroffenen zugleich bedeutende negative psychosoziale Konsequenzen zeitigen. Darin liegt eine oft übersehene Herausforderung für umfassendes Katastrophenmanagement. Picou und Martin (2006) beschreiben den gesellschaftlichen Gemütszustand der Gemeinde *Orange Beach* acht Monate nach dem Hurrikan Ivan, der am 15. und 16. September 2004 die Küste Floridas mit einer Windgeschwindigkeiten von 130 Meilen pro Stunde traf. Kenntnisse psychologischer Zusammenhänge sind von Relevanz für die unterschiedliche Wahrnehmung und das Verhalten der Menschen von kritischen Situationen.

Als Folge des Sturms wurden viele Häuser, Eigentumswohnungen, Hotels und lokale Unternehmen entweder beschädigt oder zerstört und viele Einwohner/-innen von *Orange Beach* wurden sowohl obdachlos als auch arbeitslos. Das Versagen der kritischen Infrastruktur Stromversorgung spürten die Betroffenen durch den Ausfall elektrischer Energie in 1,5 Millionen Haushalten, der die innerhalb von zwei Wochen behoben wurde. Die Untersuchung von Picou und Martin (2006) konzentriert sich auf die psychischen Belastungen und Folgen, die der Sturm und die hinterlassenen Schäden der *Orange Beach* verursacht haben. Die Mehrheit der Einwohner/-innen war davon überzeugt, dass ihre Gemeinde infolge des Hurrikans vom sozialen Wandel geprägt sein würde, und viele gaben an, dass sie nach der Katastrophe große Schwierigkeiten hatten, anderen Personen zu vertrauen. Die enormen Schäden, der Ausfall kritischer Infrastrukturen und die sozialen Störungen verursachten Konflikte und Vertrauensprobleme unter den Überlebenden. Einige wollten von der Betroffenheit der Opfer durch Preiswucher und andere Mittel profitieren. Der Katastrophe folgte auch ein Kampf der Betroffenen mit den Krankenkassen und dem Versicherungswesen – Konflikte, die längerfristige soziale Auswirkungen, Dauerstress, Vertrauensverlust in das Versicherungssystem und eine Reihe potenzieller Hindernisse für psychosoziale Genesung mit sich brachten.

Diese Fallstudien zeigen, dass Ausfälle oder Störungen kritischen Infrastrukturen die Bevölkerung unterschiedlich beeinträchtigen können. Je abhängiger die Gesellschaft von den kritischen Infrastruktureinrichtungen ist, desto komplexer sind die Folgen der Ausfälle. Dabei zeigt sich abermals, dass das Krisenverhalten von Menschen durch die Institutionen und Praktiken der „Normalphase" geprägt ist.

Die nachstehende *Tabelle 10* fasst die Arten der Betroffenheit der Bevölkerung bei Ausfällen oder Störungen unterschiedlicher kritischer Infrastrukturen zusammen und gibt einen Überblick über die Ergebnisse der beschriebenen Fallstudien. Als soziale Folgerisiken kristallisieren sich aus der Studie insbesondere Angst, Furcht, Verunsicherung, Beunruhigung und Panik, psychosoziale Konsequenzen, gesellschaftliche Spannungen, Konflikte, Plünderungen, Obdachlosigkeit, sozialer Wandel, Vertrauensverluste, Kampf mit Krankenkassen und Versicherungswesen, langfristige soziale Konsequenzen, Erhöhung der Polizzekosten, größere finanzielle Belastungen und Investitionen heraus.

Tabelle 10: Art der Betroffenheit der Bevölkerung bei Ausfall oder Störung kritischer Infrastrukturen.

Ausfall oder Störung der kritischen Infrastruktur...	Art der Betroffenheit der Bevölkerung
Stromversorgung	• Lahmlegung aller Arten von elektrischen Geräten, die keine Notstromversorgung haben (Kühlschrank, Computer etc.); • Gekühlte Lebensmittel, die durch ein Stromschaden nicht mehr adäquat gelagert werden, stellen potenzielle Krankheitsquellen für Menschen dar; • Verknappung der Versorgung mit Bargeld, Ausfall der elektronischen Zahlsysteme: die Möglichkeit des An- und Verkaufs von Nahrungsmitteln und sonstigen Gütern wird praktisch unmöglich; • Gestörtes Konsumverhalten: Nachfrage nach fertigen, in kaltem Zustand verzehrfähige Nahrungsmittel; • Störung diverser Dienste im Einzelhandel; • Gegebenenfalls Zusammenbruch des Gesundheitsversorgung (eingeschränkte Aktivität von kleinen Arztpraxen und Apotheken); • Beeinträchtigung der Wasser- und gegebenenfalls der Abwasserversorgung; • Beeinträchtigung des öffentlichen und privaten Personenverkehrs durch Ausfall von Lampen und Straßenbeleuchtung; • Eine langanhaltende Strompanne mit unbekannter Ursache ruft Angst, Furcht, Verunsicherung, Beunruhigung, sogar Panik auf Seiten der betroffenen Bevölkerung hervor; • Beeinträchtigung der Nutzung der telekommunikativen Bypass-Strategien; • Störung von typischen sozialen Routinen, Entstehung von Konflikten; • Plünderungen, Rebellionen; • Bedeutungssteigerung persönlicher Kommunikation; • Stärkung sozialer Beziehungen; • Kürzere Stromausfälle lösen pro-soziale, freundschaftliche Gefühle, sogar Begeisterung und Hilfsbereitschaft bei den Betroffenen aus. Besorgtere Personen erleben eine Entspannung durch die gute Laune der vergnügten Individuen.
Wasserversorgung und Kanalisation	• Trinkwasserqualität kann durch Fäkalbelastung sowie durch bakteriologische oder chemische Kontaminationen der Rohwasserressource oder durch Einträge pathogener Agenzien in das Leitungsnetz beeinflusst werden;

	• Vulnerable Bevölkerungsgruppen wie z.b. kleine Kinder, Personen in höherem Lebensalter, Schwangere oder Immunsupprimierte sind besonders anfällig für das Auftreten von Infektionskrankheiten; • Beeinträchtigung der Hygienemaßnahmen wie Händewaschen und Fäkalienentsorgung; • Durch die Überfüllung der Kanalisation besteht Überschwemmungsgefahr der betroffenen Haushalte.
Gesundheitswesen	• Lebensbedrohliche Risiken für pflegebedürftige Personen, Alten- und Pflegeheime; • Überfüllung der temporären Pflegeeinrichtungen.
(Tele-)Kommunikation	• Beeinträchtigung der Nutzung der telekommunikativen Bypass-Strategien; • Die schwere Verständigung der Einsatzkräfte untereinander können die Wartezeiten für die Opfer beeinflussen und die Rettungsaktionen bremsen.
Straßen- und Verkehrswesen	• Durch die Unzugänglichkeit von beschütteten Straßen und zerstörten Brücken besteht das Risiko, dass Betroffene an den Unglückstellen isoliert bleiben; • Durch Verlust oder Beschädigung der Straßenschilder können Einsatzkräfte teilweise große Schwierigkeiten haben, bestimmte Adressen von Opfern zu lokalisieren.
Störung des Versicherungswesens	• Unvollständige Versicherungspolizzen decken die Schäden von Katastrophenfolgen nicht. Das Geschehen im Versicherungsschutz unterzubringen bedeutet für die Betroffenen eine drastische Erhöhung der Polizzekosten.

9.8 Indikatoren zur subjektiven Schutzbedürfnisbewertung kritischer Infrastrukturen

Die systematische Analyse menschlicher (individueller und sozial vermittelter) Bedürfnisse liefert Grundlagen für die Optimierung von Risiko- und Krisenkommunikation, dient aber auch der Ausweisung von Sektoren kritischer Infrastruktur und vor allem der gesellschaftssensiblen und -verträglichen Priorisierung Schutz- bzw. auch Wiederherstellungsmaßnahmen. Hierzu zwei Beispiele:

Riskante Situationen, die eine Aussicht auf Gewinn und Vermögenssteigerung versprechen, führen dazu, dass Menschen das damit einhergehende Risiko ignorieren. Dies hat sich in den für Erdbeben anfälligen Gegenden, etwa im antiken Pompeji oder in Los Angeles und San Francisco gezeigt. Im Fall naturbezogener Risiken oder

Risiken, von denen Menschen glauben, dass sie selbst keine Einflussmöglichkeiten auf sie haben, ist erwartbar, dass Menschen diese Risiken durch die Kompensation des sozialen Kontexts unterbewerten oder sogar ganz aussondern, was wiederum zu einer Kluft zwischen gefühlter und faktischer Sicherheitslage führt (Parfit 1998).

Umgekehrt setzt Massenmediale Berichterstattung häufig Signalwerte und erhöht so die Einprägsamkeit eines Ereignisses ebenso wie die Vorstellbarkeit künftiger Ereignisse derselben Art (sogenannter *overamplification*-Effekt). Starke Berichterstattung über ein bestimmtes singuläres Ereignis kann daher die Risiko- und Bedrohungswahrnehmung in der Bevölkerung stark ansteigen lassen und zu einer Überbewertung von Unsicherheit führen. Es kann angenommen werden, dass dieser Übersteigerungs-Effekt dort am stärksten sein wird, wo die Bevölkerung unmittelbar von Risiko und Unsicherheit betroffen und gleichzeitig abhängig von externer Information und Interpretation (z.B. durch Experten/-innen) ist, was oftmals latente Ängste schürt (vgl. Kasperson u.a. 2000: 241).

Aus der Risikoforschung insgesamt (z.B. Kasperson u.a. 2000; Oskamp 1965; Parfit 1998; Slovic 2000; World Health Organization 2005) lässt sich eine Reihe von Indikatoren abgeleiteten, welche die subjektive Schutzbedürfnisbewertung von kritischen Infrastrukturen beeinflussen bzw. das Schutzbedürfnis verändern können (siehe *Tabelle 11*). Der Indikatorenliste lässt sich entnehmen, dass subjektives Schutzbedürfnis ähnlich wie Risikowahrnehmung im hohen Maß vom individuellen Informations- und Wissensstand abhängt und daher durch entsprechende Bevölkerungsinformationspolitik bzw. durch Medienberichterstattung beeinflusst aber auch gelenkt werden kann. Dazu gehören die Indikatoren „Direkte Sichtbarkeit des Ausfalls", „Evidenz des Nutzens der kritischen Infrastruktur", „Spektakulärer Charakter und Medienaufmerksamkeit" u.a.m. Persönliche Erlebnisse und Konfrontation mit Ausfällen spielen eine ebenso wichtige Rolle im subjektiven Schutzbedürfnis wie der Nutzen für die eigenen persönlichen Interessen bzw. die Nutzung der kritischen Infrastruktur selbst.

Tabelle 11: Indikatoren zur subjektiven Schutzbedürfnisbewertung kritischer Infrastruktur.

Indikator	Effekt auf die subjektive Schutzbedürfnisbewertung	Mögliche empirische Erhebung/Messung
Erlebtes/erwartetes Ausmaß/Dauer/ Jahreszeit des Ausfalls der Infrastruktur	Multiplikation von Konsequenzen (z.b. Stromausfall im Winter; Störung des Personenverkehrs etc.) erhöht das subjektive Schutzbedürfnis	Befragungen und sonstige empirische Erhebungen Ergebnisse vorliegender Fallstudien-Analysen (z.b. zu Stromausfällen)
Direkte Sichtbarkeit des Ausfalls	Sichtbarkeit erhöht das subjektive Schutzbedürfnis; nicht wahrgenommene Störungen erzeugen ein unrealistisch hohes Sicherheitsgefühl	Ergebnisse vorliegender Fallstudien-Analysen (z.b. zu Reaktorunfällen oder zu Versorgungssicherheit)
Belastung/Beeinträchtigung des eigenen Lebens durch den Schutz der Infrastruktur (z.b. Behinderungen im Flugverkehr durch Sicherheitskontrollen)	Güterabwägung zwischen erwartetem Nutzen und erwarteten Kosten des Schutzes/ Beeinträchtigungen beeinflusst die subjektive Schutzbedürfnisbewertung; je höher die Bilanz zugunsten des Nutzens ausfällt, desto höher ist die subjektive Schutzbedürfnisbewertung	Befragungen und sonstige empirische Erhebungen Verhaltensanalysen
Irreversibilität des Ausfalls der Infrastruktur und seiner Wirkungen (z.B. durch Kaskadeneffekte bei Versorgungsausfällen; materielle Verluste bei Hochwasser)	Irreversibilität erhöht das subjektive Schutzbedürfnis	Befragungen und sonstige empirische Erhebungen
Persönliche Abhängigkeit von der Infrastruktur (z.b. Wasserversorgung, Lebensmittelversorgung etc.)	Persönliche Abhängigkeit erhöht das subjektive Schutzbedürfnis	Befragungen und sonstige empirische Erhebungen Konsumanalysen
Grad der physischen Effekte, die durch den Ausfall der Infrastruktur verursacht werden (physische Effekte: z.b. Hunger durch Ausfall der Versorgungskette oder medizinische Unterversorgung durch Störung im Gesundheits-, Notfall- und Rettungswesen	Als bedrohlich wahrgenommene physische Effekte erhöhen das subjektive Schutzbedürfnis	Ergebnisse vorliegender Fallstudien-Analysen (z.b. zu Stromausfällen)

Evidenz des Nutzens der kritischen Infrastruktur	Die Anerkennung des Nutzens einer Infrastruktur erhöht ihre Akzeptanz gegenüber einer anderen, weniger anerkannten, und dementsprechend erhöht sich das subjektive Schutzbedürfnis	Befragungen und sonstige empirische Erhebungen Nutzerfrequenzanalysen
Optionalität bei der Nutzung der Infrastruktur	„Freiwilligkeit" und Alternativen der Nutzung senkt das subjektive Schutzbedürfnis	Befragungen und sonstige empirische Erhebungen
Kontrollierbarkeit der Nutzung/des Funktionierens der Infrastruktur (z.B. selbst gesteuertes Auto vs. Flugzeug)	Wahrnehmung der eigenen Fähigkeit, die Infrastruktur zu „steuern", verringert das subjektive Schutzbedürfnis	Befragungen und sonstige empirische Erhebungen
Vertrautheit mit der Infrastruktur und Verständnis ihrer Funktionsweise	Die Beziehung zwischen Informationsgehalt/Wissensstand und Vulnerabilitätsbewusstsein beeinflusst das subjektive Schutzbedürfnis; tendenziell erhöht Vertrautheit das subjektive Schutzbedürfnis	Befragungen und sonstige empirische Erhebungen Regressionsanalysen
Spektakulärer Charakter und Medienaufmerksamkeit für einen möglichen Ausfall der Infrastruktur	Hohe Spektakularität/Medienaufmerksamkeit führt zu hohem subjektivem Schutzbedürfnis	Befragungen und sonstige empirische Erhebungen Medienanalysen
Identitätsprägung und Kulturwert der Infrastruktur (z.B. Europabrücke bei Innsbruck; Brenner-Basistunnel; Petersdom für Christen vs. Stephansdom für Österreicher/Wiener)	Die (Zer-)Störung von Kulturinfrastrukturen kann – über den materiellen Schaden weit hinausgehend – Identitätskrisen auslösen mit Folgen wie tiefer Verunsicherung etc.; dies erhöht die subjektive Schutzbedürfnisbewertung	Befragungen und sonstige empirische Erhebungen Analyse demografischer/ statistischer Daten
Detaillierungsgrad der Medienberichterstattung der Auswirkungen eines möglichen Ausfalls der kritischen Infrastruktur	Je detaillierter Medienberichte über mögliche Auswirkungen von Ausfall der kritischen Infrastruktur sind, desto höher ist die subjektive Schutzbedürfnisbewertung	Medienanalysen
Verknüpfung der Infrastruktur mit Erhalt oder Verbesserung von Status und materiellen Verhältnissen	Erwartete Einschränkungen des eigenen Lebensstandards führen zu hohem subjektivem Schutzbedürfnis	Befragungen und sonstige empirische Erhebungen

Direkte/indirekte Gefähr-dung eigener Infrastruk-tur und materieller Wer-te durch den Ausfall der kritischen Infrastruktur	Wahrgenommener hoher Be-troffenheitsgrad erhöht das subjektive Schutzbedürfnis	Beschäftigungsindex be-troffener Branchen Kundenanalysen
Erlebte/Erwartete per-sönliche wirtschaftliche Einbußen/wirtschaftliche Kaskadeneffekte	Entsprechende Wahrneh-mung des Abhängigkeitsgra-des von der kritischen Infra-struktur erhöht das subjek-tive Schutzbedürfnis	Erhebung abhängiger Kun-den und Unternehmer Kundenanalysen Unternehmerbefragungen
Eigentumsverhältnisse der kritischen Infrastruk-tur	Subjektive Schutzbedürfnis-bewertungen können beein-flusst werden, je nachdem, ob die Infrastruktur öffentlich o-der privat, inländisch oder ausländisch beherrscht wird	Erhebung der Eigentums-verhältnisse Befragungen und sonstige empirische Erhebungen
Geographische Nähe zur kritischen Infrastruktur	Es kann eine Präferenz für den Schutz lokaler Infrastruk-tur (anzunehmen bei geogra-fischer Nähe), oder umge-kehrt, eine Scheu vor den da-mit verbundenen Kosten bestehen (anzunehmen bei geografischer Entfernung)	Befragungen und sonstige empirische Erhebungen
Wirkung des Ausfalls der kritischen Infrastruktur auf vulnerable Gruppen (Kinder, pflegebedürf-tige/ältere Personen)	Wahrgenommene Betroffen-heit vulnerabler Gruppen er-höht das subjektive Schutzbe-dürfnis	Befragungen und sonstige empirische Erhebungen
Bisherige bekannte Aus-fälle der kritischen Infra-struktur	Wissen über geschehene, ähnlich gelagerte Ausfälle können das subjektive Schutzbedürfnis entweder er-höhen (*reflective fear*) oder verringern (*overamplification*)	Befragungen und sonstige empirische Erhebungen *oral history*/narrative Inter-views
Katastrophenpotenzial der kritischen Infrastruk-tur (Gefährdung durch Naturereignisse etc.)	Hohes wahrgenomme-nes/bekanntes Katastrophen-potenzial erhöht das subjek-tive Schutzbedürfnis	Risikoanalysen Befragungen und sonstige empirische Erhebungen Regressionsanalysen
Gefährdung der Infra-struktur durch menschli-che Tätigkeiten (Fehlbe-dienung, Unfall, Terror-akt usw.)	Entsprechende subjektive Wahrnehmung der Gefähr-dung verringert die subjek-tive Schutzbedürfnisbewer-tung	Risikoanalysen Befragungen und sonstige empirische Erhebungen; Regressionsanalysen

10 Resilienz

Der beschleunigte Wandel und zunehmende Interdependenzen von Märkten und Systemen mit einer ständig steigenden Anzahl von Variablen und Unkalkulierbarkeiten haben zu einem kaum noch zu überblickenden Mosaik an Risiken, Verletzbarkeiten und Bedrohungslagen geführt. Profunde Auswirkungen auch auf gekoppelte Mensch-Umwelt-Systeme sind zu beobachten (Voss 2010: 67). Neue analytische Ansätze sind deshalb gefordert. Dazu zählt der *Resilienz*-Ansatz, dessen Mehrwert in einer neuen Perspektivierung krisenhafter Ereignisse (mit entsprechenden Ableitungen für Planung und Bewältigung) liegt: weg von linearen Verlaufsannahmen hin zu einem Ansatz, der der Vielzahl an Faktoren, Variablen und Akteuren, kurz: der Komplexität Rechnung trägt (das hat im Rahmen des weltweiten COVID-19-Katastrophenmanagements einen Bedeutungsschub erfahren, siehe OECD 2020). Während in der Katastrophenforschung angesichts der neuen Gefährdungen zunächst „institutionelle Resilienz" – teils in bewusster Abkehr von der Gesellschaftsanalyse – in den Vordergrund stellte und Infrastrukturen auf ihre Resilienzeigenschaften hin untersuchte (z.B. Aguirre u.a. 2005), hat sich insbesondere im Zusammenhang mit der weiteren Entwicklung der *homeland security* das Resilienzkonzept des Katastrophenmanagements ausgeweitet und umfasst sowohl „harte" als auch „weiche" Systeme, nämlich soziale Gemeinschaften und Individuen (siehe Kahan/Allen/George 2009).

Aus Sicht des Katastrophenmanagements wird Resilienz oft als komplexe Kompositeigenschaft von Regenerationsfähigkeit verstanden, die auf eine Kombination sozialer, ökonomischer, politischer, geographischer u.a. Faktoren beruht (z.B. Pelling 2003):

„Die Flexibilität eines Systems, einer Gesellschaft oder einer Gemeinschaft, externe Störungen zu kompensieren. Dies hängt davon ab, ob das soziale Gefüge fähig ist, sich selbst zu organisieren, einen Bewusstseinswandel einzuleiten und angemessen auf die veränderte Situation zu reagieren. Unter anderem wird die Dauer der Erholungsphase dadurch bestimmt." (Center for Disaster Management and Risk Reduction Technology 2005: 23)

Die aus dem Technologiebereich stammende Konzeption der *engineering resilience* (im Anschluss etwa an Pimm 1984) hingegen konzentriert sich auf den Zeitraum, welchen ein gestresstes System benötigt, um wieder zu einem Gleichgewichtszustand zurückzukehren. Der damit verwandten Sichtweise von Resilienz als Maß der Dauer bis zum vollständigen Wiederherstellen eines Systems begegnet man auch im Bereich des Schutzes kritischer Infrastrukturen. Gerade aber hierbei fehlen Untersuchungen zur Frage, inwieweit einzelne Sektoren kritischer Infrastruktur spezifische und nur auf sie anwendbare Resilienzvorkehrungen benötigen. In der Forschung werden nämlich vorwiegend Unsicherheitsperzeptionen untersucht und kartiert, nicht aber Vulnerabilitäts- und Resilienzwahrnehmungen der Bevölkerung sowie damit verbundene Wahrnehmung der eigenen *coping*-Fähigkeiten (vgl. Baum 2000). Beiträge hierzu hat die Sozialpädagogik geliefert, die Resilienz aber methodologisch individualistisch auf der Ebene eines Persönlichkeitsmerkmals konzipiert, das den „dynamischen oder kompensatorischen Prozess positiver Anpassung bei ungünstigen Entwicklungsbedingungen und dem Auftreten von Belastungsfaktoren" bestimmt (Fröhlich-Gildhoff/ Rönnau-Böse 2009), während das Konzept in der Sicherheits- und in der Katastrophenforschung auf der Spezifikationsebene einer gesamtgesellschaftlichen Beschreibungskategorie angesiedelt ist.

Gerade Schutzmaßnahmen auf der Ebene kritischer Infrastruktur können die zielgerichtete Ansprache der Bevölkerung im Katastrophenschutzmanagement aber auch erschweren (vgl. Mileti/Sorensen 1990): Menschen unterschätzen das Risiko von Gefahren, gegen die monumentale Schutzinfrastruktur sichtbar ist (z.B. Dämme gegen Überflutungen), außerdem blockiert die Wahrnehmung solcher Schutzinfrastruktur die Aneignung von Selbstschutzmaßnahmen (siehe *Kapitel 9.8*). Nur die längerfristige kontinuierliche Konfrontation der Bevölkerung mit wissenschaftlichen Informationen bringt die Risikoeinschätzung der Bevölkerung in den Bereich der realen

Risikobewertung. Darüber hinaus ist Risikokommunikation eine Zweibahnstraße und kein persuasiver Einkanalton, mittels dessen die Bevölkerung konditioniert werden soll (International Risk Governance Council 2010). Noch deutlicher weist die Katastrophenforschung darauf hin, dass die Bevölkerung direkt in die Katastrophenbewältigung eingebunden werden sollte, und zwar sowohl kommunikativ als auch operativ (Quarantelli 1996). Kommunikative Einbindung bedeutet, den Betroffenen keine vorgefertigten Selbstschutzanordnungen zu übermitteln, sondern sie selbst zur Personalisierung ihrer Situation und zur Suche nach der Information zu befähigen, die sie meinen zu benötigen, um ihre individuelle Situation einzuschätzen und ihr Sinn zuschreiben zu können (Gilk 2007: 38). Dies beschreibt eine wesentliche individuelle Grundlage gesellschaftlicher Resilienz.

In der Regel scheint die Bevölkerung/Gesellschaft selbst nicht prominent in Konzepten zum Schutz kritischer Infrastrukturen auf. Katastrophenmanagement umspannt zumeist die physische Gefahrenkomponente und vernachlässigt die soziale Vulnerabilitätskomponente, auch, da die verschiedenen Disziplinen das Vulnerabilitätskonzept (und als Gegenstück dazu die Resilienz) aus verschiedenen Blickwinkeln betrachten (Flanagan u.a. 2011: 1). Viele in Schutzplänen für kritische Infrastruktur identifizierte Risiken (siehe *Kapitel 9.1*) stellen eine gewaltige Bedrohung für die Bevölkerung und somit die Aufrechterhaltung der gesellschaftlichen Funktionen dar: Klimawandel, Migration, Ressourcenprobleme (Energie, Lebensmittel, Wasser), Konflikte, Wirtschafts- und Finanzkrisen, Armut und Arbeitslosigkeit und gesundheitliche Risiken (v.a. Pandemien und Infektionskrankheiten) sind Risiken, die große Bevölkerungsgruppen teilweise unvorbereitet und unmittelbar treffen und somit das Funktionieren der Gesellschaft schwer beeinträchtigen können. Umso dringlicher erscheint es, die Bevölkerung/Gesellschaft als kritische Infrastruktur in die staatlichen Sicherheitskonzepte und kritischen Infrastruktur-Schutzprogramme aufzunehmen.

Resilienz spielt insgesamt in einer Vielzahl von Disziplinen eine Rolle. Das Spektrum beinhaltet neben den schon genannten Bereichen Katastrophenforschung und Technologie unter anderem die Entwicklungspsychologie, Aspekte der Soziologie (Netzwerkanalyse und *community resilience*) sowie ökologisch-systemische Ansätze. Aus der Perspektive dieser ökologisch-systemischen Ansätze stammt eine klassische Definition von Holling, der Resilienz als „a measure of the persistence of systems and of their ability to absorb change and disturbance and still maintain the same relationships between populations and state variables" definierte (Holling 1973: 14; des Neueren siehe Waller 2001 und Klein/Nicholls/Thomalla 2003). Es geht dabei um Anpassungsleistungen angesichts widriger Umstände. Dies verdeutlicht vor allem den Fokus der Analyse auf systemische Dynamik, in der die Beziehungen von Akteuren zueinander und deren Entwicklung eine entscheidende Rolle für die Widerstands- und Regenerationsfähigkeit spielen.

Holling (1973) untersuchte das Verhalten komplexer Systeme bei Einwirkung externer Faktoren. Es geht um das Verhältnis von Variablen in einem System zueinander. Resiliente Systeme sind in der Lage, dieses Verhältnis der Variablen zueinander zu verändern und gleichzeitig vitale Funktionen aufrecht zu erhalten:

„Resilience determines the persistence of relationships within a system and is a measure of the ability of these systems to absorb changes of state variables, driving variables and parameters, and still persist." (Holling 1973: 17).

Diese Fähigkeit, positive Anpassungsprozesse zu durchlaufen, hat dem Resilienzkonzept in der Literatur die pädagogisch wirksame Metapher des „psychischen Muskels" beschert (Kersting 2005), den es zu trainieren und im Krisenfall zu aktivieren gelte. In diesem Sinne wird teils bereits argumentiert, dass erziehungs-, aus- und weiterbildungsbezogene Maßnahmen vermutlich zu einer höheren Reduzierung der Vulnerabilität in der Bevölkerung und des Schadensausmaßes von Katastrophen führen als Infrastrukturmaßnahmen wie der Ausbau von Evakuierungswegen zum Schutz vor

Naturkatastrophen (National Research Council of the National Academies 2006: 122f.).

Die Frage des Umgangs mit Risiken und die Untersuchung, wie die Bandbreite an Stressoren und Bedrohungen, gegen die Resilienz geschaffen oder gesteigert werden soll, vergrößert werden kann, führt auch wieder zur Diskussion des *all-hazards approach* oder des *comprehensive approach*. Gordon und Dion (2008: 6) nennen als Kernelemente Interdependenzen von Infrastrukturen und Systemen und die daraus resultierende Notwendigkeit, eine Vielzahl an Akteuren in deren resilienzorientierten Schutz einzubeziehen, von Regierungsbehörden auf Bundes- und Länderebene über private Betreiber bis hin zu internationalen Organisationen.

Bruneau u.a. (2003: 737f.) identifizieren mehrere Schlüsseleigenschaften sowohl physischer als auch sozialer Systeme, die als Anhaltspunkte für Resilienzindikatoren dienen können (Norris u.a. 2008):

- *Robustheit:* Die Fähigkeit von Systemen oder ihren Elementen, einem Stressniveau ohne Funktionsverlust standzuhalten.

- *Redundanz:* Das Ausmaß, in dem bestehende Systeme oder ihre Elemente substituierbar sind und alternativ zum Funktionieren des Gesamtzusammenhangs beitragen können.

- *Ressourcenfülle:* Die Fähigkeit, Probleme zu identifizieren, Prioritäten festzulegen und Ressourcen zu mobilisieren, um aktuellen Bedrohungen zu begegnen.

- *Reaktionsschnelligkeit:* Die Fähigkeit, prioritären Anforderungen zu entsprechen und Ziele zeitgerecht zu erreichen, um Schaden zu begrenzen und weitere Störungen des Systems zu vermeiden.

Nach Norris u.a. (2008) ist Resilienz demzufolge gerade nicht – oder nicht nur – eine Eigenschaft, sondern das Prozesshafte wird in den Vordergrund gerückt: Resilienz wird zu einem „process linking a set of adaptive capacities to a positive trajectory of functioning and adaptation after a disturbance" (Norris u.a. 2008: 131).

Fragen der konkreten Messbarkeit von Resilienz werden in der Literatur ansatzweise über ökonomische Kriterien bzw. über den Faktor Zeit angegangen. So seien resiliente Systeme einerseits gekennzeichnet durch die reduzierte Wahrscheinlichkeit eines Ausfalls, durch reduzierte Konsequenzen eines Ausfalls, und durch reduzierte Zeit, die für die Wiederherstellung aller Funktionen benötigt wird (vgl. Bruneau u.a. 2003: 733). Im Zusammenhang mit der Frage der Messbarkeit von Resilienz wird auch vorgeschlagen, zwischen der technologischen, der organisationalen, der sozialen und der ökonomischen Dimension zu unterscheiden (Bruneau u.a. 2003: 738), wie in *Abbildung 5* illustriert.

Abbildung 5: Vier Dimensionen von Resilienz nach Bruneau u.a. (2003).

Dieses Modell könnte durch eine weitere Dimension, nämlich jene des Individuums, ergänzt werden. Zur Quantifizierung von Resilienz auf dieser Ebene wird zum Beispiel das Kriterium des „Wohlbefindens" (*wellness*) vorgeschlagen (vgl. Norris u.a. 2008: 133). Indikatoren dafür sind psychologisches Wohlbefinden, angepasstes Rollenverhalten, „gesunde" Verhaltensmuster und „Lebensqualität". Einen Beitrag hierzu haben Cutter, Burton und Emrich (2010) durch die Identifikation von relativ leicht – zum Beispiel über Sozialstatistik – zu erhebenden Indikatoren für Grundcharakteristika sozialer Gemeinschaften, die Resilienz fördern, geleistet. Dabei hat sich allerdings gezeigt, dass abgesehen von einigen grundlegenden Faktoren – wie etwa über Krisenzeiten hinwegdauerndes und gelebtes „Wohlbefinden" (zum Beispiel erhebbar über das soziale Aktivitätsniveau u.Ä.) die individuellen Triebkräfte für Resilienz sehr unterschiedlich sind.

Die COVID-19-Erfahrung wird hier weitere Einsichten bieten. Bisher hat die Forschung bereits folgende Anforderungen an „transformative Resilienz im Zeichen von COVID-19 identifiziert, die in diesem Band behandelte wissenschaftlich gestützte Grundsätze des Katastrophenmanagements anschaulich zusammenfassen:

„First, policy measures need to rebuild all capitals eroded by COVID-19: built, human and social capitals. This requires better and stronger coordination of sectoral interventions, an improvement in the measurement and monitoring of human and social capitals, and the adoption of innovative classifications of public and private expenditures, according to the "capital-based" policy framework. Second, policies measures have to focus on the short-run, but keep in mind the medium-term and the opportunity to bounce forward. The opportunity of getting out of the crisis greener and fairer cannot be wasted in the name of urgency. Third, many factors highlighted by such a resilience perspective are useful for designing policies to face the current crisis, and eventually facilitate a bounce forward: the role and participation of citizens; trust in institutions; identifying opportunities that would allow the EU to improve its wellbeing and sustainability without using expensive policies; reconsidering the health systems; re-addressing the trade-offs between security and privacy; promoting a shift towards more sustainable tourism; making a jump in using digital tools in administration and education practices. Forth, the societal mood and people's perceptions will play a key role in driving the behaviours, once lockdowns are terminated. Therefore, it is fundamental that governments and the EU are perceived as institutions able to manage the recovery process. This calls for clear and effective communication." (Giovannini u.a. 2020)

11   Ausblick

Während sich die Forschung zum Katastrophenmanagement bisher vorrangig damit beschäftigte, katastropheninduzierte Akzentuierungen und Änderungen menschlichen Verhaltens zu systematisieren und zu erklären, ist es ein wichtiger Bestandteil der neueren Forschung, praktisch aufgreifbare wissenschaftliche Grundlagen für die präventive und prospektive Änderungen von Verhaltensdispositionen zu ermitteln, um die Widerstandsfähigkeit der Gesellschaft gegen Krisen und Katastrophen im thematisch breiten Sinne umfassender Sicherheitsvorsorge zu erhöhen. Dem entspricht die steigende Bedeutung der Resilienzforschung, die nicht auf das Unterdrücken, sondern auf das Fördern von adaptivem individuellem und kollektivem menschlichem Handeln in Katastrophenfällen ausgerichtet ist. Das liefert zugleich neue Beiträge zur interdisziplinären Risikoforschung, die sich im deutschsprachigen Raum darauf konzentriert, strukturelle Faktoren von Unsicherheit zu bearbeiten (aber nicht die gesellschaftliche Reaktion), und sich primär auf quantitative Risikobewertung sowie technische Verfahrenslösungen stützt.

Aus Sicht der Katastrophenforschung und auch der Sicherheitsforschung beginnt Katastrophenmanagement nicht beim Management der Katastrophe, sondern im Sinne eines umfassenden Ansatzes bei der Untersuchung, wie Katastrophen auf Menschen und auf soziale Gemeinschaften wirken, um dadurch Wege aufzuzeigen, wie man sich von vornherein besser wappnen oder negativen Wirkungen entziehen kann. Von daher kommen wichtige Teile der Katastrophenforschung auch zu einer anderen Risikodefinition als der üblichen, aus der Versicherungsmathematik entlehnten, d.h. dem Produkt aus (rechnerischem) Schadensausmaß und (rechnerischer) Eintrittswahrscheinlichkeit: nämlich zum Katastrophenpotenzial als der Schnittmenge aus Gefährdung (*hazard*), Exponiertheit (*exposure*) und Verletzlichkeit (*vulnerability*).

Das EU-Vertragswerk von Lissabon generierte einen politischen Europäisierungsschub im Bereich *Zivil- und Katastrophenschutz*, einem Sektor, der für die europäische Sicherheitspolitik immer bedeutsamer wird. Der Vertrag über die Arbeitsweise der Europäischen Union sieht nämlich vor, dass die Union für „Maßnahmen mit europäischer Zielsetzung" unter anderem im Bereich Katastrophenschutz zuständig ist und hier mitgliedstaatliche Maßnahmen unterstützen, koordinieren oder ergänzen kann (Artikel 6, ausführlich Titel XXIII/Artikel 196). Dies zeigt bereits, dass eine Konvergenz internationaler und nationaler Dimensionen des Katastrophenmanagements stattfindet, ebenso wie eine – politisch noch weiter zu klärende – Konvergenz internationaler und Inlandsaufgaben.

Zusammenwirken verschiedener Akteure im Krisen- und Katastrophenmanagement hängt nicht nur von ineinandergreifenden Strategien und materiellen Fähigkeiten, sondern auch von der sogenannten *„interoperability of minds"* ab. Im Zuge der Vertragsänderungen von Lissabon ergeben sich weitere Solidaritätspflichten und Koordinationskompetenzen auf EU-Ebene, die auch Folgen für das Krisen- und Katastrophenmanagement auf nationaler Ebene haben. Zugleich werden die kulturellen Kontexte für nationales Handeln in diesem Bereich noch vielfältiger, von einzelnen Organisationskulturen angefangen bis hin zur Ebene nationaler Sicherheitskultur (Siedschlag/Jerković 2018).

Aktuelle Katastrophenmanagementansätze weichen insbesondere in der strategischen Definition voneinander ab und sind vorwiegend von der politischen Situation bzw. von der Dimension staatlich relevanter Ereignisse abhängig, aber auch von der jeweiligen Sicherheitskultur geprägt. Viele Staaten konzentrieren sich in ihren Vorbereitungsaktivitäten auf *meteorologische Extremereignisse.* Zudem wurden in der jüngeren Zeit neben der Terrorismusbekämpfung auch Anstrengungen in Bezug auf den *Schutz der kritischen Infrastrukturen* vor Naturgefahren unternommen. Aktivitäten zur *systematischen Integration der Bevölkerung* in das Katastrophenmanagement über das Freiwilligensystem hinaus (zum Beispiel durch *crowd sourcing*) sollten sowohl in der Praxis als auch in der Forschung in Europa vermehrt thematisiert werden.

In diesem Zusammenhang stellen sich insbesondere auch neue Herausforderungen an bevölkerungszentrierte Kommunikation im Katastrophenmanagement. Während bis Anfang der 1990er-Jahre katastrophenbezogene Kommunikation als informationsgestützte staatliche Intervention aufgefasst und betrieben wurde, die die Bevölkerung dazu motivieren sollte, behördlich erwünschte Schutzmaßnahmen umzusetzen, gilt seitdem die Art des pfadabhängigen sozio-kulturellen Kontexts der Kommunikation als wesentlicher Bestimmungsfaktor für effektive Kommunikation. Damit unmittelbar verbunden ist die Frage der internationalen Übertragbarkeit der Ergebnisse der vor allem auf Fallstudien aufbauenden Katastrophenforschung, insbesondere auch, was praktische Handlungsempfehlungen betrifft.

Dabei sollten in der künftigen Forschung insbesondere die folgenden Themen besonders angegangen werden:

- Bewältigung von Informationsunsicherheit in Krisen- und Katastrophenfällen und entsprechende Chancen und Risken der Nutzung neuen Meiden und Web-2.0-Technologien;

- Sicherheitslage vs. Sicherheitsperzeptionen;

- Soziale Akzeptanz von *preparedness-*, *response-* und *recovery-*Maßnahmen sowie -technologien;

- Grundlagen der Interoperabilität von Organisationskulturen;

- Harmonisierung des Risiko- und Katastrophenmanagements im Kontext sich wandelnder europäischer Rahmenbedingungen.

Die sozialwissenschaftliche Katastrophenforschung gewinnt dabei zunehmend an Bedeutung, auch in Bezug auf das Katastrophenmanagement wird – etwa im Gegensatz zum Perrow-Paradigma (Perrow 1985) – zunehmend gesehen, dass es um keine reine materialistische Bewältigung und auch im keine Sozialtechnologie geht, sondern um die umfassende Bewältigung „entsetzlicher sozialer Prozesse" im Sinne von Clausen, Geenen und Macamo (2003).

Ins Zentrum aller Reflexion rücken der „menschliche Faktor" und das „Risiko" als Bewertungsmaßstab und Maß für Tolerabilität oder Akzeptanz. Katastrophenmanagement der Zukunft wird ebenso wie entsprechende Forschung schwerpunktmäßig darauf ausgerichtet sein, Vulnerabilität zu senken und Resilienz zu stärken. Infolgedessen werden vorausschauende Kapazitäten in Form von differenzierter Gefährdungsanalysen, Frühwarnung und schneller Intervention an Bedeutung gewinnen (vgl. Dams 2001; Plate/Merz 2001). Die Herausforderungen von COVID-19 unterstreichen wiederum diese zuvor gezogenen Schlussfolgerungen und abgeleiteten Empfehlungen (vgl. OECD 2020; Wardman/Lofstedt 2020).

Literaturverzeichnis

Aguirre, Benigno E. (2004): Homeland Security Warnings. Lessons Learned and Unlearned, in: International Journal of Mass Emergencies and Disasters 22(2): 103-115.

Aguirre, Benigno E./Dynes, Russel R./Kendra, James/Connell, Rory (2005): Institutional Resilience and Disaster Planning for New Hazards. Insights from Hospitals, in: Journal of Homeland Security and Emergency Management 2(2): 1-17.

Aguirre, Benigno E./Wenger, Dennis/Vigo, Gabriela (1998): A Test of the Emergent Norm Theory of Collective Behavior, in: Sociological Forum 13: 301-320.

Alexander, David (2002): Principles of Emergency Planning and Management. New York: Oxford University Press.

Allison, Graham T./Zelikow, Peter (1999): Essence of Decision. Explaining the Cuban Missile Crisis. 2. Ausg. New York: Longman.

Asghar, S[ohail]/Alahakoon, Damminda/Churilov, Leonid (2006): A Comprehensive Conceptual Model for Disaster Management, in: The Journal of Humanitarian Assistance. Feinstein International Center, Friedman School of Nutrition Science and Policy at Tufts University: Medford, http://sites.tufts.edu/jha/files/2011/04/a193.pdf.

Baker, George W./Chapman, Dwight W. (Hg.): Man and Society in Disaster. New York: Basic Books.

Balaban, Victor/Bin, Fan/Cotel, Sivan u.a. (2006): Posttraumatic Stress in Children with First Responders in Their Families, in: Journal of Traumatic Stress 19(2): 301-306.

Barry, John M. (2004): The Great Influenza. The Epic Story of the Deadliest Plague in History. New York: Penguin.

Barton, Allen H. (1962): The Emergency Social System, in: Baker, George W./Chapman, Dwight W. (Hg.): Man and Society in Disaster. New York: Basic Books. 222-267.

Bates, Frederick L./Fogleman, Charles W./Parenton, Vernon C./Pittman, Robert H./Tracy, George S. (1963): The Social and Psychological Consequences of a National Disaster. Washington, DC: National Research Council, National Academy of Sciences.

Baum, Howell S. (2000): Culture Matters – But It Shouldn't Matter Too Much, in: Burayid, Michael A. (Hg.): Urban Planning in a Multicultural Society: Westport, CT: Greenwood. 115-136.

Bazerman, Max H./Watkins, Michael D. (2004): Predictable Surprises. The Disasters You Should Have Seen Coming and How to Prevent Them. Boston, MA: Harvard Business School Press.

Beck, Ulrich (2007): Weltrisikogesellschaft. Auf der Suche nach der verlorenen Sicherheit. Frankfurt/M.: Suhrkamp.

Bergström, Charlotta (2006): Safety and Sustainability in the Community Planning Process. Actor's Interests, Roles and Influences. Stockholm: Universitetsservice US AB, Licentiate Thesis, http://kth.diva-portal.org/smash/get/diva2:10072/FULLTEXT01.

Birkmann, Jörn/Bach, Claudia/Guhl, Silvie u.a. (2010): State of the Art der Forschung zur Verwundbarkeit Kritischer Infrastrukturen am Beispiel Strom/Stromausfall. Berlin: Freie Universität Berlin, Forschungsforum Öffentliche Sicherheit. Schriftenreihe Sicherheit, Nr. 2, https://www.sicherheit-forschung.de/forschungsforum/schriftenreihe_neu/sr_v_v/SchriftenreiheSicherheit_02.pdf.

BM OKF Főügyelet (2009): Civil Protection in Hungary. Belügymini-szté-rium Országos Katasztrófavédelmi Főigazgatóság, http://www.katasztrofavedelem.hu/letoltes/civil_pr_in_hun.doc.

Boin, Aren/t'Hart, Paul (2006): The Crisis Approach, in: Rodríguez, Hav-idán/Quarantelli, Enrico L./Dynes, Russel R. (Hg.): Handbook of Disaster Research. New York: Springer. 42-54.

Boin, Arjen/'t Hart, Paul/Stern, Eric/Sundelius, Bengt (2005): The Politics of Crisis Management. Public Leadership under Pressure. Cambridge u.a.: Cambridge University Press.

Brand, Michael W./Kerby, Dave/Elledge, Brenda/Burton, Tracey/Coles, Dana/Dunn, Amy (2008): Public Health's Response: Citizens' Thoughts on Volunteering, in: Disaster Prevention and Management 17(1): 54-61.

Brecht, Lukas (2010): Demokratische Sicherheit. Theoretische Positionen im Anschluss an Barber, Etzioni und Sartori, in: Riescher, Gisela (Hg.) (2010): Sicherheit und Freiheit statt Terror und Angst. Perspektiven einer demokratischen Sicherheit. Baden-Baden: Nomos. 177-201.

Bruneau, Michel/Chang, Stephanie/Eguchi, Ronald T. u.a. (2003): A Framework to Quantitatively Assess and Enhance the Seismic Resilience of Communities, in: Earthquake Spectra 19(4): 733-752.

Bühl, Walter L. (1988): Krisentheorien. Politik, Wirtschaft und Gesellschaft im Übergang. 2., unveränd. Aufl. Darmstadt: Wissenschaftliche Buchgesellschaft.

Bullock, Jane A./Haddow, George D./Coppola, Damon P. (2008): Introduction to Homeland Security. Principles of All-Hazards Risk Management. 5. Ausg. Amsterdam u.a.: Elsevier.

Bullock, Jane A./Haddow, George D./Coppola, Damon P. (2020): Introduction to Homeland Security. Principles of All-Hazards Risk Management. 6. Ausg. Amsterdam u.a.: Elsevier.

Bundesamt für Bevölkerungsschutz (BABS) (2014): Integrales Risikomanagement. Bedeutung für den Schutz der Bevölkerung und ihrer Lebensgrundlagen. Bern: Bundesamt für Bevölkerungsschutz, https://www.babs.admin.ch/content/babs-internet/de/aufgabenbabs/gefaehrdrisiken/_jcr_content/contentPar/tabs/items/dokumente/tabPar/downloadlist/downloadItems/487_1461676033419.download/88064broschuereirmde.pdf.

Bundesamt für Bevölkerungsschutz und Katastrophenhilfe (BBK) (2010): Neue Strategie zum Schutz der Bevölkerung in Deutschland. Wissenschaftsforum, Bd. 4, https://www.bbk.bund.de/SharedDocs/Downloads/BBK/DE/Publikationen/Wissenschaftsforum/WF_Bd_4_Neue_Strategie_BevSch.pdf?__blob=publicationFile.

Bundesamt für Bevölkerungsschutz und Katastrophenhilfe (BBK) (2020a): Information Ausbreitung des neuen Coronavirus (Covid-19) SARS-CoV-2. Handlungsempfehlungen für Unternehmen, insbesondere für Betreiber Kritischer Infrastrukturen, https://www.kritis.bund.de/SharedDocs/Downloads/Kritis/DE/200302_HinweisePandemie.pdf?__blob=publicationFile.

Bundesamt für Bevölkerungsschutz und Katastrophenhilfe (BBK) (2020b): Über das BBK, https://www.bbk.bund.de/DE/DasBBK/Ueberdas BBK/ueberdasbbk_node.html, letzter Zugriff: 06.12.2020.

Bundeskanzleramt Österreich/Bundesministerium für Inneres (2015): Österreichisches Programm zum Schutz kritischer Infrastrukturen (APCIP). Masterplan 2014. Wien, https://www.bundeskanzleramt.gv.at/dam/jcr:bb6a1a41-eb1d-4552-96da-9b460bbc5c0b/%C3%96sterreichisches%20Programm%20zum%20Schutz%20kritischer%20Infrastrukturen%20(APCIP).pdf.

Bundesministerium des Innern (BMI) (2005): Nationaler Plan zum Schutz der Informationsinfrastrukturen (NPSI). Berlin: Bundesministerium des

Innern, IT-Stab, Referat IT 3, https://www.innenministerkonferenz.
de/IMK/DE/termine/to-beschluesse/05-12-09/05-12-09-anlage-nr-16.
pdf?__blob=publicationFile&v=2.

Bundesministerium des Innern (BMI) (2007): Umsetzungsplan KRITIS
des Nationalen Plans zum Schutz der Informationsinfrastrukturen.
Berlin: Bundesministerium des Innern, Referat Öffentlichkeitsarbeit,
https://www.bmi.bund.de/SharedDocs/downloads/DE/
publikationen/themen/it-digitalpolitik/umsetzungsplan-kritis.html.

Bundesministerium des Innern (BMI) (2008): Schutz Kritischer Infrastrukturen – Risiko- und Krisenmanagement. Leitfaden für Unternehmen
und Behörden. Berlin: Bundesministerium des Innern, Referat KM 4,
https://www.bbk.bund.de/SharedDocs/Downloads/BBK/DE/
Publikationen/PublikationenKritis/Schutz_KRITIS_Risiko_und_
Krisenmanagement.pdf?__blob=publicationFile.

Bundesministerium des Innern (BMI) (2009): Nationale Strategie zum
Schutz Kritischer Infrastrukturen (KRITIS-Strategie). Berlin: Bundesministerium des Innern, Referat KM4, https://www.bmi.bund.de/
SharedDocs/downloads/DE/publikationen/themen/
bevoelkerungsschutz/kritis.html.

Bundesministerium für Inneres (BM.I) (2009): SKKM Strategie 2020. Staatliches Krisen- und Katastrophenschutzmanagement. National Crisis
and Disaster Protection Management. Wien: Bundesministerium für Inneres, https://www.kiras.at/fileadmin/_migrated/content_uploads/
SKKM_Strategie_2020__Final_Juli_09.pdf.

Bundesministerium für Verkehr, Innovation und Technologie (bmvit)
(2015): KIRAS Sicherheitsforschung. Österreichisches Förderungspro-
gramm für Sicherheitsforschung. Programmdokument für alle Pro-
grammlinien des Programmes KIRAS, https://www.kiras.at/
fileadmin/downloads/allgem15/16122015_PD_KIRAS.pdf.

Bundesrat (2009): Grundstrategie des Bundesrates zum Schutz kritischer
Infrastrukturen. Basis für die nationale Strategie zum Schutz Kritischer
Infrastrukturen. Schweizerische Eidgenossenschaft, https://www.
newsd.admin.ch/newsd/message/attachments/15879.pdf.

Cabinet Office (2010a): Sector Resilience Plan for Critical Infrastructure
2010. Natural Hazards Team Civil Contingencies Secretariat. London,
https://assets.publishing.service.gov.uk/government/uploads/
system/uploads/attachment_data/file/271335/sector-resilience-plan-
2010.pdf.

Cabinet Office (2010b): Responding to Emergencies. The UK Central Government Response. Concept of Operations. CONOPS. The Cabinet Office. London, https://assets.publishing.service.gov.uk/government/uploads/system/uploads/attachment_data/file/192425/CONOPs_incl_revised_chapter_24_Apr-13.pdf.

Cabinet Office (2010c): UK Central Government Arrangements for Responding to an Emergency. An Overview. The Cabinet Office. London, https://assets.publishing.service.gov.uk/government/uploads/system/uploads/attachment_data/file/60816/conops-2010-overview.pdf.

Cabinet Office (2010d): Sector Resilience Plan for Critical Infrastructure 2010. Natural Hazards Team Civil Contingencies Secretariat. London, https://assets.publishing.service.gov.uk/government/uploads/system/uploads/attachment_data/file/271335/sector-resilience-plan-2010.pdf.

Cabinet Office (2010e): Strategic Framework and Policy Statement on Improving the Resilience of Critical Infrastructure to Disruption from Natural Hazards. London, https://www.gov.uk/government/publications/strategic-framework-and-policy-statement-on-improving-the-resilience-of-critical-infrastructure-to-disruption-from-natural-hazards.

Cabinet Office (2011): Keeping the Country Running: Natural Hazards and Infrastructure. for Consultation: A Guide to Improving the Resilience of Critical Infrastructure and Essential Services. London, https://www.gov.uk/government/publications/keeping-the-country-running-natural-hazards-and-infrastructure.

Carr, Lowell J. (1932): Disaster and the Sequence-Pattern Concept of Social Change, in: American Journal of Sociology 38: 207-218.

Cecei-Mórotz, Katalin (2009): Risk Reduction and Climate Change. Written Statement to the II. Global Platform for Disaster Risk Reduction (Geneva, 15-19th June 2009) by Hungary. Budapest: National Directorate General for Disaster Management. Department for International Relations, http://www.preventionweb.net/files/globalplatform/083005HUwrittenstatement.doc.

Center for Disaster Management and Risk Reduction Technology (CEDIM) (2005): Glossar. Begriffe und Definitionen aus den Risikowissenschaften. Karlsruhe: Universität Karlsruhe, http://www.cedim.de/download/glossar-gesamt-20050624.pdf.

251

Center for Security Studies (CSS), ETH Zürich (2008): Frankreichs Weiss-buch: Eine neue umfassende Sicherheitsstrategie. CSS Analysen zur Sicherheitspolitik 3, Nr. 46 3. Jahrgang, https://css.ethz.ch/content/dam/ethz/special-interest/gess/cis/center-for-securities-studies/pdfs/CSS-Analysen-46.pdf.

Chapman, Dwight W. (1962): A Brief Introduction to Contemporary Disaster Research, in: Baker, George W./ders. (Hg.): Man and Society in Disaster. New York: Basic Books. 3-22.

Chinnman, Matthew J./Wandersman, Abraham (1999): The Benefits and Costs of Volunteering in Community Organizations: Review and Practical Implications, in: Nonprofit and Voluntary Sector Quarterly 28(1): 46-64.

Chopko, Brian A./Schwartz, Robert C. (2009): The Relation Between Mindfulness and Posttraumatic Growth: A Study of First Responders to Trauma-Inducing Incidents, in: Journal of Mental Health Counseling 31(4): 363-376.

Cisin, Ira H./Walter B. Clark (1962): The Methodological Challenge of Disaster Research, in: Baker, George W./Chapman, Dwight W. (Hg.): Man and Society in Disaster. New York: Basic Books. 23-49.

Clarke, Peter B./Wilson, James Q. (1961): Incentive Systems: A Theory of Organizations, in: Administrative Science Quarterly 6(2): 129-166.

Clausen, Lars (1983): Übergang zum Untergang. Skizze eines makro-soziologischen Prozeßmodells der Katastrophe, in: ders./Dombrowsky, Wolf R. (Hg.): Einführung in die Soziologie der Katastrophen. Bonn: Verlag, 41-79.

Clausen, Lars/Dombrowsky, Wolf R. (1984): Warnpraxis und Warnlogik, in: Zeitschrift für Soziologie 13(4): 293-307.

Clausen, Lars/Dombrowsky, Wolf R. (1990): Zur Akzeptanz staatlicher Informationspolitik bei technischen Großunfällen und Katastrophen. Bonn: Bundesamt für Zivilschutz.

Clausen, Lars/Dombrowsky, Wolf R. (Hg.) (1983): Einführung in die Soziologie der Katastrophen. Bonn: Osang.

Clausen, Lars/Geenen, Elke M./Macamo, Elísio (Hg.) (2003): Entsetzliche soziale Prozesse. Theorie und Empirie der Katastrophen. Münster: LIT.

Clizbe, John A. (2004): Challenges in Managing Volunteers during Bioterrorism Response, in: Biosecurity and Bioterrorism: Biodefense Strategy, Practice, and Science 2(4): 294-300.

Comfort, Louise K. (Hg.) (1988): Managing Disaster. Strategies and Policy Perspectives. Durham, NC: Duke University Press.

Commission of the European Communities (2005): Green Paper on a European Programme for Critical Infrastructure Protection (presented by the Commission). COM(2005) 576 final, https://eur-lex.europa.eu/legal-content/EN/TXT/?uri=celex%3A52005DC0576.

Commission of the European Communities (2009a): Communication from the Commission to the European Parliament, the Council, the European Economic and Social Committee and the Committee of the Regions. A Community Approach on the Prevention of Natural and Man-made Disasters. COM(2009)82 final, http://eur-lex.europa.eu/LexUriServ/LexUriServ.do?uri=COM:2009:0082:FIN:EN:PDF.

Commission of the European Communities (2009b): Communication from the Commission to the European Parliament, the Council, the European Economic and Social Committee and the Committee of the Regions on Critical Information Infrastructure Protection. Protecting Europe from Large Scale Cyber-Attacks and Disruptions: Enhancing Preparedness, Security and Resilience. COM (2009)149 final, http://eur-lex.europa.eu/LexUriServ/LexUriServ.do?uri=COM:2009:0149:FIN:EN:PDF.

Cooper, Christopher/Block, Robert (2006): Disaster. Hurricane Katrina and the Failure of Homeland Security. New York: Times Books.

Coppola, Damon P. (2007): Introduction to International Disaster Management. Oxford: Butterworth-Heinemann.

Coppola, Damon P./Maloney, Erin K. (2009): Communicating Emergency Preparedness. Strategies for Creating a Disaster Resilient Public. Boca Raton, FL: Taylor and Francis.

Coser, Lewis (1956): The Functions of Social Conflict. New York: The Free Press.

Council of the European Union (2002): Civil-Military Co-operation (CIMIC) Concept for EU-Led Crisis Management Operations. ESDP/PESD COSDP 67.

Council of the European Union (2003): Civil-Military Co-ordination (CMCO). 14457/03; COSDP 650; PESC 650; RELEX 409; CIVCOM 170. Brüssel, http://register.consilium.eu.int/pdf/en/03/st14/st14457.en03.pdf.

Covello, Vincent T./Peters, Richard G./Wojtecki, Joseph G./Hyde, Richard C. (2001): Risk Communication, the West Nile Virus Epidemic, and Bioterrorism: Responding to the Communication Challenges Posed by the

Intentional or Unintentional Release of a Pathogen in an Urban Setting, in: Journal of Urban Health 78(2): 382-391.

Cutter, Susan L./Burton, Christopher G./Emrich, Christopher T. (2010): Disaster Resilience Indicators for Benchmarking Baseline Conditions, in: Journal of Homeland Security and Emergency Management (7)1, https://doi.org/10.2202/1547-7355.1732.

Czech Ministry of Foreign Affairs (2011): The Security Strategy of the Czech Republic 2011. Prag, https://www.eda.europa.eu/docs/default-source/documents/czech_republic_english-2011_sec-stratD391658D7E 25.pdf.

Dams, Theodor (2001): Die entwicklungspolitische Dimension der Katastrophenvorbeugung, in: Plate, Erich J./Merz, Bruno (Hg.): Naturkatastrophen. Ursachen – Auswirkungen – Vorsorge. Stuttgart: Schweizerbarth'sche Verlagsbuchhandlung. 247-272.

de Jong, Marjolein/Helsloot, Ira (2010): The Effects of Information and Evacuation Plans on Civilian Response during the National Dutch Flooding Exercise „Waterproef", in: Procedia Engineering 3: 153-162.

Der Standard (2011): Kritik an Tepco und japanischer Informationspolitik. Verbeugen, entschuldigen und vor allem löschen, in: Der Standard, 18. März, Thema Japan. 4.

Deutsche Gesellschaft für Technische Zusammenarbeit (GTZ) (2001): Katastrophenvorsorge – Arbeitskonzept. Eschborn.

Deutsches Komitee für Katastrophenvorsorge (DKKV) (2003): Hochwasservorsorge in Deutschland. Lernen aus der Katastrophe 2002 im Elbegebiet. Lessons learned. Schriftenreihe des DKKV 29. Deutsches Komitee für Katastrophenvorsorge e.V. Bonn, https://www.dkkv.org/fileadmin/user_upload/Veroeffentlichungen/Publikationen/DKKV_29_Lessons_Learned_Kurzfassung.pdf.

Di Mauro, Carmelo/Bouchon, Sara/Logtmeijer, Christiaan/Hartung, Thomas/Nordvik, Jan Pierre (2010): A Structured Approach to Identifying European Critical Infrastructures, in: International Journal of Critical Infrastructures 6(3): 277-292.

Dixon, Penny/Rehling, Graham/Shiwach, Raj (1993): Peripheral Victims of the Herald of Free Enterprise Disaster, in: British Journal of Medical Psychology 66(2): 193-202.

Dombrowsky, Wolf R. (1989): Katastrophe und Katastrophenschutz. Eine soziologische Analyse. Wiesbaden: Deutscher Universitätsverlag.

Dombrowsky, Wolf R. (2010): Entstehung und Ansätze der Katastrophensoziologie, in: Siedschlag, Alexander (Hg.): Jahrbuch für europäische Sicherheitspolitik 2009/2010. Baden-Baden: Nomos. 53-60.

Douglas, Mary/Wildavsky, Aaron (1982): Risk and Culture. An Essay on the Selection of Technological and Environmental Dangers. Berkeley, CA u.a.: University of California Press.

Drabek, Thomas E. (1986): Human System Responses to Disaster. An Inventory of Sociological Findings. New York: Springer.

Drabek, Thomas E. (2010): The Human Side of Disaster. Boca Raton, FL u.a.: CRC Press.

Drabek, Thomas E./Hoetmer, Gerard (Hg.) (1991): Emergency Management. Principles and Practice for Local Government. Washington, D.C.: International City Management Association.

Ehrhard, Hans-Georg/Kahl, Martin (Hg.) (2010): Security Governance in und für Europa. Konzepte, Akteure, Missionen. Baden-Baden: Nomos.

Elbe, Stefan (2010): Security and Global Health. Cambridge und Malden, MA: Polity.

Elverfeldt, Kirsten v./Glade, Thomas/Dikau, Richard (2008): Naturwissenschaftliche Gefahren- und Risikoanalyse, in: Felgentreff, Carsten/ Glade, Thomas (Hg.): Naturrisiken und Sozialkatastrophen. Berlin/ Heidelberg: Springer. 31-46.

Eshghi, Kourosh/Larson, Richard C. (2008): Disasters: Lessons from the Past 105 Years, in: Disaster Prevention and Management 17(19): 62-82.

Euro-Atlantic Disaster Response Coordination Centre (EADRCC) (2002): Command, Control and Coordination in International Relief Operations, http://www.nato.int/eadrcc/bogorodsk/d021216c.pdf.

Europäische Kommission (2009): Mitteilung der Kommission an das Europäische Parlament, den Rat, den Europäischen Wirtschafts- und Sozialausschuss und den Ausschuss der Regionen. Ein Gemeinschaftskonzept zur Verhütung von Naturkatastrophen und von Menschen verursachten Katastrophen. KOM[2009] 82 endg., https://eur-lex.europa.eu/ legal-content/DE/TXT/?uri=CELEX:52009DC0082.

Europäische Union (2008): Richtlinie 2008/114/EG des Rates vom 8. Dezember 2008 über die Ermittlung und Ausweisung europäischer kritischer Infrastrukturen und die Bewertung der Notwendigkeit, ihren Schutz zu verbessern. Amtsblatt der Europäischen Union L 345/75, https://eur-lex.europa.eu/LexUriServ/LexUriServ.do?uri=OJ:L:2008: 345:0075:0082:DE:PDF.

European Commission (2009): Civil Protection. Full Report. Special Euro-barometer 328, Wave 72.2, http://ec.europa.eu/public_opinion/archives/ebs/ebs_328_en.pdf.

European Commission (2010a): Communication from the Commission. EUROPE 2020: A Strategy for Smart, Sustainable and Inclusive Growth. COM(2010) 2020 final, https://eur-lex.europa.eu/LexUriServ/LexUriServ.do?uri=COM:2010:2020:FIN:EN:PDF.

European Commission (2010b): Risk Assessment and Mapping Guidelines for Disaster Management. Commission Staff Working Paper. SEC(2010) 1626 final, https://ec.europa.eu/echo/files/about/COMM_PDF_SEC_2010_1626_F_staff_working_document_en.pdf.

European Commission (2014): Communication from the Commission to the European Parliament, the Council, the European Economic and Social Committee and the Committee of the Regions: The Post 2015 Hyogo Framework for Action: Managing Risks to Achieve Resilience. COM(2014) 216 final. https://ec.europa.eu/echo/files/news/post_hyogo_managing_risks_en.pdf.

European Commission (2017): Vademecum – Civil Protection: France – Disaster Management Structure, https://ec.europa.eu/echo/files/civil_protection/vademecum/fr/2-fr-1.html.

European Commission DG Environment (2008): Assessing the Potential for a Comprehensive Community Strategy for the Prevention of Natural and Manmade Disasters Final Report, https://ec.europa.eu/echo/files/civil_protection/vademecum/downloads/potential_prevention_strategy.pdf.

European Communities (2006): Meeting the Challenge: The European Security Research Agenda. A Report from the European Security Research Advisory Board, https://www.kowi.de/Portaldata/2/Resources/fp7/coop/security-esrab-report-2006.pdf.

European Security Research and Innovation Forum (ESRIF) (2009): ESRIF Final Report, https://www.kowi.de/Portaldata/2/Resources/fp7/coop/esrif-final-report.pdf.

Federal Emergency Management Agency (FEMA) (2007): National Preparedness Guidelines, http://www.fema.gov/pdf/emergency/nrf/National_Preparedness_Guidelines.pdf.

Federal Emergency Management Agency (FEMA) (2011): National Preparedness Goal. First Edition. https://www.fema.gov/pdf/prepared/npg.pdf.

Federal Emergency Management Agency (FEMA) (2015): National Prepar-
edness Goal. Second Edition, https://www.fema.gov/media-library-
data/1443799615171-2aae90be55041740f97e8532fc680d40/National_
Preparedness_Goal_2nd_Edition.pdf.
Felgentreff, Carsten/Dombrowsky, Wolf R. (2008): Hazard-, Risiko- und
Katastrophenforschung, in: Felgentreff, Carsten/Glade, Thomas (Hg.):
Naturrisiken und Sozialkatastrophen. Heidelberg: Spektrum. 13-29.
Fischhoff, Baruch/Gonzalez, Roxana M./Small, Deborah A./Lerner, Jen-
nifer S. (2003): Evaluating the Success of Terror Risk Communications,
in: Biosecurity and Bioterrorism 1(4): 255-258.
Fitzpatrick, Colleen/Mileti, Dennis S. (1994): Public Risk Communication,
in: Dynes, Russel R./Tierney, Kathleen J. (Hg.): Disasters, Collective Be-
havior, and Social Organization. Newark, NJ: University of Delaware
Press. 71-84.
Flanagan, Barry E./Gregory, Edward W./Hallisey, Elaine J./Heitgerd, Ja-
net L./Lewis, Brian (2011): A Social Vulnerability Index for Disaster
Management, in: Journal of Homeland Security and Emergency Management 8(1): Artikel 3, https://www.researchgate.net/publication/
274439003_A_Social_Vulnerability_Index_for_Disaster_Management.
Freudenberg, Dirk (2008): „Public Private Partnership und strategische
Führung" – Wie staatliche Einrichtungen und Unternehmen sicherheits-
politische Krisen gemeinsam bewältigen können, in: Roselieb, Frank/
Dreher, Marion (Hg.): Krisenmanagement in der Praxis. Von erfolgreichen Krisenmanagern lernen. Berlin: Erich Schmidt. 99-117.
Fröhlich-Gildhoff, Klaus/Rönnau-Böse, Maike (2009): Resilienz. München
[u.a.]: Reinhardt.
Gallant, Brian (2008): Essentials in Emergency Management. Including the
All-Hazards Approach. Lanham, MD: Government Institutes.
Garon, Richard (2005): Civil-Military Cooperation (CIMIC) and the Consol-
idation of Peace in the Middle-East, http://www.umanitoba.ca/
centres/defence/04_garon.PDF (= University of Manitotba, Canadian
and Israeli Perspectives on Peacekeeping: Proceedings of the First Ca-
nadian-Israeli Workshop on Peacekeeping) (derzeit nicht online abrufbar).
Geenen, Elke M. (2010): Bevölkerungsverhalten und Möglichkeiten des Krisenmanagements und Katastrophenmanagements in multikulturellen
Gesellschaften. Bonn: Bundesamt für Bevölkerungsschutz und Katastrophenhilfe, http://www.bbk.bund.de/SharedDocs/Downloads/

BBK/DE/Publikationen/PublikationenForschung/FiB_Band11.pdf?__
blob=publicationFile.

Geiger, Gebhard (2010): Sicherheit oder Sicherheitstechnologie? Der Beitrag der zivilen Forschung zur Sicherheit Europas. Berlin: Stiftung
Wissenschaft und Politik, https://www.swp-berlin.org/fileadmin/
contents/products/studien/2010_S14_ggr_ks.pdf.

Geipel, Robert (2001): Zukünftige Naturrisiken in ihrem sozialen Umfeld,
in: Linneweber, Volker (Hg.): Zukünftige Bedrohungen durch (anthropogene) Naturkatastrophen. Bonn: Deutsches Komitee für Katastrophenvorsorge e.V. (DKKV). 31-41.

Gerhold, Lars (2020): COVID-19: Risikowahrnehmung und Bewältigungsstrategien. Ergebnisse einer repräsentativen Bevölkerungsbefragung in Deutschland. Berlin: Freie Universität, AG Interdisziplinäre Sicherheitsforschung. https://www.sicherheit-forschung.de/
forschung/projekte/Corona/COVID-19-Risikowahrnehmung-und-
Bewaeltigungsstrategien_Gerhold---2020.pdf.

Gibbs, Margaret/Montagnino, Kim (2007): Disasters, a Psychological Perspective, in: David A. McEntire (Hg.): Disciplines, Disasters and Emergency Management. The Convergence and Divergence of Concepts, Issues and Trends from the Research Literature. Springfield, IL: Charles
C. Thomas. 95-110.

Gilk, Deborah C. (2007): Risk Communication for Public Health Emergencies, in: Annual Review of Public Health 28: 33-54.

Giovannini, Enrico/Benczur, Peter/Campolongo, Francesca/Cariboni, Jes-
sica/Manca, Anna Rita (2020): Time for Transformative Resilience: The
COVID-19 Emergency. Science for Policy Report, European Commission, Joint Research Center (JRC). Luxemburg: Publications Office of the
European Union, https://publications.jrc.ec.europa.eu/repository/
bitstream/JRC120489/resilience_coronavirus_final.pdf.

Glass, Thomas A./Schoch-Spana, Monica (2006): Bioterrorism and the People: How to Vaccinate a City Against Panic, in: Howard, Russell D./For-
est, James F./Moore, Joanne C. (Hg.): Homeland Security and Terror-
ism. Readings and Interpretations. New York u.a.: Mc Graw-Hill. 443-
454.

Gordon, Kathryn/Dion, Maeve (2008): Protection of „Critical Infrastruc-
ture" and the Role of Investment Policies Relating to National Security.
Paris: Organisation for Economic Co-operation and Development
(OECD), Investment Division, Directorate for Financial and Enterprise

Affairs, https://www.oecd.org/daf/inv/investment-policy/40700392.pdf.

Haddow, George D./Bullock, Jane A./Coppola, Damon P. (2008): Introduction to Emergency Management. 6. Ausg. Amsterdam u.a.: Butterworth-Heinemann.

Hagemeiner-Klose (2010): Hochwasserrisikokommunikation zwischen Wasserwirtschaftsverwaltung und Öffentlichkeit. Eine Evaluation der Wahrnehmung und Wirkung behördlicher Informationsinstrumente in Bayern. Dissertation, Technische Universität München, Fakultät für Wirtschaftswissenschaften, http://mediatum.ub.tum.de/doc/1006044/document.pdf.

Haltiner, Karl. W. (2001): Policemen or Soldier? Organizational Dilemmas of Armed Forces in Peace Support Operations, in: Kümmel, Gerhard (Hg.): The Challenging Continuity of Change and the Military. Forum Internationales, Nr. 22. Strausberg: Sozialwissenschaftliches Institut der Bundeswehr. 359-384.

Hauschildt, Jürgen (2006): Entwicklungen in der Krisenforschung, in: Hutzschenreuter, Thomas/Griess-Nega, Thorsten (Hg.): Krisenmanagement. Grundlagen, Strategien, Instrumente. Wiesbaden: Gabler. 21-37.

Henckel von Donnersmarck, Marie/Schatz, Roland (Hg.) (1999): Frühwarnsysteme. Bonn u.a.: Innovatio-Verlag.

Hewitt, Kenneth (Hg.) (1983): Interpretations of Calamity from the Viewpoint of Human Ecology. Winchester: Allen and Unwin.

HM Government (2006): Emergency Preparedness Guidance on Part 1 of the Civil Contingencies Act 2004, Its Associated Regulations and Non-Statutory Arrangements, https://www.gov.uk/government/publications/emergency-preparedness.

HM Government (2013): Emergency Response and Recovery. Non Statutory Guidance Accompanying the Civil Contingencies Act 2004, https://assets.publishing.service.gov.uk/government/uploads/system/uploads/attachment_data/file/253488/Emergency_Response_and_Recovery_5th_edition_October_2013.pdf.

Hoffman, Susanna M./Oliver-Smith, Anthony (Hg.) (2001): Catastrophe and Culture. The Anthropology of Disaster. Santa Fe, NM: School of American Research Press.

Hofinger, Gesine (2008): Kommunikation, in: Badke-Schaub, Petra/Hofinger, Gesine/Lauche, Kristina (Hg.): Human Factors. Psychologie sicheren Handelns in Risikobranchen. Heidelberg: Springer. 131-151.

Holling, Crawford S. (1973): Resilience and Stability of Ecological Systems, in: Annual Review in Ecology and Systematics 4: 1-23.

Hough, Peter (2015): Health and Security, in: Hough, Peter/Malik, Shahin/Moran, Andrew/Pilbeam, Bruce: International Security Studies: Theory and Practice. London/New York: Routledge. 254-66.

Hough, Peter/McInnes, Colin (2013): Health, in: Williams, Paul D. (Hg.): Security Studies: An Introduction. London/New York: Routledge. 324-336.

Hutzschenreuter, Thomas/Griess-Nega, Thorsten (Hg.) (2006): Krisenmanagement. Grundlagen, Strategien, Instrumente. Wiesbaden: Gabler.

Ikle, Fred C./Quarantelli, Enrico L./Rayner, Jeannette F./Withey, Stephen B. (1957): Withdrawal Behavior in Disasters. Escape, Flight, and Evacuation Movements. Washington, D.C.: National Academy of Sciences – National Research Council.

International Federation of Red Cross and Red Crescent Societies (2010): World Disasters Report 2010. Focus on Urban Risk. Genf, http://www.ifrc.org/Global/Publications/disasters/WDR/WDR2010 -full.pdf.

International Risk Governance Council (IRGC) (2007): Policy Brief. Managing and Reducing Social Vulnerabilities from Coupled Critical Infrastructures. Genf, https://irgc.org/wp-content/uploads/2018/09/ IRGCinfra_site06.11.07-2.pdf.

International Risk Governance Council (IRGC) (2010): Report. The Emergence of Risks: Contributing Factors. Genf, https://irgc.org/wp-content/uploads/2018/09/irgc_ER_final_07jan_web.pdf.

Jachs, Siegfried (2011): Einführung in das Katastrophenmanagement. Hamburg: Tredition.

Jäger, Thomas/Oppermann, Kai (2006): Bürokratie- und organisationstheoretische Analysen der Sicherheitspolitik: Vom 11. September zum Irakkrieg, in: Siedschlag, Alexander (Hg.): Methoden der sicherheitspolitischen Analyse. Wiesbaden: VS Verlag für Sozialwissenschaften. 105-134.

Jäger, Wieland (1977): Katastrophe und Gesellschaft. Grundlegung und Kritik von Modellen der Katastrophensoziologie. Darmstadt/Neuwied: Luchterhand.

Janis, Irving L. (1951): Air War and Emotional Stress. Psychological Studies of Bombing and Civilian Defense. New York: Mc Graw-Hill.

Janis, Irving L. (1962): Psychological Effects of Warnings, in: Baker, George W./Chapman, Dwight W. (Hg.): Man and Society in Disaster. New York: Basic Books. 55-92.

Jerković, Andrea (2010): Kritische Thesen zum comprehensive approach zwischen konzeptionellem Hype und learning by doing, in: Siedschlag, Alexander (Hg.): Jahrbuch für europäische Sicherheitspolitik 2009/ 2010. Baden-Baden: Nomos. 45-50.

Jerković, Andrea (2011): Der umfassende Ansatz („comprehensive approach") in der zivilen Sicherheitsforschung, in: Siedschlag, Alexander/ Stangl, Rosemarie (Hg.): Methodenhandbuch ziviler Sicherheitsforschung. Manuskript, KIRAS-Projekt SFI@SFU.

Jerković, Andrea/Siedschlag, Alexander (2010): Summary of CPSI Country Case Studies. Austria – Bulgaria – France – Germany – Italy – Netherlands – Sweden – United Kingdom. Sigmund Freud Private University Vienna, CEUSS | Center for European Security Studies, Analytical Standpoint, Nr. 13 (April), http://www.european-security.info/asp13. pdf.

Johnson, Norris R. (1987): Panic and the Breakdown of Social Disorder: Popular Myth, Social Theory, Empirical Evidence, in: Sociological Focus 20(3): 171-183.

Kahan, Jerome H./Allen, Andrew C./George, Justin K. (2009): An Operational Framework for Resilience, in: Journal of Homeland Security and Emergency Management 6(1): Artikel 83, http://www.bepress.com/ jhsem/vol6/iss1/83.

Kasperson, Roger E./Renn, Ortwin/Slovic, Paul/Brown, Halina S./Emel, Jacque/Goble, Robert/Kasperson, Jeanne X./Ratick, Samuel (2000): The Social Amplification of Risk: A Conceptual Framework, in: Slovic, Paul: The Perception of Risk. London/Sterling, VA: Earthscan. 232-245.

Kaufmann, Franz-Xaver (1970): Sicherheit als soziologisches und sozialpolitisches Problem. Stuttgart: Enke.

Keating, John P. (1982): The Myth of Panic, in: Fire Journal 76(3): 57-61.

Kersting, Karen (2005): Resilience: The Mental Muscle Everyone Has, in: APA Monitor on Psychology 36(4): 42.

Kilroy, Richard J. (Hg.) (2008): Threats to Homeland Security. An All-Hazards Perspective. Hoboken, NJ: Wiley.

Kilroy, Richard J. (Hg.) (2018): Threats to Homeland Security. An All-Hazards Perspective. 2. Ausg. Hoboken, NJ: Wiley.

Kiltz, Linda (2014): Case 5.1: Catastrophic Pandemic: Cases in Ethical Decision-Making, in: Ramsay, James D./dies. (Hg.): Critical Issues in Homeland Security. A Casebook. Boulder, CO: Westview. 211-31.

Kittler, Anne F./Hobbs, John/Volk, Lynn A./Kreps, Gary L./Bates, David W. (2004): The Internet as a Vehicle to Communicate Health Information During a Public Health Emergency: A Survey Analysis Involving the Anthrax Scare of 2001, in: Journal of Medical Internet Research 6(1), http://www.jmir.org/2004/1/e8.

Klein, Richard. J.T/Nicholls, Robert. J/Thomalla, Frank (2003): Resilience to Natural Hazards: How Useful Is This Concept?, in: Environmental Hazards 5(1-2): 35-45.

Koch, Rainer/Plass, Marco (2011): Risikofaktor Informationsmanagement?, in: Zoche, Peter/Kaufmann, Stefan/Haverkamp, Rita (Hg.): Zivile Sicherheit. Gesellschaftliche Dimensionen gegenwärtiger Sicherheitspolitiken. Bielefeld: transcript. 180-191.

Kötter, Kai (2020): Öffentliches Krisenmanagement bei COVID-19. Analyse. Norderstedt: BOD – Books on Demand.

Kommission der Europäischen Gemeinschaften (2004): Mitteilungen der Kommission an den Rat und das Europäische Parlament. Schutz kritischer Infrastrukturen im Rahmen der Terrorismusbekämpfung. KOM(2004) 702, https://eur-lex.europa.eu/legal-content/DE/TXT/HTML/?uri=LEGISSUM:l33259.

Kommission der Europäischen Gemeinschaften (2006): Mitteilung über ein europäisches Programm für den Schutz kritischer Infrastrukturen. KOM(2006) 786, http://eur-lex.europa.eu/LexUriServ/LexUriServ.do?uri=COM:2006:0786:FIN:DE:PDF.

Kowalski, Kathiann M. (2008): A Pro/Con Look at Homeland Security: Safety vs. Liberty after 9/11. Beverly Heights, NY: Enslow.

Krystek, Ulrich/Moldenhauer, Ralf (2007): Handbuch Krisen- und Restrukturierungsmanagement. Generelle Konzepte, Spezialprobleme, Praxisberichte. Stuttgart: Kohlhammer.

Kumpulainen, Satu (2006): Vulnerability Concepts in Hazard and Risk Assessment, in: Geological Survey of Finland, Special Paper 42: 65-74.

Lakha, Raj/Moore, Tony (2004): Tolley's Handbook of Disaster and Emergency Management. Principles and Practice. 2. Ausg. Croydon: Reed Elsevier.

Lakoff, Andrew (2006): From Disaster to Catastrophe: The Limits of Preparedness, Social Science Research Council. items – Insights from the Social Sciences, https://items.ssrc.org/understanding-katrina/from-disaster-to-catastrophe-the-limits-of-preparedness.

Lasley Carrie B./Simpson, David M./Rockaway, Thomas D./Weigel, Terry (2007): Understanding Critical Infrastructure Failure: Examining the Experience of Biloxi and Gulfport Mississippi after Hurricane Katrina. University of Louisville, Center for Hazards Research and Policy Development. https://www.researchgate.net/publication/220592906_Understanding_critical_infrastructure_failure_Examining_the_experience_of_Biloxi_and_Gulfport_Mississippi_after_Hurricane_Katrina.

Latonero, Mark/Shklovski, Irina (2010): „Respectfully Yours in Safety and Service": Emergency Management & Social Media Evangelism, in: Proceedings of the 7th International ISCRAM Conference – Seattle, USA, https://papers.ssrn.com/sol3/papers.cfm?abstract_id=1566423.

Lee, B. Kaman (2005): Crisis, Culture, Community, in: Kalbfleisch, Pamela J. (Hg.): Communication Yearbook, Bd. 29. Mawah, NJ: Erlbaum. 275-309.

Lee, O[khee] (1999): Science Knowledge, World Views, and Information Sources in Social and Cultural Contexts: Making Sense after a Natural Disaster, in: American Educational Research Journal 36(2): 187-219.

Lindell, Michael K./Perry, Ronald W. (1992): Behavioral Foundations of Community Emergency Management. Washington, D.C.: Hemisphere.

Lindell, Michael K./Perry, Ronald W. (2004): Communicating Environmental Risk in Multiethnic Communities. Thousand Oaks, CA: Sage.

Lindell, Michael K./Prater, Carla/Perry, Roland W. (2006): Introduction to Emergency Management. Hoboken, NJ: Wiley.

Lindmayer, Judit (2010): The Hungarian Disaster Management System, in: Security 9(2): 301-314, http://www.zmne.hu/aarms/docs/Volume9/Issue2/pdf/09.pdf; nicht mehr online abrufbar.

Lorenz, Daniel F. (2010): Kritische Infrastrukturen aus Sicht der Bevölkerung. Berlin: Freie Universität Berlin, Forschungsforum Öffentliche Sicherheit, http://dx.doi.org/10.17169/refubium-22897.

Macias, Wendy/Hilyard, Karen/Freimuth, Vicky (2009): Blog Functions as Risk and Crisis Communication during Hurricane Katrina, in: Journal of Computer-Mediated Communication 15(1): 1-31.

Marmar, Charles R./McCaslin, Shannone E./Metzler, Thomas J. u.a. (2006): Predictors of Posttraumatic Stress in Police and Other First Responders,

in: Annals of the New York Academy of Sciences 1071: 1-18, https://
deepblue.lib.umich.edu/handle/2027.42/74485.

MASTERPLAN (2008): Österreichisches Programm zum Schutz Kritischer
Infrastruktur (APCIP) laut Beschluss des Ministerrats vom 02.04.2008;
nicht mehr online abrufbar, ersetzt durch: Bundeskanzleramt Öster-
reich/Bundesministerium für Inneres 2015.

Matthies, Volker (2000): Krisenprävention: Vorbeugen ist besser als Heilen.
Opladen: Leske + Budrich.

Mawson, Anthony R. (2005): Understanding Mass Panic and Other Collective Responses to Threat and Disaster, in: Psychiatry 68(2): 95-113.

McEntire, David A. (Hg.) (2007): Disciplines, Disasters and Emergency
Management: The Convergence and Divergence of Concepts. Issues and
Trends from the Research Literature. Springfield, IL: Charles C. Tho-
mas.

McKinsey & Company (2002): McKinsey Report. Increasing FDNY's
Preparedness,   http://www.nyc.gov/html/fdny/pdf/mck_report/
executive_summary.pdf.

Mileti, Dennis (1999): Disasters by Design. Washington D.C.: Joseph Henry
Press.

Mileti, Dennis S./Bourque, Linda/Wood, Michele M./Kano, Megumi
(2011): Motivating Public Mitigation and Preparedness for Earthquakes
and Other Hazards, in: Journal of Hazard Mitigation and Risk Assessment (Frühjahr): 25-31, https://www.centerforhealthsecurity.org/
resources/interactives/rad-resilient-city/references/33Motivating_
public_mitigation_prep.pdf.

Mileti, Dennis S./Sorensen, John H. (1990): Communication of Emergency
Public Warnings. A Social Science Perspective and State-of-the-Art Assessment. Oak Ridge, TN: Oak Ridge National Laboratory, U.S. Department of Energy.

Ministère des Affaires Étrangères et Européennes (2008): Civil Defence in
France,   https://hongkong.consulfrance.org/IMG/pdf/civil_defence.
pdf?2719/27350ec1f0c503085b0cbbed5b422ca2bf86fc9d.

Ministère de l'Intérieur (2020): Mobilisation de l'État en temps de crise,
https://www.interieur.gouv.fr/Archives/Archives-publications/
Archives-infographies/Securite-des-biens-et-des-personnes/Securite-
des-biens-et-des-personnes/Mobilisation-de-l-Etat-en-temps-de-crise.

Ministry of Foreign Affairs of Hungary (2012): Hungary's National Security Strategy 2012, https://www.eda.europa.eu/docs/default-source/documents/hungary-national-security-strategy-2012.pdf.

Mitchell, Jeffrey T. (1983): Effects of Stress Management Training on Paramedic Coping Styles and Perceived Stress Levels. Ann Arbor, MI: University Microfilms International.

Mitchell, Jeffrey T./Everly, George Jr. (2001): Critical Incident Stress Debriefing. An Operations Manual for ISD, Defusing and Other Group Crisis Intervention Services. 3. Ausg. Ellicott City, MD: Chevron.

Mizutori, Mami (2020): What COVID-19 Tells Us about the Changing Nature of Disaster Risk, in: PreventionWeb, April 23, https://www.preventionweb.net/news/view/71448.

National Research Council of the National Academies, Committee on Disaster Research in the Social Sciences: Future Challenges and Opportunities (2006): Facing Hazards and Disasters. Understanding the Human Dimension. Washington, D.C.: National Academies Press.

National Security Bureau (2014): National Security Strategy of the Republic of Poland, https://www.bbn.gov.pl/ftp/dok/NSS_RP.pdf.

NATO International Military Staff (2002): NATO Military Policy on Civil-Military Co-operation, http://www.nato.int/ims/docu/mc411-1-e.htm.

Needleman, Carolyn (1987): Ritualism in Communicating Risk Information, in: Science, Technology, and Human Values 12(3-4): 20-25.

NGIS Australia (2009): Government 2.0 Task Force. Final Report: Social Media Helping Emergency Management, http://gov2.nct.au/files/2009/12/Project-14-Final-Report.doc; nicht mehr online abrufbar.

Nigg, Joanne M. (1987): Communication and Behavior: Organizational and Individual Response to Warnings, in: Dynes, Russel R./DeMarchi, Furna/Pelanda, Carlo (Hg.): Sociology of Disasters. Mailand: Franco Angeli. 103-117.

Norris, Fran H./Friedman, Mattew J./Watson, Patricia J./Byrne, Christopher M./Diaz, Eolia/Kaniasty, Krzysztof (2002): 60,000 Disaster Victims Speak: Part 1. An Empirical Review of the Empirical Literature, 1981-2001, in: Psychiatry 65: 207-239.

Norris, Fran H./Stevens, Susan/Pfefferbaum, Betty u.a. (2008): Community Resilience as a Metaphor, Theory, Set of Capacities, and Strategy for Disaster Readiness, in: American Journal of Community Psychology 41(1): 127-150.

North Atlantic Treaty Organization (NATO) (2003): STANAG 2509. NATO Civil-Military Co-operation (CIMIC) Doctrine – AJP-9, https://www.nato.int/ims/docu/ajp-9.pdf.

O'Reilly, Tim (2005): What Is Web 2.0: Design Patterns and Business Models for the Next Generation of Software. MPRA Paper 4578, University Library of Munich, https://ideas.repec.org/p/pra/mprapa/4578.html.

Obrusnik, Ivan (2005): National Report of the Czech Republic towards the WCDR in Kobe 2005. Czech National Committee for Disaster Reduction, https://www.unisdr.org/2005/wcdr/preparatory-process/national-reports/Czech-Republic-report.pdf.

OECD (2011): OECD Reviews of Risk Management Policies. Future Global Shocks. Improving Risk Governance. Preliminary Version. OECD Publishing, http://www.oecd.org/dataoecd/24/36/48256382.pdf.

OECD (2020): A Systemic Resilience Approach to Dealing with Covid-19 and Future Shocks. New Approaches to Economic Challenges (NAEC), https://read.oecd-ilibrary.org/view/?ref=131_131917-kpfefrdfnx&title=A-Systemic-Resilience-Approach-to-dealing-with-Covid-19-and-future-shocks.

Oliver-Smith, Anthony (2001): Theorizing Disasters. Nature, Power, and Culture, in: Hoffman, Susanna M./ders. (Hg.): Catastrophe and Culture. The Anthropology of Disaster. Santa Fe, NM: School of American Research Press. 23-47.

ÖNORM S2304: Integriertes Katastrophenmanagement – Benennungen und Definitionen. Integrated disaster management – Terms and definitions. Gestion intégrée des castastrophes – Termes et definitions Ausgabe: 2011-07-15. Wien: Austrian Standards Institute, Österreichisches Normungsinstitut ON.

Ortega y Gasset, José (1951): Das Wesen geschichtlicher Krisen. Stuttgart: Deutsche Verlags-Anstalt.

Oskamp, Stuart (1965): Overconfidence in Case-Study Judgements, in: The Journal of Consulting Psychology 2: 261-265

Parfit, Michael (1998): Living with Natural Hazards, in: National Geographic 194(1): 2-39.

Peacock, Walter Gillis (2002): Cross-national and Comparative Disaster Research, in: Stallings, Robert A. (Hg.): Methods of Disaster Research. [Philadelphia, PA]: Xlibris. 235-250.

Pelling, Mark (2003): The Vulnerability of Cities: Natural Disasters and Social Resilience. London: Sterling, VA: Earthscan.

Perrow, Charles (1985): Normal Accidents. Living with High Risk Technologies. Boston, MA: Basic Books.

Perrow, Charles (2007): The Next Catastrophe. Reducing Vulnerabilities to Natural, Industrial, and Terrorist Disasters. Princeton, NJ: Princeton University Press.

Perry, Ronald W. (1983): Population Evacuation in Volcanic Eruptions, Floods, and Nuclear Power Plant Accidents: Some Elementary Comparisons, in: Journal of Community Psychology 11(1): 36-47.

Perry, Ronald W. (1985): Comprehensive Emergency Management. Evacuating Threatened Populations. Greenwich, CT: JAI.

Perry, Ronald W./Greene, Marjorie R./Lindell, Michael K. (1980): Enhancing Evacuation Warning Compliance. Suggestions for Emergency Planning, in: Disasters 4(4): 433-449.

Perry, Ronald W./Quarantelli, E.L. (Hg.) (2005): What is a Disaster? New Answers to Old Questions. [Philadelphia, PA]: Xlibris.

Picou, Steven J./Martin, Cecelia G. (2006): Community Impacts of Hurricane Ivan. A Case Study of Orange Beach, Alabama. University of South Alabama: Department of Sociology, Anthropology and Social Work, http://stevenpicou.com/pdfs/community-impacts-of-hurricane-ivan.pdf.

Pimm, Stuart L. (1984): The Complexity and Stability of Ecosystems, in: Nature 307 (5949): 321-326.

Plate, Erich J./Merz, Bruno (2001): Naturkatastrophen. Ursachen, Auswirkungen, Vorsorge. Stuttgart: Schweizerbart'sche Verlagsbuchhandlung.

Platz, Uwe (2005): Vulnerabilität von Logistikstrukturen im Lebensmittelhandel. Eine Studie zu den Logistikstrukturen des Lebensmittelhandels, möglichen Gefahrenquellen und den Auswirkungen verschiedener Gefahren bei einem Ereigniseintritt. Münster-Hiltrup: Landwirtschaftsverlag.

Prince, Samuel H. (1920): Catastrophe and Social Change. New York: Columbia University Press.

Procházková, Dana (2011): Strategic Management of Safety of Territory and Organisation (Zusammenfassung der tschechischen Originalmonographie). Prag: Czech Technical University.

Proske, Dirk (2009): From Safety to the Risk Management Cycle, in: Journal of Medical Safety 2: 1-10, http://www.scribd.com/doc/29289176/From-Safety-to-the-Risk-Management-Cycle.

Pschikal, Alexander (2010): Sicherung strategischer Infrastrukturen. Das österreichische Programm APCIP. Präsentation im Namen des Bundeskanzleramts an der Fachtagung Baden bei Wien 7. Oktober 2010.

Quarantelli, Enrico L. (1996): Basic Themes Derived from Survey Findings on Human Behavior in the Mexico City Earthquake, in: International Sociology 11: 481-499.

Quarantelli, Enrico L. (1997): Problematical Aspects of the Information/ Communication Revolution for Disaster Planning and Research: Ten Non-technical Issues and Questions, in: Disaster Prevention and Management 6:2 (1997): 94-106.

Quarantelli, Enrico L. (2002): Sociology of Panic, in: International Encyclopedia of the Social and Behavioral Sciences. Oxford: Elsevier. 11020-11023.

Quarantelli, Enrico L. (2005): A Social Science Research Agenda for the Disasters of the 21st Century: Theoretical, Methodological and Empirical Issues and Their Professional Implementation, in: Perry, Ronald W./ders. (Hg.) (2005): What is a Disaster? New Answers to Old Questions. [Philadelphia, PA]: Xlibris: 325-396.

Queste, Angela (2009): Vulnerabilität der Kritischen Infrastruktur Wasserversorgung gegenüber Vulnerabilität der Kritischen Infrastruktur Wasserversorgung gegenüber Naturkatastrophen. Auswirkungen des Augusthochwassers 2002 auf die Wasserversorgung und das Infektionsgeschehen der Bevölkerung in Sachsen und Sachsen-Anhalt. Dissertation, Universität Bielefeld, https://pub.uni-bielefeld.de/record/2305601.

Reddick, Christopher G. (2010): Homeland Security Preparedness and City Government, in: Kemp, Roger L. (Hg.): Homeland Security: Best Practices for Local Government. 2. Ausg. Washington, D.C.: International City/County Management Association. 85-102.

Reinhold, Karl Leonhard (1816): Das menschliche Erkenntnisvermögen, aus dem Gesichtspunkte des durch die Wortsprache vermittelten Zusammenhangs zwischen der Sinnlichkeit und dem Denkvermögen. Kiel: Verlag der academischen Buchhandlung.

Republic of Poland (2003): National Security Strategy of the Republic of Poland, https://www.files.ethz.ch/isn/156794/Poland-2003.pdf.

Republic of Poland (2007): National Security Strategy of the Republic of Poland, https://www.files.ethz.ch/isn/156796/Poland-2007-eng.pdf.

Rieken, Bernd (2010): Schatten über Galtür? Gespräche mit Einheimischen über die Lawine von 1999. Ein Beitrag zur Katastrophenforschung. Münster: Waxmann.

Riescher, Gisela (Hg.) (2010): Sicherheit und Freiheit statt Terror und Angst. Perspektiven einer demokratischen Sicherheit. Baden-Baden: Nomos.

Rizo, Carlos A./Lupea, Doina/Baybourdy, Homayoun/Anderson, Matthew/Closson, Tom/Jadad Alejandro R. (2005): What Internet Services Would Patients Like from Hospitals During an Epidemic? Lessons from the SARS Outbreak in Toronto, in: Journal of Medical Internet Research 7(4), http://www.jmir.org/2005/4/e46.

Rodríguez, Havidán/Díaz, Walter/Santos, Jenniffer M./Aguirre, Benigno E. (2006): Communicating Risk and Uncertainty: Science, Technology and Disasters at the Crossroads, in: Rodríguez, Havidan/Quarantelli, Enrico L./Dynes, Russel R. (Hg.): Handbook of Disaster Research. New York: Springer. 476-488.

Rodríguez, Havidán/Quarantelli, Enrico L./Dynes, Russel R. (Hg.) (2006): Handbook of Disaster Research. New York: Springer.

Roselieb, Frank (1999): Frühwarnsysteme in der Unternehmenskommunikation. Manuskripte aus den Instituten für Betriebswirtschaftslehre der Universität Kiel, Nr. 512, https://www.econstor.eu/bitstream/10419/147599/1/manuskript_512.pdf.

Roselieb, Frank/Dreher, Marion (2008): Krisenmanagement in der Praxis. Von erfolgreichen Krisenmanagern lernen. Berlin: Erich Schmidt.

Ruhrmann, Georg/Kohring, Matthias (1996): Staatliche Risikokommunikation bei Katastrophen. Bonn: Bundesamt für Zivilschutz.

Ruiu, Maria (2020): Mismanagement of COVID-19: Lessons Learned from Italy, in: Journal of Risk Research 23(7-8): 1-14, https://doi.org/10.1080/13669877.2020.1758755.

Schulze, Katja/Bock, Nicolas/Dittmer, Cordula/Flörchinger, Verena/Lorenz, Daniel F./Merkes, Sara T./Voss, Martin (2020): Die SARS-CoV-2-Pandemie aus Sicht der Bevölkerung. Ergebnisse einer Bevölkerungsbefragung. KFS Working Paper Nr. 16. Berlin: Katastrophenforschungsstelle (KFS), http://dx.doi.org/10.17169/refubium-26823.

Schwab, Anna K./Bower, J. David/Eschelbach, Katherine (2007): Hazard Mitigation and Preparedness. Building Resilient Communities. New York: Wiley.

Shklovski, Irina/Burke, Moira/Kiesler, Sara/Kraut, Robert (2010): Technology Adoption and Use in the Aftermath of Hurricane Katrina in New Orleans, in: American Behavioral Scientist 53(8): 1228-1246.

Siedschlag, Alexander (2018): Chapter 4: Understanding Threat Assessments: A Risk Management Approach to All-Hazards Assessments, in: Kilroy, Richard J. Jr. (Hg.): Threats to Homeland Security: An All-Hazards Perspective. 2. Ausg. New York: Wiley. 109-150.

Siedschlag, Alexander (2020): Pennsylvania's COVID-19 Response vs. Homeland Security Frameworks and Research: Masking the Whole Community, in: Homeland Security Affairs 16, https://www.hsaj.org/articles/16350.

Siedschlag, Alexander/Jerković, Andrea (2011): The Role of Social Media in Understanding and Managing Complex Catastrophic Events. Plenarbericht zu Panel 7 der Department of Homeland Security Science Conference – Fifth Annual University Network Summit: „Catastrophes and Complex Systems: Transportation", 30. März-1. April, Washington, D.C.

Siedschlag, Alexander/Jerković, Andrea (2018): Homeland Security Cultures. Enhancing Values while Fostering Resilience. London: Rowman & Littlefield International.

Siedschlag, Alexander/Stangl, Rosemarie (2010): Studie zum State of the Art zivil-militärischer Vernetzung im Krisen- und Katastrophenmanagement und Expertenworkshop. Wien: Sigmund Freud Privat Universität Wien, Deliverable 4.1 im KIRAS-Projekt SFI@SFU.

Siedschlag, Alexander/Stangl, Rosemarie (Hg.) (2011): Methodenhandbuch ziviler Sicherheitsforschung. Manuskript, KIRAS-Projekt SFI@SFU.

Sjoberg, Gideon (1962): Disaster and Social Change, in: Baker, George W. / Chapman, Dwight W. (Hg.): Man and Society in Disaster. New York: Basic Books. 356-384.

Slovic, Paul (1986): Informing and Educating the Public about Risk, in: Risk Analysis 6(4): 403-415.

Slovic, Paul (2000): The Perception of Risk. London/Sterling, VA: Earthscan.

Smelser, Neil J. (1963): Theory of Collective Behavior. New York: Free Press.

Smith, Denis/Elliott, Dominic (Hg.) (2006): Key Readings in Crisis Management. Systems and Structures for Prevention and Recovery. London/New York: Routledge.

Sorokin, Pitirim A. (1942): Man and Society in Calamity. The Effects of War, Revolution, Famine, Pestilence upon Human Mind, Behavior, Social Organization and Cultural Life. New York: Dutton.

Spence, Patric R./Lachlan, Kenneth A./Griffin, Donyale R. (2007): Crisis Communication, Race, and Natural Disasters, in: Journal of Black Studies 37(4): 539-554.

Stallings, Robert A. (Hg.) (2002): Methods of Disaster Research. [Philadelphia, PA]: Xlibris.

Strätling, Thomas (2004): Die Psychologie der Krise – die Qualität kommt aus der Tiefe, in: Möhrle, Hartwin (Hg.): Krisen-PR. Krisen erkennen, meistern und vorbeugen – Ein Handbuch von Profis für Profis. Frankfurt/M.: Frankfurter Allgemeine Buch. 30-40.

Sutton, Jeannette N. (2009): Social Media Monitoring and the Democratic National Convention: New Tasks and Emergent Processes, in: Journal of Homeland Security and Emergency Management 6(1), https://doi.org/10.2202/1547-7355.1601.

Sylves, Richard (2015): Disaster Policy and Politics. Emergency Management and Homeland Security. 2. Ausg. Los Angeles, CA u.a.: Sage.

Swedish Civil Contingency Agency (MSB) (2010): Vision, Concept and Cornerstone, https://www.msb.se/en/About-MSB/Vision-concept-and-cornerstone; nicht mehr online abrufbar, siehe nunmehr https://www.msb.se/en/about-msb/our-mission.

Swedish Ministry of Defence (2005): Cooperation in Crisis – for a More Secure Society. Bill 2005/06:133.

The Rockefeller Foundation/GBN Global Business Network (2010): Scenarios for the Future of Technology and International Development. New York/San Francisco, CA, https://www.nommeraadio.ee/meedia/pdf/RRS/Rockefeller%20Foundation.pdf.

Thornburgh, Richard (1987): The Three Mile Island Experience: Ten Lessons in Emergency Management, in: Industrial Crisis Management 1(1): 5-13.

Tiernan, Anne/Drennan, Lex/Nalau, Johanna/Onyango, Esther/ Morrissey, Lochlan/Mackey, Brendan (2018): A Review of Themes in Disaster Resilience Literature and International Practice Since 2012, in: Policy Design and Practice 2(1): 53-74.

Tiryakian, Edward A. (1959): Aftermath of a Thermonuclear Attack on the United States: Some Sociological Considerations, in: Social Problems 6: 291-303.

U.S. Department of Homeland Security (2009): National Infrastructure Protection Plan. Partnering to Enhance Protection and Resiliency, http://www.dhs.gov/xlibrary/assets/NIPP_Plan.pdf.

U.S. Department of Homeland Security (2013): Innovative Uses of Social Media in Emergency Management. Science and Technology Directorate, https://www.hsdl.org/?view&did=805223.

U.S. Department of Homeland Security, National Infrastructure Simulation and Analysis Center (2007): National Population, Economic, and Infrastructure Impacts of Pandemic Influenza with Strategic Recommendations. Washington, D.C., https://info.publicintelligence.net/PI%20FINAL%20-%2012-21-07.pdf.

United Nations Human Settlements Programme (2007): Enhancing Urban Safety and Security. Global Report on Human Settlements. London [u.a.]: Earthscan.

United Nations, International Strategy for Disaster Reduction (ISDR) (2004): Terminology: Basic Terms of Disaster Risk Reduction, http://www.unisdr.org/eng/terminology/terminology-2004-eng.html; nicht mehr online abrufbar, siehe jedoch http://www.unisdr.org/we/inform/terminology.

Uyangoda, Jayadeva (2005): Ethnic Conflict, the State and the Tsunami Disaster in Sri Lanka, in: Inter-Asia Cultural Studies 6(3): 341-352.

van Brunschot, Gibbs E./Kennedy, Leslie W. (2009): Risk Balance and Security. Thousand Oaks, CA: Sage.

Vanderford, Marsha L./Nastoff, Teresa/Telfer, Jana L./Bonzo, Sandra E. (2007): Emergency Communication. Challenges in Response to Hurricane Katrina: Lessons from the Centers for Disease Control and Prevention, in: Journal of Applied Communication Research 35(1): 9-25.

von Reibnitz, Ute H. (1988): Scenario Techniques. Hamburg: McGraw-Hill.

Voss, Martin (2010): Resilienz, Vulnerabilität und transdisziplinäre Katastrophenforschung, in: Siedschlag, Alexander (Hg.): Jahrbuch für europäische Sicherheitspolitik 2009/2010. Baden-Baden: Nomos. 67-84.

Waller, Margaret A. (2001): Resilience in Ecosystemic Context: Evolution of the Concept, in: American Journal of Orthopsychiatry 71(3): 290-297.

Wardman, Jamie K./Lofstedt, Ragnar (Hg.) (2020): COVID-19 Special Issue, Journal of Risk Research 23(7-8), https://www.tandfonline.com/toc/rjrr20/23/7-8.

Weinstein, Neil D. (Hg.) (1987): Taking Care. Understanding and Encouraging Self-Protective Behavior. New York u.a.: Cambridge University Press.

Weiss, Thomas G. (1999): Learning from Military-Civilian Interactions in Peace Operations, in: International Peacekeeping 6(2): 112-128.

Wenger, Dennis E./Dykes, James D./Sebok, Thomas D./Neff, Joan L. (1975): It's a Matter of Myths: An Empirical Examination of Individual Insight into Disaster Response, in: Mass Emergencies 1(1): 33-45.

White, Connie M. (2011): Social Media, Crisis Communication and Emergency Management. Leveraging Web 2.0 Technology. Boca Raton, FL: CRC Press.

Wiedemann, Peter M./Dorl, Wolfgang (2020): Be Alarmed. Some Reflections about the COVID-19 Risk Communication in Germany, in: Journal of Risk Research 23(7-8): 1036-1046, https://doi.org/10.1080/13669877.2020.1825984.

Will, Wolfgang (2006): Der Untergang von Melos. Machtpolitik im Urteil des Thukydides und einiger Zeitgenossen. Bonn: Habelt.

Wilms, Falco E.P. (2006): Szenariotechnik: Vom Umgang mit der Zukunft. Bern: Haupt.

Withey, Stephen B. (1962): Reaction to Uncertain Threat, in: Baker, George W./Chapman, Dwight W (Hg.): Man and Society in Disaster. New York: Basic Books. 93-123.

Wolfenstein, Martha (1957): Disaster. A Psychological Essay. Glecoe, IL: Free Press.

Word Economic Form (2011): Global Risks 2011. 6. Ausg. An Initiative of the Risk Response Network. World Economic Forum in Collaboration with: Marsh & McLennan Companies, Swiss Reinsurance Company, Wharton Center for Risk Management, University of Pennsylvania, Zurich Financial Services, http://reports.weforum.org/global-risks-2011.

World Health Organization (WHO) (2005): Effective Media Communication During Public Health Emergencies. A WHO Handbook. Genf, http://www.who.int/csr/resources/publications/WHO%20MEDIA%20HANDBOOK.pdf.

Zhang, Yang/Prater, Carla S./Lindell, Michael K. (2004): Risk Area Accuracy and Evacuation from Hurricane Bret, in: Natural Hazards Review 5: 115-120.

ZSKG (1997/2020): Zivilschutz- und Katastrophenhilfegesetz vom 25.03.1997 (BGBl. I S. 726), zuletzt geändert durch Artikel 144 der Elften Zuständigkeitsanpassungsverordnung vom 19.06.2020 (BGBl. I S. 1328), https://www.bbk.bund.de/SharedDocs/Downloads/BBK/DE/FIS/Zivilschutz-Katastrophenhilfegesetz.pdf?__blob=publicationFile.

Zeitfracht Medien GmbH
Ferdinand-Jühlke-Straße 7
99095 Erfurt, Deutschland
produktsicherheit@kolibri360.de